让你的记叙生花

时师教你写**记叙文**

时鹏寿　编著

南京师范大学出版社

图书在版编目（CIP）数据

让你的记叙生花：时师教你写记叙文 / 时鹏寿编著 .—
南京：南京师范大学出版社，2020.12
ISBN 978-7-5651-4707-4

Ⅰ.①让… Ⅱ.①时… Ⅲ.①记叙文－写作－高中－
教学参考资料 Ⅳ.① G634.343

中国版本图书馆 CIP 数据核字（2020）第 163408 号

书　　名　让你的记叙生花——时师教你写记叙文
策　　划　张　鹏
编　　著　时鹏寿
责任编辑　张岳全
出版发行　南京师范大学出版社
地　　址　江苏省南京市玄武区后宰门西村 9 号（邮编：210016）
电　　话　（025）83598919（总编办）　83598412（营销部）　83598009（邮购部）
网　　址　http://press.njnu.edu.cn
电子信箱　nspzbb@njnu.edu.cn
照　　排　南京凯建文化发展有限公司
印　　刷　南京茂华彩色印务有限公司
开　　本　787 毫米 ×1092 毫米　1/16
印　　张　18.75
字　　数　366 千
版　　次　2020 年 12 月第 1 版　2021 年 2 月第 2 次印刷
书　　号　ISBN 978-7-5651-4707-4
定　　价　58.00 元

出 版 人　张志刚

写在前面

书稿纂就之际，总有话要说说。

语文有阅读与作文两翼，按照理想的状态，应该是比翼双飞的。然而，很多学子会在作文上折戟。所以，“作文熟，语文足”成为一种愿景。

在学子求学的过程中，记叙类文体是学子最早接触的文体，从小学高年级到初中阶段的作文训练都是记叙类文体。特别需要强调的是：这里采用的是“记叙类文体”的表述，除了一般意义上的记叙文外，写人、叙事、抒情散文也在其中，游记散文也在其中，小小说也在其中。

在高考作文中，记叙类文体是考生较少选择，因而相对新鲜的文体。也许是“‘文’以稀为贵”吧，也许是记叙类文体选材的个性化色彩比较浓吧，又或许是记叙类文体辨识度比较高吧，总而言之，记叙类文体赢得高分的机会大于议论类文体，而且优势还相当明显。

因此，研究记叙类文体的写作技法就显得很有价值，或者干脆说明确些，是很有实用价值。

本书的“技法篇”就是基于这样的认知而出品的。

作文成品是一个整体，但是要阐述清楚的话，还是必须分解开来说的。而可以分解的维度又很多，当然难以全部顾及；所以，本书只是按照著者的认识，遴选了一些主要的维度加以阐述：

“文体特征”解决“是什么”的问题，“选材艺术”解决“写什么”的问题，“主题艺术”解决“为何写”的问题，“结构艺术”“首尾艺术”“塑像艺术”“细节艺术”“环境艺术”“语言艺术”“小小说艺术”解决“怎么写”的问题。

其间，有理论，有技法，旨在让学子知晓概念，明确重要性，更关键的是掌握一些实用的操作技法。

本书还安排了“佳作篇”，由“高考作文”和“日常作文”组成，从四十余年数百道高考作文题中精选了 49 道典题及 63 篇高分作文（不少还是满分作文），在日常考练中精选了 17 道典题及 17 篇佳作，于是有了现在的 66 道典题及 80 篇佳作。每道典题都有“解析”——这是本书和其他作文图书大不相同的地方；每篇佳作都既有文后“综评”，也有文中的细部品鉴——这也是本书和其他作文图书大不相同的地方。这，也是基于著者数十年的作文教学理念：对考练作文而言，孤立地看一篇作文是难以准确判断其优劣的，必须结合命题来考量；你觉得是一篇佳作，要让他人也认同你的看法，就必须讲清楚佳作之“佳”在何处——整体感觉要讲，局部感觉更要讲，甚至“白璧”之“瑕”也要讲出来。

有了理论武装，有了技法指津，有了典题解析，有了佳作评鉴，就有了写作水平提升的可能。当然，要真正地把可能化为现实，还需要学子的演练，而且是反复的演练、持恒的演练。因为，从根本上说，作文是一种练习。

需要特别说明的是：书中借鉴了一些网络资料和多种公开出版的图书资料，吸收了一些专家、同行的智慧，恕不逐一注明，但是，著者内心的感恩是虔诚的。

真心祈望本书能对广大学子的写作水平提升起到臂助功效。果如斯，则是学子之幸，更是著者之幸。

时鹏寿

2020 年 8 月 16 日写定于“时鹏寿工作站”

目　录

写在前面（时鹏寿）……………………………………………………… 1

技法篇

1. 写什么就应该是什么——文体特征 ……………………………………… 3
2. 让你的素材左右逢源——选材艺术 ……………………………………… 11
3. “主脑皆须广大精微”——主题艺术 …………………………………… 17
4. “凡制于文，先布其位”——结构艺术 ………………………………… 28
5. “凤头”“豹尾”惹人怜——首尾艺术………………………………… 33
6. “让人物形象立起来”——塑像艺术 …………………………………… 39
7. “隐藏在文字里的魔术”——细节艺术 ………………………………… 50
8. 并非“可有可无的长物”——环境艺术 ………………………………… 61
9. 精心打造自己的“花轿”——语言艺术 ………………………………… 67
10. “桶滚下山时碰到阻隔”——小小说艺术 ……………………………… 74

佳作篇

【高考佳作】

典题 1 “疫情中的距离与联系”（2020 年高考全国卷Ⅰ）…………………… 83

佳作 1　“钉”来“鱼”往，百态人生……………………………………… 84

典题 2 带你走近 ________（2020 年高考全国卷Ⅱ）……………………… 86

佳作 2　带你走近周庄 ………………………………………………… 86

佳作 3　带你走近平江 ………………………………………………… 88

典题 3 “如何为自己画好像”（2020 年高考全国卷Ⅲ） 90
佳作 4 青春不惧描绘 91
典题 4 一条信息（2020 年高考北京卷） 93
佳作 5 一条信息 93
典题 5 “中国面孔”（2020 年高考天津卷） 95
佳作 6 可敬的陈教授 95
典题 6 “你未来的样子”（2020 年高考江苏卷） 98
佳作 7 向左走？向右走？ 99
佳作 8 财富密码 101
典题 7 “水与盐的哲学”（2019 年高考江苏卷） 103
佳作 9 老杨小胡面店 103
佳作 10 琴瑟和谐 105
典题 8 2019 的色彩（2019 年高考北京卷） 108
佳作 11 2019 的色彩 108
佳作 12 2019 的色彩 110
典题 9 “三位名人说爱国情怀”（2019 年高考天津卷） 112
佳作 13 我是一棵麦子 113
典题 10 “‘世纪宝宝’与 2035 年的 18 岁青年”（2018 年高考全国卷Ⅰ） 115
佳作 14 给 2035 年弟弟的一封信 116
典题 11 “生活中的‘器’”（2018 年高考天津卷） 119
佳作 15 “器”韵悠远 119
典题 12 绿水青山图（2018 年高考北京卷） 121
佳作 16 绿水青山图 121
典题 13 “语言 （2018 年高考江苏卷） 123
佳作 17 锵，锵，锵 124
佳作 18 拜谒贝多芬 125
典题 14 “中华名句 （2017 年高考全国卷Ⅱ） 128
佳作 19 如你在远方 128
典题 15 “高考”（2017 年高考全国卷Ⅲ） 131
佳作 20 迈向明天——我的高考 131
典题 16 共和国，我为你拍照（2017 年高考北京卷） 134

佳作 21　共和国，我为你拍照 …… 134
典题 17 “重读长辈这部书　（2017 年高考天津卷）…… 136
佳作 22　父辈是个“多面体”——微信群聊天记录 …… 136
佳作 23　读你千遍也不厌倦 …… 138
典题 18　车来车往”（2017 年高考江苏卷）…… 140
佳作 24　绿皮火车的成长道路 …… 140
佳作 25　安步当车 …… 142
佳作 26　私家车咏叹调 …… 144
佳作 27　真情轮转 …… 146
典题 19 “话长话短”（2016 年高考江苏卷）…… 148
佳作 28　无人处，赏西湖 …… 148
佳作 29　亲承謦欬记略 …… 150
典题 20 “漫漫旅途中的行囊”（2016 年高考山东卷）…… 152
佳作 30　书到用时方恨少 …… 152
典题 21 神奇的书签（2016 年高考北京卷）…… 155
佳作 31　神奇的书签 …… 155
佳作 32　神奇的书签 …… 157
典题 22 “我的青春阅读”（2016 年高考天津卷）…… 159
佳作 33　才子 …… 159
典题 23 假如我与心中的英雄生活一天（2015 年高考北京卷作文题 1）…… 162
佳作 34　假如我与心中的英雄生活一天 …… 162
典题 24 深入灵魂的热爱（2015 年高考北京卷作文题 2）…… 165
佳作 35　深入灵魂的热爱 …… 165
典题 25 “当代风采人物评选”（2015 年高考全国卷Ⅱ）…… 168
佳作 36　职业选择谁说了算？ …… 169
典题 26 “泉水与喷泉”（2015 年高考湖北卷）…… 171
佳作 37　待蒲公英开满山坡 …… 171
典题 27 “智慧”（2015 年高考江苏卷）…… 174
佳作 38　王大爷的早餐店 …… 174
典题 28 “范儿”（2015 年高考天津卷）…… 177
佳作 39　范儿 …… 178

典题 29 “多途径感知自然”（2015 年高考广东卷）…………………………………… 180
佳作 40 带您去看花海 ……………………………………………………………… 181
典题 30 “要不要给动物园的动物喂食物”（2014 年高考全国卷Ⅱ）……………… 183
佳作 41 “喂食”遐想……………………………………………………………… 183
典题 31 “山羊过独木桥”（2014 年高考全国卷Ⅰ）……………………………… 186
佳作 42 双赢 ……………………………………………………………………… 186
典题 32 “自由与不自由”（2014 年高考上海卷）………………………………… 189
佳作 43 高墙外 ……………………………………………………………………… 189
典题 33 “青春不朽”（2014 年高考江苏卷）……………………………………… 192
佳作 44 朽叶的栀子花 ……………………………………………………………… 192
典题 34 “门与路 （2014 年高考浙江卷）………………………………………… 195
佳作 45 我的路，我的门 …………………………………………………………… 195
典题 35 “由空谷而想起的”（2014 年高考福建卷）……………………………… 198
佳作 46 “空谷”遐想……………………………………………………………… 198
典题 36 “站起来才能拥有世界”（2014 年高考四川卷）………………………… 200
佳作 47 一条老狗 …………………………………………………………………… 200
典题 37 “课内外学习中的探究”（2014 年高考江西卷）………………………… 203
佳作 48 老师，那道题是错的 204
典题 38 我的时间（2011 年高考浙江卷）………………………………………… 206
佳作 49 我的时间 …………………………………………………………………… 206
佳作 50 我的时间 …………………………………………………………………… 208
典题 39 熟悉（2009 年高考四川卷）……………………………………………… 210
佳作 51 熟悉 ………………………………………………………………………… 210
典题 40 站在＿＿＿＿＿＿的门口（2009 年高考湖北卷）………………………… 213
佳作 52 站在大学的门口 …………………………………………………………… 213
典题 41 踮起脚尖（2009 年高考湖南卷）………………………………………… 216
佳作 53 踮起脚尖 …………………………………………………………………… 216
典题 42 好奇心（2008 年高考江苏卷）…………………………………………… 219
佳作 54 好奇心 ……………………………………………………………………… 219
佳作 55 好奇心 ……………………………………………………………………… 221
典题 43 他们（2008 年高考上海卷）……………………………………………… 223
佳作 56 他们 ………………………………………………………………………… 223

典题 44 “酸甜苦辣说高考”（2007 年高考重庆卷）…… 225
佳作 57 酸甜苦辣说高考 …… 225
典题 45 怀想天空（2007 年高考江苏卷）…… 228
佳作 58 怀想天空 …… 228
典题 46 “水的灵动，山的沉稳”（2004 年高考江苏卷）…… 231
佳作 59 伟人 …… 231
佳作 60 最后的四十五分钟 …… 233
典题 47 “心灵的选择”（2002 年全国统考）…… 235
佳作 61 握住我的手 …… 235
典题 48 “假如记忆可以移植”（1999 年全国统考）…… 238
佳作 62 假如记忆可以移植 …… 238
典题 49 习惯（1988 年全国统考）…… 241
佳作 63 习惯 …… 241

【日常佳作】
典题 50 “文化” …… 243
佳作 64 琴里琴外 …… 244
典题 51 “书的世界” …… 246
佳作 65 书里乾坤 …… 246
典题 52 “芒种”…… 249
佳作 66 前行的“宸舆”…… 249
典题 53 生如夏花之灿烂…… 252
佳作 67 生如夏花之灿烂 …… 252
典题 54 突围 …… 255
佳作 68 突围 …… 256
典题 55 “凝视世界”…… 259
佳作 69 草药世界中的热爱 …… 259
典题 56 第一步 …… 261
佳作 70 第一步 …… 261
典题 57 “人生旅途的归宿”…… 263
佳作 71 晚晴小筑 …… 264
典题 58 窗 …… 266

佳作 72　窗 …… 266
典题 59“时间的长短” …… 268
佳作 73　永恒之曲 …… 268
典题 60“敲门，人生大课题” …… 271
佳作 74　无人应答 …… 271
典题 61　纠结 …… 274
佳作 75　纠结 …… 274
典题 62　看不见的春天 …… 277
佳作 76　看不见的春天 …… 277
典题 63　尺度 …… 280
佳作 77　尺度 …… 280
典题 64“享” …… 283
佳作 78　分享 …… 283
典题 65“生命中的遇合” …… 285
佳作 79　相遇遗失的往昔 …… 285
典题 66“爷爷的旧物” …… 288
佳作 80　我要珍藏今晚的月光 …… 288

技法篇

1. 写什么就应该是什么

——文体特征

《2019 年普通高等学校招生全国统一考试大纲的说明》（最新版，2020 年高考没有更新版本）的“写作”部分沿袭了往年的做法，仍然把作文考试的评价要求分为基础等级和发展等级。

在“基础等级”的六条要求中，“符合文体要求”赫然在列。

然而，近年来很多省市高考已经不再按照基础等级和发展等级给作文判分了，并且废止了作文阅卷时确定一个“基准分”的通行做法（比如江苏，很多年内，总分 70 分的作文往往会在 50 分上下确定一个分数，作为某次作文阅卷的“基准分”），作文判分开始实行“六类”“五类”“四类”判分法。

比如江苏，把 70 分的作文切分为“六类”（63 分及以上为一类卷，56—62 分为二类卷，49—55 分为三类卷，42—48 分为四类卷，28—41 分为五类卷，27 分及以下为六类卷）。

比如上海，把 70 分的作文切分为“五类”（63 分及以上为一类卷，52—62 分为二类卷，40—51 分为三类卷，21—39 分为四类卷，20 分及以下为五类卷）。

比如河南，虽然采用的是“全国卷Ⅰ”，但是把 60 分的作文切分为“四类”（49 分及以上为一类卷，36—48 分为二类卷，25—35 分为三类卷，24 分及以下为四类卷）。

在这种“六类”“五类”“四类”判分法风行的背景下，“体现文体特征”显得尤为重要。说得明确些，就是“基准分”判分法下，阅卷人会围绕“基准分”适度上浮或下调赋分，不会轻易给极低分；而新的判分法明确了“类”，阅卷人会把你的文章归到“六类卷”（“五类卷”“四类卷”）而很少会有心理障碍。

即使在一些按照“基础等级”（分为“内容”和“表达”二维，各 20 分）和“发展等级”（“特征”，20 分）判分的省市，“表达”的 20 分中，有文体、结构、语言、字迹四个考量的维度，“一等”“二等”都要求“符合文体要求”，而且列在第一位。

足见“文体特征（文体要求）”在写作中的重要性。

那么，记叙文这种文体有哪些“特征”呢？或者说，写作记叙文这种文体需要满足哪些“要求”呢？

这是一个宏大命题。

但是，我们可以简而言之。

所谓记叙文，可以概括为三句话：一是讲故事，二是艺术地讲故事，三是讲有意义的故事。

讲故事，强调的是记叙文的情节性。

初中阶段写的是简单的记叙文；对高中生而言，应该在初中阶段写简单记叙文的基础上升格，写比较复杂的记叙文。简单还是复杂，情节是主要的决定因素。

记叙文真正的中心是人，“只有把人放到动态发展的人生中去，放到人的历史性展开的过程中，才能展示人的丰富生动的性格”。这，和议论文中用二三事的例证法写人是不同的。在议论文中作为例证的叙事片段，只要交代人物做了些什么即可，文字必须尽量简省，定向叙述，不枝不蔓。而记叙文中不但要写出人物做了什么，更需要表现人物如何去做，要写出过程，写出动态；要写出记叙文中的人物看到了什么（动态），看到的东西在人物心里引起了什么反应（动态），人物的行为又引起了别人的什么反应（动态）。

一言以蔽之，很多的记叙文都是“现在进行时”。当然，“进行”的方式最好是有别于“直线式”的那种“波浪式”，曲径通幽，回环蕴藉。“文似看山不喜平”说的就是这个道理。

情节性可以表现为纵向的历时性，比如，《私家车咏叹调》（见本书“佳作篇”之“高考佳作”的“佳作 26”，此后一律简化为“佳作 ××”），读者诸君可以阅读以加深认识。

也可以表现为某个节点的即时性，比如，《握住我的手》（佳作 61）。

还可以表现为类似于影视的闪回法，比如，《拜谒贝多芬》（佳作 18）。

艺术地讲故事，强调的是记叙文的技巧性。

古代的说书艺人总是善于在故事的推进过程中“花开两朵，各表一枝”，做到张中有弛；总是善于在故事推进到最关键处以“欲知后事如何，且听下回分解”戛然而止。这就是有技巧。

我们讲故事的技巧有很多方面可以讲究。

（1）比如全篇结构上的倒叙。先把高潮部分呈现给读者，把结果推到读者面前，然后再娓娓道来。

鲁迅先生的小说《祝福》堪称此类中的经典：先写祥林嫂之死，然后才是对祥林嫂一到鲁镇、二到鲁镇的经历的叙写。

本书中的《突围》(佳作68)也是以倒叙开篇的:

“啪——”一个巴掌再一次打在了我的脸上,一个读高三的女孩子的脸上!我与父亲之间的那堵隔墙再一次被加固,固得不可动摇。

(2)比如叙事视角上的“非人化”。下笔的时候,不一定都从定式思维出发,用人的视角叙写事情的前后过程,其实还可以用动物视角、植物视角、矿物视角、器物视角等来叙事。

高考佳作中,运用此类技巧的比比皆是。

2004年江苏高考“水的灵动,山的沉稳”(典题46)佳作《我的自述》就是以“我叫欢欢,是张局长家的狗”开篇的;2007年江苏高考“怀想天空”(典题45)佳作之一就是以“我是一只猪”开篇的;2017年全国卷II“中华名句”(典题14)佳作《如你在远方》(佳作19)就是以“我是一只羊,终日无所事事、平平淡淡地生活着”开篇的;2018年北京高考“绿水青山图”(典题12)佳作之一就是以“我是一条小鱼”开篇的。

2008年江苏高考“好奇心”(典题42)佳作之一《好奇心》(佳作54)就是以“我是当年武则天立下的那块无字碑”开篇的;2017年江苏高考“车来车往”(典题18)佳作之一《绿皮火车的成长道路》(佳作24)就是以“我,是一辆绿皮火车”开篇的;2019年天津高考“三位名人说爱国情怀”(典题9)佳作《我是一棵麦子》(佳作13)就是以“我是一棵麦子,一棵不起眼的,生长于清朝末年的麦子”开篇的。

“日常佳作”中的《前行的“宸舆”》(佳作66)就是以“我是一只轮胎,曾经属于一部农用大车,而今孤零零地蜷缩在屋子的一角”开始叙写的。

(3)比如过渡的技巧。时师一直非常欣赏著名作家吴伯箫的侧重写人的名篇《猎户》中的过渡性文字。开篇交代了行文线索:“正是大好的打猎季节。我们到红石崖去访问打豹英雄董昆。”再看看随后的这些句子吧:

我想:董昆是什么样子呢?可像家乡的尚二叔?

……

“咱们先绕道去望望‘百中’老人吧。”

……

场长说:“走吧,老人跟董老大最熟,说不定到红石崖去了呢。……”

……

可是又不巧,踏上红石崖,不但“百中”老人没有来,就连董昆也到县城领火药去了。

……

这时候倒真巧了，我们在林牧场木栅栏门跟前，顶头遇到一位彪形大汉。我们几个人不约而同，都冒叫了一声：“你是董昆同志吧?”宽肩膀，高身材，手粗脚大，力气壮得能抱得起碾滚子——貌相跟传说中的打豹英雄这样相似，不是他该是谁呢?

在这样的文字里面，你几乎可以把全篇的内容都串起来。

（4）比如伏笔、照应的技巧。还是说《猎户》吧。文章第二节有这样的文字：“深秋的太阳没遮拦地照在身上，煦暖得像阳春三月。”最后一节如此这般：“天晴了。很好的太阳。”

至于讲有意义的故事，强调的是记叙文的思想性。

我们都知道“文以载道”的道理，虽然不同时期的“道”内涵不一甚至迥异，但是对“道”的认识与表达是每一个作者心中所念。而今有个时髦的词汇——“正能量”，在写作中，也希望同学们能够通过你们的笔传递出“正能量”。

当然，如何表达你想表达的“意义”，还是有讲究的。是从考场作文的角度来看，时师以为不宜含蓄，可以在行文过程中有所流露，也可以在文章即将结束的时候直道其详。毕竟，快速阅卷的机制决定了考生不能像作家们进行文学创作一样追求艺术性，追求含蓄；因为这可能会让考生的匠心被阅卷者疏漏掉，而且这样的可能性还是比较大的。

最后，请共赏时师一直推崇的吴伯箫先生20世纪60年代所写的写人散文《猎户》!

猎　户

秋收，秋耕，秋种，都要忙完了。正是大好的打猎季节。我们到红石崖去访问打豹英雄董昆。

深秋的太阳没遮拦地照在身上，煦暖得像阳春三月。一路上踏着软软的衰草，一会儿走田埂，一会儿走沟畔，不知不觉就是十里八里。田野里很静，高粱秸竖成攒，像一座一座的尖塔；收获的庄稼堆成垛，像稳稳矗立的小山。成群的鸽子在路上啄食，频频地点着头，咕咕咕呼唤着，文静地挪动着脚步。它们不怕人，只是在人们走近的时候，好像给人让路一样，哄的一声飞起，打一个旋，又唰的一声在远远的前面落下。村边场园里，晒豆子的，打芝麻的，剥苞米的，到处有说有笑，是一派热闹的丰收景象。

我想：董昆是什么样子呢?可像家乡的尚二叔?

小时候，在离家八里地的邻村上学。寄宿。晚上吃完了从家里带的干粮，等着念灯书的时候，总爱到学校门口尚二叔家去串门儿。尚二叔是打猎的，兼管给学校打更。不知道他的身世怎样，只记得他一个人住在一间矮小的茅屋里，孤单单地，很寂寞，又很乐观。他爱逗小学生玩儿，爱给小学生讲故事。当时我很喜欢他门前的瓜架，苇篱圈成的小院子和沿苇篱种的向日葵。我也喜欢他屋里的简单陈设：小锅，小灶，一盘铺着苇席和狼皮的土炕；墙上挂满了野鸡、水鸭、大雁等等的羽毛皮，一张一张，五色斑斓。最喜欢的当然是他挂在枕边的那杆长筒猎枪和一个老得发紫的药葫芦。

跟着尚二叔打猎，在我是欢乐的节日，帮着提提药葫芦，都感到是很美的差使。尚二叔打猎很少空着手回来，可是也不贪多。夏天的水鸭，秋天的雉鸡，冬天的野兔，每次带回不过两只三只。打猎归来是一种地地道道的凯旋，背了猎获的野物走在路上，连打猎的助手也感觉到有点儿将军的神气。猎罢论功，我的要求不高，最得意是分得一枝两枝雉鸡翎。

可是在邻村读书只有半年，新年过后就转到本村新办的启蒙学校了。打猎的生活从此停止。抗日战争期间，自己扛过长枪，也带过短枪，可是都没有舍得用那时比较珍贵的子弹去猎禽猎兽。这次走在访问猎户的路上，才忽然想到自己原来对打猎有着这样浓厚的兴趣。

“咱们先绕道去望望‘百中’老人吧。”顺路陪我们的林牧场场长仿佛看透了我的心事，就这样自动地建议。他说：“老人是老打坡的，夜里能够百步以外打香火，那是名副其实的百发百中。老人姓魏，得了‘百中’这个绰号，真名字反而很少人叫了。他住得不远，就是那个有三棵老松树的村子，冯岗。老人七十三岁了，可是你看不出他衰老的样子。耳不聋，眼不花，爬山越岭，脚步轻快得连小伙子都撵不上。”

可是不巧，我们到冯岗的时候，老人的屋门锁着。听柿树底下碾新谷的一位大娘说：“老人昨天就上山打獾去了。”接着解释：“收豆子、红薯的时候，獾正肥哩。肉香，油多。俗话说‘八斤獾肉七斤油’啊。”山里的人看来谁都懂得打猎的道理。

“老人能到哪儿去？”

“拿不准啊。左右在这一带山里。”

“几时能回来？”

“那也说不定。少了三天五天，多了十天半月。他带着枪，到哪里都有吃有住。咱这周围百儿八十里谁不知道‘百中’老人呢？何况现在是公社，他是咱公社打猎的老把式，到哪里还不是家？”我联想到了唐朝贾岛的诗句：“只在此山中，云深不知处。”心里有些怅惘，可是也更增加了对老人景慕的感情。

场长说：“走吧，老人跟董老大最熟，说不定到红石崖去了呢。碰不到他也不要紧，反正老人的本领大家都晓得。——有一次，也是秋天，我跟老人一道儿赶集，他问我，‘吃过獾肉没有？’我说，‘没有，怎么样，请客么？’他说，‘獾肉好啊，是医治牲口的良药，明天打一只来你尝尝。’我说，‘不容易吧？’他说，‘试试看。’第二天他真的就掂来了一只獾。满不在意地招呼说，‘就撂在这儿吧。’摸摸獾身上还有点儿温呢。”

走下一道山岗，沿着一条鹅卵石的河道进山。潺潺的流水，一路奏乐作伴。路旁边，一会儿噗楞一声一只野鸡从草丛里飞起，那样近，仿佛伸手就可以捉住似的。可是太突然，等不到伸手，它已经咯咯咯地飞远了。一会儿又从哪里掠起一只野兔，也那样近，你差一点儿没踩到它。可是来不及注意，它又已经一蹦一跳，左弯右拐，拼命地跑得只剩下忽隐忽现的模糊踪影了。你的眼睛紧紧跟着那模糊的踪影，它会把你的视线带进一带郁郁苍苍的山窝。那山窝就是红石崖。

红石崖，山窝里散乱地长满了泡桐、乌桕、楝、楸、刺槐等杂色树木。三面山坡上有计划地栽种了槲树和马尾松，蓊郁苍翠，看样子怕已经成活六七年了。从沟底顺斜坡上去，是一排一排的牛棚、马棚。平地整畦，是一片一片的菜园、苗圃。几百箱蜜蜂，嗡嗡扬扬像闹市。四五个羊群牧放在东西山腰，远看像贴山的朵朵白云。自然环境里有整饬的规划，野生的动物植物衬托出人工饲养和栽培的巧夺天工。真是又林又牧，好不繁茂兴旺。

可是又不巧，踏上红石崖，不但“百中”老人没有来，就连董昆也到县城领火药去了。场长怕我们失望，立刻带我们到山上山下参观，介绍给我们看董昆他们打的野物皮子：狐狸、貉子、獾、水獭、野猫……种类实在不少。据统计，去年一年他们打猎小组打了四百三十六张大皮子哩。加上兔子和野鸡，足够一千只冒头。场长还特别拿出一枝中式钢枪给大家观赏。那是董昆打死了金钱豹以后，劳动英雄大会发给他的奖品。枪号是532。

看看天色晚了，外边不知什么时候淅淅沥沥地落起雨来。深山雨夜，格外感到林牧场的温暖。晚饭桌上摆满了热腾腾的蒸红薯，葱炒橡子凉粉和滚烫的新谷米汤。够丰盛了，场长却抱歉地说：“可惜董昆他们不在，不然应该请你们尝尝这里新鲜的山珍野味。”可是那一夜，我们看的，听的，哪一样不新鲜呢，哪一样不紧紧联系着山珍野味呢？

“山里人家一夜穷。”野猪一夜工夫能拱完一亩红薯。狼、豹会咬死咬伤成群的牛羊。山居打猎，一举两得：既生产肉食毛皮，又保护庄稼牲畜。所以林牧场设有打猎专业小组。打猎的讲究不少：雉鸡、野兔要白天打，叫打坡；野猪、狐、獾、狼要夜里打，叫打猎。打猎要认路：狼有狼道，蛇有蛇踪。狼走岭脊，狐走山腰，獾走沟底。打啥要有啥打法：“暗打狐子明打狼。”打狼要招呼一声：“哪里去？”狼停住一看的工夫，镗的一声枪响了，准中。有的打猎要下炸弹，把炸弹包在油饼里，猎物闻到香味来吃，一咬就把嘴炸烂了，不死再打也容易。小兽用火枪打，大兽用钢枪打。捉活的要下拍子，挖陷阱。捕蛇还要在蛇路上下刀子。蛇爬过来的时候，微露地皮的锋利刀尖，可以把蛇的腹部从头一豁到尾。……不过，“畋不掩群，不取麛夭；不涸泽而渔，不焚林而猎”。狩猎也要“护、养、猎并举”。

娓娓动听的一部猎经，真可以使猿倾耳，虎低头。

那一夜我不知道睡着没有，仿佛睡里梦里都跟醒着一样，趣味横生的打猎故事，生动，惊险，经历了一场又一场。早晨，深深呼吸满山满谷带霜的新鲜空气，感到精神抖擞，浑身是力量，仿佛一夜的工夫自己变成了一个能够上山擒虎、入水捉蛟的出色猎手。辞别场长出山的时候，自己也仿佛不是离开红石崖，倒像在酒店里喝足了“透瓶香”，提了哨棒，要大踏步迈向景阳冈。

这时候倒真巧了，我们在林牧场木栅栏门跟前，顶头遇到一位彪形大汉。我们几个人不约而同，都冒叫了一声：“你是董昆同志吧？”宽肩膀，高身材，手粗脚大，力气壮得能抱得起碾滚子——貌相跟传说中的打豹英雄这样相似，不是他该是谁呢？

“是我。”回答证明我们的招呼不算冒失。

“怎么，你们要走么？”大汉的反问却使我们有点儿吃惊了：他知道我们是谁？他接着说明：“晚上在县里接到电话，说有客人找我，鸡叫赶着往回走，想能碰到，果然真的碰到了。走，再回去谈谈吧。”董昆，人很爽快，又有些腼腆，看他眯缝着眼睛，好像随时都在瞄准的样子。不笑不说话，一笑眼睛就眯得更厉害，可是眼睛微微睁一下，就有一种闪烁的射人的光芒。据说在漆黑的夜里，他能识别猎物的踪迹哩。

“……十四岁开始打猎，打了二十多年了。起初给地主看羊。羊叫狼吃了两只，自己挨了一顿皮鞭。那时候不懂得革命，恨地主也恨在狼身上，想：‘弄杆枪打狗日的！’这样我就跟狼拼上了，见了就打。抗日战争期间，在游击小组，没说的，鬼子、国民党跟狼一齐打。前年，金钱豹吃牛，吃羊，闹得很凶。我想：‘怎么没让我碰见呢？’后来邻居一个小姑娘，上山打柴，一夜没有回来。找遍半个山，只在半山坡上找到一只鞋子。我想：‘来了！’腊月十九下大雪，半人深。我们就计划打豹子。打豹子，先用炸药炸，后跟血迹撵。四天四夜，累了就扒开雪堆蹲一会儿。走过龙天沟、卧虎寨、蜘蛛山……先后打了二三十枪，豹子伤得很厉害，可是还没打死。火枪不顶事啊！在恶石寨的山沟里，我头顶住豹子的下巴，两手紧搂住豹子的腰身，跟它打了二十多个滚。从绑腿拔刀子，因为冻了没拔出来，用右手使劲把豹子一推，不想豹子的爪子抓了我的右胳膊，从肩头一直划到手指。一条血窟窿。有的筋都差点儿断了。我们小组的老李给了豹子最后一枪，才算把它结果了。”

这已经不单是有趣的故事，而是真实的血淋淋的搏斗了。胜利是斗争和艰辛换来的。董昆从衣袖褪出右臂，我们带着钦敬的心情仔细看了那条微微隆起的伤痕。当我们不停地嘘唏赞叹的时候，董昆自豪地说：“现在我们打猎小组的人都是民兵。我们保护生产，也保卫治安。野兽也好，强盗也好，只要害人，不管它是狼，是豹，还是纸老虎，我们统统包打。不怕撵到天边地边或者受尽千辛万苦，要打就一定把野兽和强盗消灭！”

谈着谈着，不觉已经是晌午。

天晴了。很好的太阳。

一九六二年九月二十日

仔细品味全篇，从中，你一定可以悟到记叙文写作很多的诀窍。

最后，愿我们都能够艺术地讲有意义的故事，而且这样的故事可以感动读者，特别是阅卷人这样特殊的读者。

2. 让你的素材左右逢源
——选材艺术

同学们都知道"巧妇难为无米之炊"的说法，"无米之炊"就是"巧妇"也"难为"，足见，"米"对于"炊"的重要性，因为"米"是"炊"的前提，是"炊"的基础，是"炊"的必需。

对写作而言，"米"就是写作的素材，就是要解决"写什么"的问题。

那么，什么是可写的呢？

你的现实生活是可写的，你的理想生活也是可写的；你读的书、看的电影电视里面所演绎的别人的生活也是可写的。

当然，必须明确不是"捡到篮子里就是菜"的道理。

著名作家茅盾先生曾经很形象地谈及搜集素材与选择题材的关系："采集之时，贪多务得，要跟奸商一般，只消风闻得何处有门路，有货，便千方百计钻挖，弄到手方死心，不管是什么东西，只要是可称为'货'的，便囤积，不厌其多。选用的时候，可就要像关卡的税吏似的百般挑剔了：整整一卡车的'货'，全要翻过来，硬的要敲一敲，软的要扪一把，薄而成片的，还得对着阳光照了又照—— 一句话，用尽心力，总想找个把柄，便扣下来，不让过卡。"这对我们有很大的教益。

搜寻素材与筛选题材时要考虑哪些材料最能表现主旨，哪些材料新意勃发，属于"人无我有，人有我优"类，真正做到"能者"上，"庸者"下。

大家对魏巍由《自豪吧，祖国》到《谁是最可爱的人》的创作经历应该耳熟能详，我就不赘述了。这里跟大家说说报告文学大家徐迟——有写李四光的《地质之光》、写陈景润的《哥德巴赫猜想》、写蔡希陶的《生命之树常绿》等广为人知的佳构——为科学家周培源写的那篇报告文学的情况。

开始，他从20世纪的30年代一路写到70年代，写成了23000字的流水账；后来，反复构思，保留最生动、最有特点的材料，把一些较次的、雷同的材料舍弃掉，写成了仅7000字的《在湍流的涡漩中》。文章集中写一个晚上的事情，这个晚上周培源知道了"四人帮"被捕的消息，全家欣喜若狂。文章中穿插了几段回忆，交代了六七十年代毛泽东主席、周恩来总理几次接见周培源，关心中国科学事业的发展，以及周培源如何为贯彻毛泽东主席、周恩来总理的意见和江青反革命集团斗争的情况。文章只选取了他在革命的湍流中紧跟党，为中国科学事业的发展而奋斗的几个事例，表现老科学家的思想境界、坚韧精神，舍弃了如何求学、如何进行科学研究等方面的材料。我们不难从中得到启示。

那么，我们的记叙文里都可以写些什么呢？

很多同学对记叙文的写作选材的认识是有误区的，诸如：一旦下笔写记叙文，就常常“遥远叙事”，把思维的触角从空间上伸向远方，从时间上回到过去；就准备“宏大叙事”，常把关注的目光投向一些重大事件；就时常“本真叙事”，对生活不加取舍地原样照搬；等等。

其实，写作就是对生活的反映，就是用书面语言与他人进行思想的交流。在反映、交流的时候，不应该原汁原味地呈现，必须进行提炼；不应该总是把目光投注在关系国计民生的大事上，因为你可能并不熟悉有关情况，而不是你亲身经历的生活，下笔的时候往往会失之于粗疏、空洞；也不是说绝对不可以写遥远的地方、很久很久以前的事情，而是说无视眼下火热的生活会给人虚假的感觉，还难免有“低幼化”的嫌疑。

首先，我们应该建立像“新课标”教材中所揄扬的写作观：你的生活很重要！

诚然，十几岁的年纪，十几年的读书历史，以学校与家庭为主的两点一线的行动轨迹，生活的时空似乎是窄了一些。但是据此就认为一无可写，这实际上是在否定自己生活的价值。思想是可以超越时空的，阅读、观察与思考也在拓宽我们写作构思的空间。只要你掌握了构思的技巧，你的思想就可以如天马行空一样纵横驰骋。即使是有限的生活经历，也能为我们提供丰富的写作天地，问题仅仅在于你想没想到去挖掘生活，以及怎样认识和评价生活。

从幼儿园入学开始，到升入初中，你有了 9 年的学校生活；再到升入高中、高中毕业，你已经有了 15 年的学校经历。15 年就是 5000 多天，你认识了几百个人，你经历了十几个春夏秋冬，大自然在你脑海里留下了无以计数的画面；你已经尝过酸甜苦辣，有过成功与失败的经历，成长的喜悦与烦恼交替出现，你的每一天都在产生新的思想……如此丰富的经历，为什么一到作文的时候就变得无足轻重了呢？

千万不要漠视自己的生活体验！

是不是可以不“为赋新词强说愁”？还是作为一个用心的写作者来“说尽心中无限事”吧。

做个有心人，善于观察，勤于思考，重视自己的生活体验吧。一味地向壁虚构，是写不出有价值的文章的。

其次，还要明白，读书也是你生活的一部分。你在读书时，曾经和书的作者、书中的人物有过心灵的对话。勤读多思使人明白通达。

实际上，对生活进行提炼，挖掘日常琐事中的内涵并不是多么复杂的事。我们可以分几步来实施。

第一，以欣赏的心态审视自己的生活，自己的生活也很精彩。

每一个生活在这个世界上的人，每天都在和琐事打交道。父母教育儿女是琐事，儿女安慰父母为父母解忧是琐事，与兄弟姐妹相聚是琐事，夫妻之间吵架是琐事，每天处理手头的日常工作是琐事，听课做练习上体育课还有自由活动是琐事……年轻的时候总以为自己是干大事的，对很多琐事不屑一顾，随着年龄的不断增长我们会明白，琐事里也孕育着伟大。要知道，我们的生活就是可写的，我们的生活也很精彩。虽然我们的生活很平凡，所经历的也是一些琐事，但是平凡中能够见美丽，琐事中可以见深意。

这里，仅以与我们的生活密切相关的报纸的副刊来说事。

当前新闻界致力于挖掘、揭示平凡人日常生活内在的精神价值，为报纸开拓了更广阔的人文视野，体现了一种“以人为本”的人文精神。作为“报纸的面孔”的副刊，就有了更为广阔的用武之地。副刊有浓浓的人情味、近近的“零距离”、大大的交流空间。为适应时代的发展，报纸副刊从形式到内容都发生了巨大而深刻的变化，已从传统狭义的文学副刊扩展为新型广义的综合性大副刊，其内容涉及了文学、艺术、科技、教育、卫生、军事、体育、收藏等多个领域，涵盖了家居、旅游、娱乐、休闲等各个方面，社会生活的每一个层面每一个角落，其读者群无论性别、职级、职业等均有相应的版面。副刊作者的作品选材也趋向平实，无论是曾经经历过的一件事，还是难忘的一个人，均充满了浓郁的人情味，体现了一种对人性的关怀。号称“中国第一周报”的《南方周末》，它的副刊也同样精彩。在“百姓纪事”“百姓茶坊”等栏目里，其作者不乏名家、高手，但他们的选题立意却是一致的——于细微琐事中见真情、上高度、寓深意。再看《齐鲁晚报》的副刊“青未了”，开篇话就是：“这一亩三分地，麻雀虽小五脏却齐全。您看这里，嬉笑怒骂皆成文章，小品长篇各领风骚，每天都有新意思，坐下喝杯茶细瞅瞅，忙里偷闲搂两眼，都挺不错。还有一块地是专门给您留的，您要是乐意就刨几镢头撒几个种儿，保管也能耕耘出一畦翠绿，几缕清芬。”寥寥几句，凸显了它的平民定位和编辑的选稿方向。于此可见，原汁原味的生活是可以入文的，关键是我们要善于挖掘。

第二，用一双慧眼去发现平常生活背后的内蕴，个中的内蕴也很丰厚。

有句经典的话可谓家喻户晓：“对于我们来说，这个世界不是缺少美，而是缺少发现。”是的，善于感悟，感悟生活、感悟生命、感悟大自然，是一种智慧。普通人只能看到一块石头就是一块石头，一粒沙子就是一粒沙子，而拥有智慧的人却能在一块石头里看到风景，在一粒沙子里发现灵魂。

应该看到，学生作文当中存在一些不良现象。打开林林总总的高考作文试卷可以发现，有许多文章没有真情，胡编乱造。不少高考作文，几乎通篇是转述他人的材料，只在文章结尾说几句属于自己的不痛不痒的话。不少同学也许是受了《读者》《意林》《智慧背囊》之类的读物的影响，把作文写得越来越程式化：讲一个煽情的或曲折的小故事，结尾加上几句评点，似乎就大功告成。从中看不见作者自己真切的感受和灵性，文章仿佛是一架作文机器制造出来的。

还是请你读读下面这段文字：

我家养了两条金鱼，但其中一条不知何因死了，只剩下孤单的一条小鱼。它可真有活力。每天我们家门一开，它准会快活地游来游去，有时搅得水花四溢。每每发现有人到，它更加地欢快起来。张大嘴，而且身体直立在水中，向你要食吃。我记得小狗吃食会发出声音，没想到，这条小鱼也一样会发出啪啪的声音。那吃东西的样子很是可爱呀！记得“十一”期间，我们全家人去了大连。临走时，我喂它食，真担心这几天它会饿死。一路上很是惦记着它。五天后，当我推开家门，第一件事就是奔到鱼缸旁看望它！谢天谢地，它健在！我笑了！它呢，还是用它特有的方式欢迎你。我赶紧喂它，家人告诉我别喂多了，怕它撑坏了。早就听人说：勤养鱼，懒养花。花不用总浇水，但鱼需要总换水。可我家并不勤快呀！一周才换一次水，有时真觉得自己好过分。可小鱼依然顽强地在我家那小鱼缸里生存。我好佩服它！

也许你会说：养金鱼是很常见的事，有什么写作价值？但是，作者从中挖掘出了厚重的内涵：“真应了那句话：适者生存！它并没有选择环境的权利，但它却顽强地拥有了生存的毅力。它只有改变自己，没办法呀！这不也是变通之道？人呢？包括我，遇到问题总爱抱怨。想想鱼吧！”

《一条老狗》（佳作 47）是“人，只有在自己站起来之后，这个世界才能属于他”作文命题下诞生的满分佳作。题目说的是“人”站起来如何如何，作者偏偏写“狗”，还是早就过气了的“老狗”，相当别致！这应该可以给我们很大的启迪。

当然，学生作文时一定要关注现实，体验生活，思考人生，坦诚为文，抒发健康的感情，让自己的文章有品位。作文最忌喊口号，空洞的“豪言壮语”人见人烦。要关注生活，说真诚的自己的话，把读者当朋友般认真对待。只要态度端正，生活琐事都可以成为温馨素材。一草一木皆可入文，有的生活细节虽不起眼，但如若发现其闪光点，即使不加修饰也能写成天然去雕饰的好文章。

鲁迅先生告诫我们："我们要说现代的自己的话；用活着的白话将自己的思想感情直白地说出来。"

还要注意的是，作文时要有辩证思维，不能妄发断言。

作文是应该展现个性的，说几句有激情的话不为过，但不能偏激。好的作文是那些体现个性、善于见微知著、能言之成理的文章。但有的人为了标榜自己与众不同，忽视了辩证思考，甚至片面极端，犯常识性错误，如否定"民族魂"鲁迅先生，攻讦钟南山、李兰娟这样一心报国的院士，为臭名昭著的希特勒鸣冤叫屈，等等，这是绝对荒谬的。

总之，作文本质上是对生活的反映，是思想的交流。只要我们真实地展示生活，在展示生活时适度地提炼生活，重视挖掘生活的内蕴，我们的文章就会很充实，还会因充实而精彩。

上面所述，都是说记叙文的选材可以写"已然的"。

当然，记叙文的选材还可以写"或然的"，它有两个时空维度——向前"穿越"，回到过去；向后"科幻"，面向未来。

还记得北京 2015 年高考作文题"假如我与心中的英雄生活一天"（典题 23）吗？

在中华民族发展的历史长河中，从古至今有无数英雄人物：岳飞、林则徐、邓世昌、赵一曼、张自忠、黄继光、邓稼先……他们为了祖国，为了正义，不畏艰险，不怕牺牲；他们也不乏儿女情长，有普通人一样的对美好生活的眷恋。中华英雄令人钦敬，是一代又一代华夏儿女的榜样。

请以"假如我与心中的英雄生活一天"为题，写一篇记叙文。

要求：自选一位中华英雄，展开想象，叙述你和他（她）在一起的故事，写出英雄人物的风貌和你的情感。

还记得北京 2017 年高考作文题"共和国，我为你拍照"（典题 16）吗？

2049 年，我们的共和国将迎来百年华诞。届时假如请你拍摄一幅或几幅照片来展现中华民族伟大复兴的辉煌成就，你将选择怎样的画面？

请展开想象，以"共和国，我为你拍照"为题，写一篇记叙文。

要求：想象合理，有叙述，有描写，可以写宏大的画面，也可以写小的场景，以小见大。

北京市高考的这两道记叙文命题，就是让我们把文思投向过去、未来。

当我们把文思投向过去、未来时，我们同样可以写出锦绣文章来。

最后，还须注意材料本身的取舍，让能独当一面的材料去"挑大梁"，一般化的材料要敢于舍弃。如有的学生写《我的体育老师》一文时，就选择了老师放弃节假日陪独子去游乐场的机会来训练体育考生，室内课也能妙趣横生地侃侃而道，面对来校滋事的社会渣滓能挺身而出，教学之余勤于笔耕，而且常有文章见诸报刊等材料，为我们绘出了一个四肢发达、头脑也不简单，文武兼备，敬业、乐业的人类灵魂工程师的形象，因为材料选择时注意了不同的角度，所以塑造出的人物形象就比较丰满，有立体感。

当我们的写作思路打开之后，我们的素材就会源源不断。

当我们的素材宝库充盈之后，我们写作时就会左右逢源。

3．“主脑皆须广大精微”
——主题艺术

文论大家刘熙载有云：“主脑皆须广大精微。”说的是文章的主题一定要既有广度，又有深度。论广度要“其大无外”——无所不包，说深度当“其小无内”——至精至微。

其实，审题立意是作文的第一道工序，也是非常关键的一步，直接决定了“作文工程”的质量。清代人薛雪在《一瓢诗话》中这样阐述其重要性：“一题在手，必观其如何是题之面目，如何是题之体段，如何是题之神魂，做得题之神魂摇曳，则题之面目、体段，不攻自破矣。”而考场作文的特殊性要求审题立意既要迅速（有时间限制），又要准确（往往决定语文成绩的高低甚至考试的成败，最忌“下笔千言，离题万里”）。

从普通高中教学的实际看，高一年级的作文训练多偏重于记叙文。经过义务教育阶段的训练，大多数高中生都内蕴着写好记叙文的潜力。北京大学的刘锡庆教授甚至“主张中学生少作议论文”，因为“人在十八岁以前思想不成熟，逻辑思维很难发展到缜密严谨的程度，他对社会的认识也不深刻”。

从高考阅卷现场反馈的情况看，记叙文获得高分的比例远高于议论文。主持江苏高考语文阅卷工作数十年的南京师范大学文学院何永康教授多次说过：100个考生写议论文，有一篇“优秀”就不错了；而100个考生写记叙文，往往会有三四篇“优秀”。

记叙文的写作涉及很多话题，立意举足轻重，因为我们历来有“文以载道”（见周敦颐《通书》）的传统。

那么，立意在记叙文的写作中占有多重要的位置呢?

道家的代表人物庄子曰：“语之所贵者，意也。”

王夫之更是把文章的“意”比作三军之统帅。

刘熙载在《艺概》中这样说：“古人意在笔先，故举止闲暇；后人意在笔后，故手忙脚乱。”就是说想好了再写就会从容不迫，写起来再想就会顾此失彼。

民国时期著名学者黄侃在《〈文心雕龙〉札记》中有言：“作文之术，诚非一二言能尽，然挈其纲维，不外命意与修辞二者而已。意立，而辞从之以生；辞具，而意缘之以显。二者相依，不可或离。”说的就是只有中心思想确定了，才能有可吐之言；有可吐之言，才能谈到语言的修饰。而参照唐代文人李翱的“义深则意远，意远则理辩，理辩则气直，气直则辞盛，辞盛则文工”的卓见可知，虽然“命意与修辞”“二者相依，不可或离”，但是还是要先考虑立意。

可见，立意往往决定着一篇文章的成败！

我们知道，作文本质上是一种交流，而交流的好坏成败，取决于技巧，更取决于态度和内容。如果你的作文态度不诚，内容不善，外形不美，就不可能写出好文章。而立意是内容的关键。

时师从多年的教学实践中发现，在记叙文的立意方面主要存在如下四个方面的问题。

一是信马由缰，缺乏立意意识。

古人云：“文以载道。”今天的我们把所说的“道”从封建时代儒家思想的层面泛化为文章的主题，大凡作文章，都是要有所寄寓，有所承载的。所谓作文，就是和读者分享自己的思想、感受、体悟。因此，信马由缰，不知所云是为文之大忌。

二是八面出击，立意杂多混乱。

这是立意问题上的另一个极端表现：在一篇文章中企图表达多维的思考，因而显得混乱。既然作者抓不住中心，读者自然也弄不清该文章到底要表达什么。八面出击的结果，其实是“一面”也不能“击破”。“伤其十指，不如断其一指”所说的就是这个道理。

三是聊胜于无，低幼倾向严重。

从高考阅卷点反馈的信息中，作文的“低幼化”是个高频出现的关键词。身为高中生，全然没有“指点江山，激扬文字，粪土当年万户侯”的神采，也鲜见“天下兴亡，匹夫有责”的担当，在文章中表达的多是微小情感、琐屑体悟，少见悲天悯人、忧国忧民的博大情怀。主题就算是有，也只是聊胜于无罢了。

四是是非不清，表达不良情感。

也许和识见所达到的层次有关，也许受“另类作文”思想的影响，不少学生对所叙写的事情所流露的情感态度、价值取向等不很恰当甚至很不恰当，是非界限不清，甚至还表达了不良情感。比如不管什么情形，对欺负自己的人不要推行“恕道”而要采取“直道”，所谓“以眼还眼，以牙还牙”。

那么，如何解决这些问题呢？

（1）养成博览群书的习惯。古人云：“读书破万卷，下笔如有神。”刘熙载也说过：“认题立意，非识之高卓精审，无以中要。才、学、识三长，识为尤重。”就是说，确定主题，如果没有高远、出众、精深、周密的见识，就不能抓住关键问题。而要抓住关键性的重大问题，就一定要有较高的理论水平，有高超卓绝的见识。有了高超卓绝的见识，才能从平凡的生活中看出不平凡的意义。“识”从哪里来？博览群书是一个重要途径。

（2）训练提炼剪裁的技巧。“桐城派”代表作家姚鼐在《惜抱尺牍》中写道：“古人文有一定之法，有无定之法。”这“一定”与“无定”实际上还是说写文章是有“法”的。因此，训练提炼剪裁的技巧对解决立意问题还是很有必要的。《春秋左绣·宣公十二年》评语中曾经论及文章的“十要”：步步联络，各成片段，两两相对，宾主互用，整散相配，错综变化，提清线索，布置安详，收束严重，立言得体。于忠善先生以为，“十要”之中，线索非常重要。因为没有线索就谈不上联络，片段、宾主、变化、整散等都要支离，当然更谈不到布置安详了。而线索或是一人，或是一事，或是一理，或是一物。总之是个“一”字，要“一”以贯之。而你为什么写这个人，叙这件事，明这个理，状这个物，潜藏在“为什么”后面的就是你这篇文章的主题。

（3）运用发散思维的方法。依时师的体会，一旦运用了发散思维，许多问题都能化难为易。譬如我们就“沟通”构思一篇记叙文，可以写“沟通的外延”问题。诸如语言的沟通，行为的沟通，心理的沟通，生理的沟通，信息的沟通，思想的沟通，等等。可以写“沟通的前提”问题。诸如人格平等，胸怀博大，智慧超群，等等。可以写“沟通的方式”问题。诸如书面交流，电话联系，面对面交谈，通过中介人，等等。可以写“沟通的环境”问题。诸如国家领导人之于联合国之类的“峰会”场合，师生之于教师办公室或教室，生意人之于茶楼酒馆，有情男女之于咖啡馆，等等。可以写“沟通的对象”问题。诸如人与大自然的沟通——与青山对话，和流水交流，等等；人与动物的沟通——我对小鸟说，与猫面对面，和孔雀零距离，等等；动物与动物的沟通——龟兔赛跑新编，猫与狗的亲密接触，老虎和狮子的强强联手，等等；动物与植物的沟通——小鸟与森林的情谊，蚕对桑叶说，等等；大自然与大自然的沟通——绿水与青山之间，阳光和绿叶之间，等等。甚至，还可以写自己与自己的沟通，不是有人说“人最难看清的就是自己”吗！通过自己与自己的沟通，我们可以正确地认识自己，从而更好地设计自己的人生之路。可以写“沟通的结果”问题。你可以为沟通大唱赞歌；殊不知，沟通也有负面的效果，譬如坏人在做坏事前也是要进行“沟通”的，这样的“沟通”是勾结，是密谋，是我们应该警惕的。

总之，成功地解决了立意问题，就是抓住了记叙文写作的“牛鼻子”。

那么，怎样才能迅速而准确地审题立意呢？

首先，要明确各种记叙文作文题的规定性。

记叙类作文题型不外乎两类，一是命题式，分写人记事，写景状物等；一是供料式，可以是要求进行扩写、缩写、续写或改写的文字材料，也可以是要求作神态、动作、语言、心理描绘或写出完整故事的图画材料。写人记事类要确定记叙的重点是人还是事，是一人一事、一人数事还是数人一事、数人数事；写景状物类要注意抓景物的特征，还要注意有所寄寓；扩写要合乎情理，缩写须要言不烦，续写当顺乎逻辑，改写宜度身定做；图画材料作文则应围绕图画内容，按照题目要求写作，不能随意枝蔓。

其次，要熟悉审题立意的思维程序。

一般说来，面对试题总是先做“发散性思维”，即将脑海中贮存的、突现的各种关联试题的信息挖掘出来，然后进行“集束性思维”，即对已挖掘的信息做筛选、组合，去粗取精，去伪存真，把握住题目的要义，如果需要，还可以反复地放开、收拢。要坚决反对那种“踩着西瓜皮——滑到哪儿算哪儿”的所谓“运思”，因为那其实是思维混乱，必然导致结构零乱、前后脱节。

再次，要掌握一些你能操作的方法。

审题立意的方法林林总总，但弱水三千，我只取一瓢饮。熟悉一些常用的方法，你就可以得心应手了。

比如“语言结构分析法”，通过分析语言结构，明确写作重点，确定选材范围。对以象征、比喻的形式出现的题目，要找出本体与喻体之间的关系，要理解题目的本义和引申义，绝不能就事论事。

像大家都熟悉的经典作文题“记我们的一段有意义的生活”。中心词是“生活”，当然以写事为主。修饰语有“我们”“一段”“有意义”三个，应试者只有选择自己生活海洋中的一朵浪花——“有意义”的生活片段来写，才算把握了重点，抓住了文题表意的重心，也就审准了题意。

比如“近似文题比较法”，通过熟题认清新题的独特要求。尤其是那些思想内涵或外延上都比较近似的文题，更要在内涵和外延的宽窄上仔细比较加以区别，以求准确地把握文题的深度和广度，那“同”中之“异”正是你面对试题所要着力的“这一个”。

像“诤友”一题，要明确“诤”是“直爽地劝告”，“诤友”是“能够以直言规劝人的朋友”，有别于“挚友”(亲密的朋友)：都要以写人为主，“诤友”要写不顾情面、敢于指出自己的缺点与错误、严格要求自己、帮助自己前进的人，“挚友”要写在感情上与自己相融、友谊深厚、能与自己推心置腹的人。

这里，我们以一道作文题来对如何审题立意进行示例。

人生丰富多彩，生活千姿百态。轰轰烈烈是生活，平平淡淡是生活；酸甜苦辣是生活，喜怒哀乐是生活。每个人都在书写自己的人生篇章。

请以“生活是一本书”为题目，写一篇作文。可以叙述经历，抒发感情，发表议论。文体不限——诗歌、剧本除外，不少于800字。文中不得透露真实的校名、人名等相关信息。

首先，必须注意题目外在的限制性。因为题目往往限制了时间、地点、人物、关系、数量，甚至文体等。

题目中“生活”的内涵是为生存发展而进行的各种活动。生活可划分为“社会生活”“职业生活”“家庭生活”三类，除此之外，还有“精神生活”与“物质生活”两分法。

社会生活包括日常生活（即衣食住行）、都市生活、乡村生活、政治生活、文化生活、艺术生活、民俗生活等等。

职业生活包括工人生活、农民生活、士兵生活、教师生活、护士生活、学生生活等等。

家庭生活包括休闲生活、个人生活、独身生活、老年生活 、双亲生活、单亲生活等等。

还必须注意题目内在的深刻性。

我们可以从书的内涵着眼：

生活是一本书，我们就是自己的生活这部作品的创作者。用理想、激情、勇气、智慧去创作，成功了，我们对社会奉献了一部精彩的作品；不成功，我们自己得到的也是一首不朽的史诗，因为过程比结果更重要。

生活是一本书，我们是它的作者，同样也是它的读者。用欣喜的心情去读，里面充满的是惊喜；用漠然的心情去读，里面遍布的是忧伤。

生活是一本书，我们用自己的思想去构思，用自己的思想指引的行动去写作，可以像《时间简史》那么长，也可以像《读者》那么轻。

生活是一本书，我们每个人都在写它，我们却很少去读它。当我们学会用欣赏宽容的心态认真地去读它的时候，过去的日子就一去不复返了，余下的岁月，就是一首花甲老人的幸福快乐的诗篇。

生活是一本书，如果里面充满了真情和爱心，即使没有留下一个字，也是千古佳作。

生活是一本书，成功人士的书，写给自己看，也写给别人读。追求成功的人士所写的书，想写给别人看，只是成功之前没有人愿意看，或者没有人读得懂。

生活是一本书，磨灭了梦想，放弃了追求的人写的书，别人是肯定不看的了，自己呢，也许早就忘记了吧！

生活是一本书，要想让它精彩的话，自己要成为它忠实的读者。读懂了自己的过去，才能构思、创造出美好的未来。

生活是一本书，只要我们用热情去写，用真心去读，每一天都可以精彩，每一刻都可以快乐。

生活是一本书，你不愿意写，也要写下去，你不愿意读，也不可以不读。

生活是一本书，太少的人知道要用真情去写作，更少的人想到要用爱心去欣赏，去阅读。

生活是一本书，不管你敢不敢承认，每个人都在希望、都在努力让别人接受自己的作品。想写出让别人接受的作品，首先要学会欣赏和阅读别人的作品。

生活是一本书，我们不可能有足够的时间亲身去实践、探索一切，学习、吸取别人书里面的知识与经验，就是丰富我们自己的作品的最佳方式。

生活是一本书，精神上成功的人，书的封面未必精彩，包装也未必精美，内容却博大精深，足以流芳千古；物质上成功的人，书的封面极其华丽，包装极尽华彩，但是它的内容也许不怎么样。如果书的背后，包含着爱心和智慧，其内容可以不朽；如果没有爱心和智慧，这就是一本只有封面没有内容的废书。

生活是一本书，有空的时候，想一想你的作品究竟应该包含怎样的内容。不要总是在失去之后，才开始学会珍惜。也不要像许多人那样，在临终的时候才发现，忙碌一生，自己都不知道做了些什么。为自己找了太多的理由，结果，想做的，该做的，都没做，或者根本就没做好；不想做的，不该做的，却是忙忙碌碌消耗了一生。

我们可以从书的性质着眼：

生活是一本欢乐的书。从中你能读出生命的真谛与纯粹的欢乐。记得有一年元宵节，我们一家子去逛庙会，猜灯谜。在庙会上，五花八门的元宵花灯让我流连忘返，各式各样的灯谜让我目不暇接。我们笑着，走着，阅读着关于元宵节传统的介绍，竞相猜着有趣的灯谜。那一晚，我学到了太多太多，仿佛读了一本书。但这书没有文字，而是以欢声笑语传播了知识。读这本书，你会真正享受到快乐。

生活是一本催人奋进的书。一次，大考的失利让我成天埋头叹息。妈妈指着墙角根的一棵幼苗，让我仔细地看。我注视了一会，惊呆了！原来，这棵不知名的小树苗竟将根扎在了砖与砖之间那极小的缝隙里。它的身子已被沉重的负担压弯，但它的头却永远向上，朝着太阳！我恍然大悟：妈妈让我学的就是小树苗的坚强不息啊！小树苗没有被层层厚砖所压倒，执着向上，而一次考试失利对我的成长又何足挂齿呢！这件事就像一本励志的书，给我鼓励与支持。以后每当我遇到类似的失败，我都会在脑海里翻开这本催人奋进的书。

生活是一本充满哲理的书……

生活是一本与时俱进的书……

生活是一本……

细细品读生活这本书吧！去感悟人生意义，去实现人生理想，去发掘人生宝藏，去体味人生价值！

我们可以从书的作用着眼：

书教会我们如何生活，如何做人。在书本里，我找到了我需要的，我读到了华夏民族上下五千年的悠悠历史，看到了中华儿女不屈不挠荣辱与共的博大胸襟，了解了民族英雄和人民英雄的不朽业绩……从书中，我得到了启示，我获得了力量。我翻这些书，孜孜不倦，却忘了那本要用一生去读的书。

读到沈从文的《我读一本无形的书》时，我才猛然惊觉：这些年无暇顾及的，属于自己的书，原来就在眼前。我怅然若失地坐在桌前，脑海里映现出往日的情景，一些已经模糊不清，一些却相当清晰。本以为这些年来没有去翻它，应该是尘封已久，甚至被虫蠹得面目全非，全没料到会有字迹清晰的。

我们可以从书与作者的相互关系着眼：

我们是它的作者，同样也是它的读者，少年读它的惊奇，青年读它的热情，中年读它的喜悦，老年读它的恬静……不一而足。

生活是一本书，用欣喜的心情去读，里面充满的是惊喜，用漠然的心情去读，里面遍布的是忧伤。

生活是一本书——一本包罗万象，富含哲理的大百科全书。它字字句句像甘甜的乳汁哺育着我们，告诉我们很多很多……

每个人一来到这个世上，呈现在面前的就是生活这本书，每个人都得用一生去读，用一生去感悟。各人有各人的读法，各人有各人的感悟。就算同一个人，随着年龄的增长，对这本书的感悟也不同。

我们还可以以书喻人：

妈妈说，要写我的奶奶，可以出一本厚厚的书。我五岁上大班之前，一直和奶奶住在一起，来到山东后，我也每星期和奶奶通一次电话。奶奶对我格外宠爱，我对奶奶也特别有感情。那我就由近及远地写起吧。

今年暑假刚开始，奶奶毅然放弃老家二十余年的做饮食零售小买卖的“事业”，和爷爷一起，到我山东的家里常住（爸爸和妈妈都考上了研究生，我今年开始上小学）。其实根本不是“毅然”。我不知道她有多少个夜晚不能成眠，也不清楚她做过多少次的思想斗争。我只知道她从1986年（我姑姑上大学那年）开始的这个“事业”，不仅保证了她的三个儿女顺利地完成了大学学业，帮助他们日后成家立业、生儿育女，还让她得以资助了乡下的几个侄子上完大学。

这次见到的奶奶，与一年半前我随父母回老家看她时相比，背更驼了，头发也更白了，但不变的是她的精神。一个暑假，奶奶忙忙碌碌地做饭、收拾屋子、督促我学习，一刻也闲不住。父母利用休息日，带爷爷奶奶和我逛了微山湖和外滩豫园，游玩了动物园、植物园，游览了泰山，虽然每次奶奶嘴上直唠叨“太浪费了”，但看得出她心里非常高兴。游玩的空闲，奶奶都会不失时机地和我讲她总结的一些人生经验和做人道理，虽然直白，但每句话都会重重地敲击我的心灵。

奶奶时常和我讲起她的童年。“小白菜呀，地里黄啊，三两岁呀，没了娘啊”是她的真实写照。奶奶没有上过一天学，却深知“知识能改变命运”，退休之前就利用休息时间推着自行车沿街叫卖冷饮，含辛茹苦地把三个儿女全都供上大学，这在老家小镇上是史无前例的，奶奶爷爷也因此成了当地备受尊重的名人。受良好家风的深刻影响，我从小就热爱学习并以此为荣。

奶奶心地善良，得到她无私帮助的人数也数不清。奶奶教育做医生的爸爸对待病人要像自己的亲人一样，教育当教师的姑姑对待学生要像自己的儿女一样，教育当老总的姑夫对待员工要将心比心……奶奶把大爱毫无保留地传递给了她的子孙后代，她的行为也潜移默化地感染着我，让我明白“厚德载物”是一个中国人的高尚品质并努力去做。

正如妈妈所说，要写奶奶，写也写不完。其实奶奶就是一本书，一本我一辈子也读不完、学不完的人生长卷……

审题注意到这些，文章就不会流于表面的内容，对主旨就有了深刻的体悟，立意时就能力求人无我有、人有我新，摆脱常规、跳跃思维。

古人云：“凡作文发意，第一番来者，陈言也，扫去不用；第二番来者，正语也，停止不可用；第三番来者，精意也，方可用之。”这就告诉我们，面对一道文题，马上想到的主题不要写；稍加思索后想到的主题，最好也不要写；应该定下心来从更广阔的背景进行思考，追问原因，探究共性，揭示本质。这样，就能力避老生常谈和人云亦云，写出发人深省的文章。新颖、深刻当为立意追求的境界。

我们可以在事件中寻找独特感悟。

成长的困惑

……

我停下脚步，转过身来，从老板手里取过瓷奔马，暗自高兴，可当打开钱包准备付钱时，我愣住了：里面只有一张50元的票子。我满脸通红，递过钱，结结巴巴地说：“老板，这里只有我10块钱，其余40元是同学的。”

老板笑了，递给我40元钱，冒出一句：“小丫头，特精。”

我拿着瓷奔马，走在回家的路上，想着自己的表演，颇感得意，可也隐隐觉得丢失了一点什么。回到家里，我把事情原原本本地告诉妈妈，妈妈夸我：“到底长大了，不再天真了。”天哪，做人必须工于心计，巧于周旋，成长竟要以丢失真诚为代价，我真不敢长大。

文章写“我”智斗老板，故事可能是真实的，也颇有趣味。“做人要工于心计，巧于周旋，成长竟要以丢失真诚为代价。”这就提出了一个人类生存的悖论：我们欣赏纯洁和真诚，但是生活又常常逼着我们放弃纯洁和真诚。显然，这样的立意揭示了人生的无奈，深刻。文章的成功启示我们，不能停留在对基本事实的记叙和描写上，不能停留在自我的原始感觉上，而要在记叙的基础上努力寻找独特的感悟，用深刻的思想来展示自我，警醒世人，引发阅卷老师的共鸣。

我们可以用警策性语句升华主题。

抹不去的阳光

……

我那么激烈地反抗妈妈，妈妈不会轻易饶过我吧？那么，妈妈究竟会有什么惩罚手段呢？我想了许多对策，没有想得妥当，只觉得有些口渴，便开门找水喝。打开门，我愣住了：妈妈正伏在客厅的桌子上备课呢。听见动静，她转过头来，我看见她一脸笑容，毫无怒色。她仰脸看着我，问道：“没哭？”我没作声。她连忙起身，倒了一杯牛奶，递过来：“喝吧，牛奶既能解渴又能消气呢。”我接过牛奶，一饮而尽。

这时，一束阳光透过窗棂，照进客厅，照在妈妈的脸上，只见她的脸有如绽放的鲜花，显得特别的美丽。她伸手理了一下散乱的鬓发，光依然停留在她的脸上。我的心突然一动，啊，母爱不正是这和煦的阳光吗，即使你恼怒它，厌弃它，它也依旧照拂着你。

啊，大爱无形，大爱无言，挥之不去，拂之依旧！

作者写了母亲整理鬓发、阳光在脸上拂之不去的细节，再以警策性语句“大爱无形，大爱无言，挥之不去，拂之依旧”作结，这就使文章超越了对母爱的一般性歌颂，有了哲理性的主题，对读者更具有启发意义。

用警策性语句来提炼主题对于深化主题至关重要。所谓警策性语句，就是语简言奇、含义深刻并富有哲理性的语句。陆机在《文赋》中曾说：“立片言而居要，乃一篇之警策。”意在关键的地方用上只言片语，就可成为全篇的警策。对于记叙文来说，就是要用精警的语言来提炼和揭示主题，造成高屋建瓴、气势不凡之势。

我们可以用经典的光辉映照主题。

牵动我心的声音

……

“我们还是朋友吗？”每当我想起那句话，我就会想起鲁迅笔下的人物，想起《药》里那些颈项伸得很长的看客，想起《阿Q正传》里兴奋不已的看客。是的，我不是阿Q，我没有欺侮小尼姑，我只是看客，孤立无援的小尼姑被阿Q欺侮时麻木不仁的看客。然而看客和阿Q一样，他们没有是非观，没有正义感，只有一颗麻木的心，在别人的痛苦中寻找快乐和慰藉。鲁迅先生离开我们快一个世纪了，想不到他笔下的看客依然健在，而其中竟然有我！

我生在当代中国，但身躯里仍然保留着阿Q们部分的落后基因，我离现代文明还有相当的距离，不是一个彻底的当代人！

作者以鲁迅的国民性思想为基础，将自己在“闹剧”中的表现和鲁迅笔下的看客联系起来，指出自己的“身躯里仍然保留着阿Q们部分的落后基因”，从而引出如何构建当代人精神文明的重大问题，主题深刻。

记叙文把事件和人物写得生动形象固然重要，通过事件和人物，给人提供更深广的思考同样重要。怎样才能有深刻的主旨呢？如果我们自身的功力不足，不妨借助经典著作，用文学画廊里的典型人物烛照自己笔下的事件和人物，用大师们的思想来辉映文章的主题，从而突破思想的平庸，实现主题的深刻。

我们还可以让主题有点批判的锋芒。批判，就是站在一个更高的层面上，对历史或现实进行“我”的价值判断，对人或事进行分析和解剖，以期发现问题和解决问题。批判精神是人类文明的重要标志之一，在记叙文写作中增加一点批判的锋芒，就能显示作者关注社会的人文情怀，显示其思想、人格和精神的独立，从而实现主题的深刻。

独特的风景线

……

那天，讲课之余，他说要让我们看一样新玩意，便拿起鼠标，捏着两端的连线，轻轻一拉，本来不长的连线便延长了许多，他再轻轻一拉，两端的连线快速收缩，很快就只剩鼠标而不见连线了。他反复演示，然后把鼠标高高举过头顶，得意地说："这是我从女儿那里刚刚要来的。"

一个新式的鼠标竟让他如此兴奋，简直就像一个孩子。对，刘老师就是一个孩子，他年过六旬而坚守童心，远离世俗，在这个过于成熟的社会里，实在是一道独特的风景线。

文段突出了刘老师的独特，突出了刘老师的童心。把人物置于一定的社会背景之下，把对刘老师的赞颂和对社会的批判结合起来，这就使文章的主题有了思想的深度和力度。

4．“凡制于文，先布其位”
——结构艺术

也许大家都知道王蒙先生的“亏他想得出来”的赞语，这是对出彩的构思的赞誉。《考试说明》中对作文“发展等级”的第四个标志“有创新”进行了四个角度的分解，其中之二就是“构思新巧”。

面对一个作文命题，构思是必做的功课，而且是相当重要的功课。审题、立意、选材都要通过构思来体现，结构层次又是构思的直观显示。构思是隐性的，是作者思维的过程；思维的结果呈现出来的是结构，这是显性的。

我们先说说隐性的构思。

有道是：“创新是一个民族进步的灵魂，是国家兴旺发达的不竭动力。”从这个意义上说，揄扬“构思新巧”是一个很好的导向！

恐怕不少人都知道一个成语“匪夷所思”，其实，当我们的“所思”是“匪夷”的时候，差不多就算得上是“构思新巧”了。

那么，如何在“构思新巧”上有所创新呢？这是我们共同面对的问题，也是我们许多人的困惑。

也许，当我们打开了视野之后，问题就会迎刃而解。有人说：“模仿加改良等于创新。”有人说：“创新就是创造性地破坏。”从中，我们似乎寻觅到了创新之路。

文体的选择可以体现构思的新巧。

鲁迅先生的小说《狂人日记》为人们所称道，与日记体的选择不无关系；《父辈是个“多面体”——微信群聊天记录》（佳作 22）被天津高考阅卷老师施以青眼，与微信群聊天的新颖格式关系很大；《私家车咏叹调》（佳作 26）得到江苏高考阅卷组负责人骆冬青教授认可，和小小说的体裁的选择也有不小的关系。于中可见，文体的新颖应该是“构思新巧”的应有之义。如果你能够驾驭，又是命题所适用的，那么，微型小说、日记体、书信体、寓言体、微信聊天式、病历式、科学幻想类、主持人与嘉宾的现场答问式等等，都是可以考虑的。

结构的匠心可以体现构思的新巧。

鲁迅先生的《祝福》为人们所称道，与其倒叙的结构方式有很大的关系。于中可见，在习见的顺叙而外，行之以倒叙、平叙式结构，也是“构思新巧”的体现。

《林黛玉进贾府》、吴伯箫的《猎户》为人们所称道，与其一线贯穿的构思也有很大的关系。《林黛玉进贾府》借林黛玉在贾府的所见所闻所感写贾府的各色人等，所谓“总借一双俊眼传出来”，大家手笔，确实巧妙；《猎户》里围绕着“到红石崖访打豹英雄董昆”塑造了包括尚二叔、“百中”老人在内的群像，特别是诸如“董昆是什么样子呢？可像家乡的尚二叔？”之类的过渡句，其精妙真让人击节不已。于中可见，用一条线索串起全篇当属“构思新巧”。

鲁迅先生的《药》、叶圣陶的《夜》等为人们所称道，与这些作品的双线结构方式关联很大。《药》中华家的悲剧和夏家的悲剧在“人血馒头”上汇集而成为华夏的悲剧，对辛亥革命进行了艺术的总结；《夜》里老妇人和革命夫妇（老妇人的女儿女婿）的不幸的命运借“小纸条”而传达出来，引人深思。于中可见，在大量篇章单线结构的背景下，来一个双线结构，肯定会“构思新巧”的。

《待蒲公英开满山坡》（佳作 37）就是在两条线上展开故事的：一是蒲公英最后形成“蒲公英的海洋”；一是青年画家画自然美景，画人间百态，被名画家看好。两条线先分后合。

《我要珍藏今晚的月光》（佳作 80）的主体部分也采用了双线结构。

王安石的《游褒禅山记》也不能不提。作者第一节叙写了华山为什么“亦名褒禅山”、慧空禅院就是慧褒的庐冢、华山洞何以得名华山洞、文已漫灭的仆道之碑等情况；第二节记写了游历山洞的经过；在此基础上第三节就影响事业成功的诸多因素如“志”“力”“物”发表了见解，给读者以深刻的启迪——要攀上人生的巅峰，关键是立志；第四节就“仆碑”而论，得出了“学者不可以不深思而慎取”的结论。这样的结构有别于常见的“顺承法”，而是采用了罕见的“逆接法”，让人耳目一新。

虚实的结合可以体现构思的新巧。

曹雪芹的《红楼梦》是中国古典长篇小说的高峰，小说以上层贵族社会为中心，极其真实、生动地描写了 18 世纪上半叶中国封建社会末期的生活，是这段历史生活的一面镜子和缩影，也是中国封建社会已经无可挽回地走向崩溃的真实写照。这部以“梦”命名的现实主义巨著写了大大小小的数十个梦，以虚写实，虚实相生。苏轼的《后赤壁赋》终篇之际让一“羽衣翩跹”的道士入梦，在梦中超脱了现实生活中压抑着自己的苦闷，表达了作者超尘绝世的奇思遐想，透露出作者精神升腾入大自然的旷达之思。两位名家又为我们指明了一条“构思新巧”的路径。

其实，只要你的文章在构思上有新意且对内容的表达能够有不一般的效果，这样的构思就无愧于“新巧”之誉。

再说说显性的结构。

明清之交的著名文人李渔在《闲情偶寄·词曲部》中如斯说：“至于结构二字，则在引商刻羽之先，拈韵抽毫之始。”强调了结构的重要性。他说的是戏曲创作，其实这句话同样适用于记叙文。

日本的遍照金刚在《文镜秘府论》中这样写道：“凡制于文，先布其位。犹夫行阵之有次，阶梯之有依也。”大意就是：写文章时，在立意既定的前提下，首先就要考虑叙写的次序和全文的布局。怎样开头，怎样转接，怎样过渡，怎样结尾，最好能够成竹在胸。只有这样，写起来才能像行军布阵一样，从容不迫，有条不紊；才能像攀登阶梯一样，逐层升高，有所遵循。

汪琬的《答陈霭公书》中有这样一段文字：“后之作者，惟其知字而不知句，知句而不知篇，于是有开而无合，有呼而无应，有前后而无操纵顿挫，不散则乱。譬如驱乌合之市人，而思制胜于天下，其不立败者几希。”就是说：有些作者只注意遣词造句，而不注意谋篇布局。于是他们的文章不是有分析而无综合，就是有伏笔而无照应，因而疏漏百出，不是松散，就是混乱。不管布局，就像驱遣乌合之众去作战一样，只会失败。

于此，足见结构在记叙文写作中的重要性。

那么，老师阅卷时对结构等次是怎么评定的呢？

通常分为四个等次：一等是结构严谨，二等是结构完整，三等是结构基本完整，四等是结构混乱。

所谓完整，意味着构成文章的各个局部应该结合成一个完美统一的整体；构成文章整体的各个局部要相对齐备，不可残缺；各个部分在文章结构中所占的地位要适当。而在布局谋篇上不完整的具体表现为文章的各个局部不是一个完整的统一体；文章的各个局部不太齐备，有的部分残缺；有的部分在文章结构中所占的地位不太恰当：多了，或者少了，甚至多余了。

所谓严谨，是在完整的基础上提出的更高层次的要求。它意味着和谐自然，上下文之间要脉络通畅，承接自然，过渡得当，层次井然，全文浑然一体；各部分之间有严密的逻辑关系，不得出现矛盾或无关的现象；有曲折变化，呈波澜起伏之态，有如《周易》中所说的“曲成”，恰如朱熹所云“文须错综见意，曲折生态”。而在布局谋篇上不严谨的具体表现为不太和谐，不太自然，上下文之间脉络不太通畅，过渡有些生硬；各部分之间逻辑关系不太严密，有重复、矛盾或无关的现象；平铺直叙而无曲折变化。

之所以会出现结构上不完整、不严谨的情形，主要有两个原因。

一是训练不力，缺乏结构意识。很多学生没有写提纲的习惯和打草稿的意识。平时作文不写提纲、不打草稿，考试作文也不写提纲、不打草稿，往往“一气呵成”。在这种情况下，哪有时间考虑文章的层次结构呢？没有时间考虑层次结构，结构混乱也就随之而生。有的学生没有“层次意识”，他们写作文，段落层次分不清，眉毛胡子一把抓。不能按照时间顺序、空间顺序、逻辑顺序来写，编故事、写小说分不清开端、发展、高潮、结局。有的学生缺乏“过渡意识”，几段文字油是油、水是水，彼此生硬地“拼装”在一起。

二是固守程式，缺乏创新意识。有些老师为了班级整体写作水平有保障，往往运用一些写作程式来要求学生，阅卷时也按照程式来确定优劣。学生长期接受模式化的训练，不知道灵活变通，作文结构僵化成“新八股”。诸如运用排比段结构全篇，在文章结尾都喜欢发一通议论，等等。

如何解决结构问题?

途径有二：一是训练思路的条理性，二是掌握行文的章法。前者着眼于文章的整体构思，后者着眼于文章的局部。

思路要有条理。

记叙类文章根据其叙事特点，可按一般事物发展顺序去顺叙，也可运用倒叙、插叙、补叙，注意设置悬念，先抑后扬，伏笔照应等，使行文跌宕多姿，增强文章的可读性；较复杂的记叙文还可以运用双线并进的平叙（“花开两朵，各表一枝”）等传统技法。

行文要有章法。

可以撰述一个题记。题记应该具有暗合文旨、意味深长、富有文采、意蕴丰厚、情味绵长、语言精美的特点。可以引用名人名言，也可以自行雕琢。

可以拟设若干小标题。就是把一个大的话题或意旨恰当切分。小标题必须体现行文脉络，符合逻辑顺序，语言形式整饬。

精心写好开头。引用名言名句，巧用排比、设问、对比等修辞手法，巧用诗文显诗意等都是常用技巧。

精心打造结尾。可以照应开头，结构圆合；可以篇末点题，画龙点睛；可以抒发情怀，余味无穷；可以蕴含哲理，发人深思。比如“截马”(“如截奔马”）法，就是文章浩浩荡荡不可阻止之时，结尾处突然煞住，这样增强了文章的气势，更见表达效果。

这里要特别说说过渡问题。

记叙文往往是叙事写人的，而叙事写人都是“为情而造文”的（所谓有感而发，有别于常遭贬斥的“为文而造情”）。因此，常见结构范式不外乎“一事一悟”、“多事一悟”（从几件事情中提炼出共同的主题）、“一事多悟”（对事情的内蕴进行多向、深度挖掘）几种。“一事”的演绎过程，“多事”的衔接技巧都关乎过渡。文章哪些地方需要过渡？内容的转换处需要过渡；表达方式的变换处需要过渡，如由叙转议，由议转叙，由叙议转抒情，等等；叙述方式的变换处需要过渡，如由倒叙转顺叙，由顺叙转插叙，等等。

怎样过渡呢？

一般可以用段落，用句子，用词语；还可以用小标题，或者用序数词。

最后简略说说分段问题，因为这也是结构的应有之义。

就阅卷的视觉美感而言，文章以四至五段为宜。记叙文当有起因、经过、结果三大部分，但过程部分宜按进程切分成二至三段。各段意思要相对完整，各段字数要相对匀称。

切记：从外在的形式上看，开头部分太长的结构，主体部分驳杂且不加切分的三段式结构，一段到底的结构，频频分段的结构，都不是理想的结构。

结构样式很多，我们特别倡导同学们用如下两种结构样式来组织文字。

一是“橘瓣组合式”，又称为“扇形结构”。

通常在文章的主体部分用两三个小标题：

可以是时间地点的提示。如2017年河南高考优秀作文《大国·同心》，就是以“2014.01　土耳其”“2015.10　湖南”“2017.03　北京”领起三个主旨段落，以“高铁”“美丽乡村”“共享单车”三个关键词介绍中国的。

可以是古诗文名句的引用，如时师的下水作文《书里乾坤》（佳作65），就是以“书非‘买’不能读也”“腹有诗书气自华”“著书不为稻粱谋”串起全篇的。

也可以是文章中人物的语言。如2017年天津高考优秀作文《读你千遍也不厌倦》（佳作23）以妈妈的“都是亲人，何必锱铢必较？”“这样做，是对他们的尊重！”“多干点儿工作不吃亏！”三句话串起了三章文字。

二是“一线串珠式”，行文时有一条主线，中间有两处插叙，既保证脉络清晰，又做到内容丰厚。

譬如时师2018年江苏高考的下水作文《拜谒贝多芬》（佳作18），与前文所述的吴伯箫先生散文名作《猎户》有异曲同工之妙。

5. “凤头”“豹尾”惹人怜

——首尾艺术

俗话说：织衣织裤，贵在开头；编筐编篓，重在收口。其间的道理，用来比况写文章也是恰当的。好文章除了主体部分的丰厚外，要有引人入胜的开头，还应该有耐人寻味的结尾。

然而，“头难起，尾难落”又是不争的事实。

不过，举凡问题，都有对策。因为办法总比困难多。

先说说文章的开头艺术吧。

世界知名的美国畅销书作家、文案界大佬（曾经创下单个文案24万美元的奇迹）休格曼曾经说过：“文案第一句话的唯一目的就是让读者读第二句话，第二句话的唯一目的就是让读者读第三句话，然后是第四句话……”这是强调第一句话的重要性。当然，把文案换成文章，这道理同样是适用的。

苏联的现实主义代表作家高尔基说过：“写文章，开头第一句是最难的，好像音乐里的定调一样，往往要费好长时间才能找到它。”

宋元时期的文人乔梦符在论及“乐府”的章法时有过“凤头”“猪肚”“豹尾”的比喻，大意说的是文章的开头当像凤头那样美丽、精彩，文章的主体当像猪肚那样有充实、丰富的内容，文章的结尾当像豹尾一样有力。这是有名的写作“六字诀”。

明朝诗人谢榛在《四溟诗话》卷一里也曾说：“起句当如爆竹，骤响易彻；结句当如撞钟，清音有余。”

以上言论，都强调了文章开头的重要性。

确实，如果我们下笔为文时有一个好的开头，一定会为文章奠定好基础，从而让读者——当然也包括阅卷老师这样特殊的读者——一见钟情。

然而，写好文章开头对很多人而言也不是一件容易的事。有道是：万事开头难。但是，只要我们有心学习、借鉴，很多名家名篇、考场佳作中的开头还是可以给予我们启迪的。

当然，文无定法，记叙文的开头因人而异，因文而异，当我们掌握了一些常用的开头方法后，我们就可以下笔从容，驾驭自如了。

1. 开门见山法

就是在文章的开篇就点题，简洁明快、单刀直入，直接点明写作对象或主题，直接进入事件的记叙，使文章不转弯抹角，不拖泥带水，不曲径通幽，不云罩雾绕。这是最常见的记叙文开头方法。

大家都熟悉欧阳修对《醉翁亭记》开头的修改，从起初的几十个字，到最后只以“环滁皆山也”五个字开头，何等的简洁明了！

如《才子》(佳作 33)的开头：

每天坐地铁上学，经常碰到“才子”。

我不知道他的名字，因为他读的书多，谈吐不凡，所以我就叫他“才子”。他也不反驳，默认了。

如《渴望赞美》一文的开头：

就像是风对于帆，就像是温度对于种子，就像是阳光雨露对于万物生长，赞美是我们成长过程中不可或缺的精神营养。

如《身边的风景也动人》一文的开头：

人生如同一条长长的道路，当你急促地在这条道路上行走，一心憧憬远方的美丽时，你是否也曾注意到身边迷人的风景？静下心来，默默欣赏身边的风景，你也会发现久违的美，身边风景也动人。

2. 排比入题法

排比可先声夺人，能增加文章气势，使文章结构整齐匀称，富有节奏感和音韵美，语言畅达华丽。用来叙事，能酣畅淋漓；用来状物，能景象纷呈；用来抒情，能汪洋恣肆。

如《他们》(佳作 56)的开头：

在城市的尽头，没有繁华的街市，闪亮的霓虹；在城市的尽头，只有破旧的棚户区，有饱经生活风霜的生命；在城市的尽头，有他们这样一群人。

如《哥是捡来的吗?》一文的开头：

哥，黝黑的皮肤，粗壮的胳膊，像一头健壮的牛；哥，粗声粗气，蓬乱的头发，像一匹任劳任怨的马；哥，沉默寡言，起早摸黑，像一只拉磨的驴。都说哥是捡来的，因为哥是一个只要有饭吃就像牲畜一样拼命干活的家中唯一的劳力。

如《把爱心带给他人》一文的开头：

爱心是冬日里的一缕阳光，驱散了凛冽的寒霜；爱心是久旱后的一场甘霖，滋润了龟裂的心田；爱心是汪洋中的航标，指明了新生的希望。

3. **引用名言法**

开头引用名言警句，可点明中心；引用诗词歌赋，可激起读者共鸣；引用人物语言，可突出人物性格。而且，引用会让文章增加文化味儿，增加文学色彩。

如《迈向明天——我的高考》（佳作20）的开头：

俞敏洪说："人生这场戏的最终结局，就是一个又一个选择叠加起来的总和。"而如今，我正站在高考的拐点上，做出另一个重要的人生选择。"过去驻足不去，未来不来。"回望过去所做的选择，我的高考，是过去所做选择的累积。

如《问世间情为何物》一文的开头：

"问世间情为何物，直教生死相许。"元好问的确好问，也很会问。他这一问可谓一问问千古。多少年来，有多少人在这个问题上徘徊，又有多少人在付出巨大代价后得出了人生最终的答案。但各家之言却如每个人的脸一样，各不相同。

如《邻居》一文的开头：

"宁可食无肉，不可居无竹"，竹子是苏轼的佳邻；"疏影横斜水清浅，暗香浮动月黄昏"，梅花是林逋的芳邻；"死，是一件不急于求成的事"，地坛是史铁生的友邻。我的邻居却是一盆不起眼的花。

在这里，作者开篇引用了苏轼、林逋、史铁生的话，既便于快速入题，很快进入中心事件，又便于揭示中心，导出主旨。同时，采用引用法开头，还便于展示才情，彰显作者的知识面，使人眼前一亮、精神一振，能为文章增色不少。

4. **绘景状物法**

优美的景物能充分满足人的审美享受，增强人的审美愉悦感。用华章丽句打造而成的景物描写渲染文章氛围，往往能使作文开篇就定下一种唯美基调，使读者进入作者绘就的美的空间，让形象的描述飘逸出令人心荡神驰的诗情画意。恰到好处的绘景状物，可以烘托气氛，可以暗示心情，可以突出人物。

如《怀想天空》（佳作58）的开头：

麦收时节，天空显得非常地明净。在黄金麦田上空，偶尔悠然地游过几朵白云。

如《古道情缘》一文的开头：

古道荒原，落日熔金。萧瑟的秋风吹得蒿草发出一阵阵呜呜的低吼声。一辆马车在古道上飞跑，一绝尘轻骑在后面紧紧地追赶。骑马者身披的斗篷被风扯起，宛若天边的一块乌云。车轮滚滚，马蹄得得，在寂静的旷野上分外入耳。

如《想想就开心》一文的开头：

斜阳染红了挂在天边的云彩，整条街道变得金黄一片。那棵高大的老杨树微微摆动着金黄色的叶子，树下是一座白色大石头砌成的有些破旧的老房子。这座房子与这条街道上其他高大的建筑物极不搭配。

5. 直抒胸臆法

就是以抒情笔调开启，让作者的思想感情在文章开篇便汩汩流泻，从而奠定全文的情感基调。这样，能够表达作者心中的情愫，激起读者情感的波澜，引起读者的共鸣，有着强烈的艺术感染力。

如《书到用时方恨少》(佳作30)的开头：

终于来到了这一天，高考。

当试卷发下来后，本该焦躁的内心竟然有些平静，值得庆幸的是，很多题一眼就看出了它的答案，果然多年的积累是有用的。

如《向诸葛亮鞠躬》一文的开头：

“大江东去，浪淘尽，千古风流人物。”历史的洪流没有将你吞没，智慧超群，一代忠臣，你以独特的光芒照耀着历史，你就是——诸葛孔明。

6. 设置悬念法

在文章的开头设置悬念，往往能吸引读者的注意力，激发读者的阅读欲望，从而赢得极好的表达效果。

如《豹子飞奔》一文的开头：

在奥林匹克主体育场，无数的观众在静静地等待着，无数的闪光灯在静静地等待着，无数的解说员在静静地等待着，夜空中的月亮在静静地等待着，孙海平教练也在静静地等待着。

如《我是一只想死的老鼠》一文的开头：

这些天，我一直为自己该怎样死而焦虑不安。

如《不止一次，我努力尝试》一文的开头：

天边云朵飞腾，像刚出笼的奶黄包，路边不知名的山雀扑棱棱地飞走了。我在哥哥的怂恿下，糊里糊涂地再次步入这片沉寂的山林。我看着这座百年老桥，双腿又情不自禁地颤抖起来。

由此看来，运用设置悬念法，可以打破平铺直叙的表述常规，会使文章引人入胜，波澜起伏，使读者产生急切期待的心理和极为关注的情感，收到良好的效果。

既然设置悬念法如此出彩，我们就要掌握一些设置悬念的方法。

（1）倒叙法。采用倒叙手法，把全文的结局放在开头说，让读者一开头就陷入疑问之中，有了疑问，就有急于读下去解开谜团的欲望。

《同志的信任》的开头就是一个范例。文章一开始写鲁迅先生与一个陌生的女青年会面，女青年将一个纸包和一封信交给鲁迅先生。读罢开头读者自然要问：这个纸包里面藏的是什么？这封信写的是什么内容？这么多的疑问使得读者产生追根究底的想法，自然会情不自禁地读下去。

（2）回忆法。其一，文章开头写作者事后对事或人的看法、评价。鲁迅先生的名篇《一件小事》就是用了这种方法。其二，文章的开头触目伤怀、睹物思人。有一篇学生作文开头这样写道："每当打开那相集，看到那张熟悉的面孔，我的思绪便回到那孩提时代。"于是读者的思绪也被带到作者的孩提时代。

（3）行为反常法。《突围》（佳作 68）的开头就是一个范例：

"啪——"一个巴掌再一次打在了我的脸上，一个读高三的女孩子的脸上！我与父亲之间的那堵隔墙再一次被加固，固得不可动摇。

打人啦！打的还是女孩子！竟然是读高三的女孩子！居然还是"再一次"！天哪！到底发生了什么？你一定会关心背后的故事。

当然，文章开头设置悬念应注意：一是悬念的设置要简明扼要，不能啰唆，悬念的点要集中，与悬念关系不大的内容不写。二是要围绕悬念一步一步地解开谜底，一层一层地解除悬念，直到结尾时才让人恍然大悟。这样，既符合读者的阅读思路，又可以使文章结构紧凑而曲折多姿。

再来说说文章结尾的艺术。

1. 戛然而止式

古人称之为"截马式"，犹如截住奔马，猛然刹住，给人以"言已尽而意无穷"的感觉。很多微型小说的结尾都是这样的。莫泊桑的《项链》、欧·亨利的《警察与赞美诗》《最后一片叶子》《麦琪的礼物》等名篇的结尾都是如此。

如《无人应答》（佳作 74）的结尾：

他沮丧地下楼，看到一个五大三粗的男子在自家门口徘徊。"干什么呢？"也不知道哪来的勇气，他大喝道。"大哥，不好意思，我楼上的。"大汉用手蹭了蹭脸上的胡茬，"今早上水管坏了，漏水。现在才修好，想看看有没有影响到您。这不，不好意思敲门呢！"

这个结尾，颇有欧·亨利式结尾的况味。

2. 总结全文式

对全文的思想意义进行总结、升华，给予读者一个深刻而明确的认识。

如《尺度》（佳作 77）的结尾：

爱有多大，能接受的尺度就有多大。

3. 提出希望式

在结尾处对读者或者某些特殊对象提出某种希望，或指明方向，引人深思。如

《怀想天空》（佳作 58）的结尾：

现在，我在考场上做题。室内很凉快。当考试结束后，我要在烈日下站两小时，来感受那种烈日当空的滋味。

4. 呼应开头式

在文末点题——点文章的标题或者开头，使得文章结构完整，加深读者印象。

如《永恒之曲》（佳作 73）的结尾：

华灯初上的西塘，如泣如诉，在那河岸一盏盏明亮的灯笼里，依旧谱写着优雅的篇章。

这个结尾回应开头“七月，夏雨过后，雨润烟浓。临水的西塘似乎一直笼罩在如纱的薄雾中，仿佛只有这样才能展现江南水乡的韵致。流水低吟，桨橹浅唱”，让文章的结构严谨。优美的文字，让读者有余香满口之感。

5. 自然结尾式

当你把事情叙写结束了，不再枝蔓也无须枝蔓，文章自然就能完篇了。

如《前行的“宸舆”》（佳作 66）的结尾：

伴着“宸舆”，陪着主人，一路走来，一切都在我眼里，一切都在我心里。

“一路走来”，自然地收束全篇。

如此等等，不一而足。

有了“凤头”，又有了“豹尾”，文章会更加受人青睐，一定的！

6．“让人物形象立起来”
——塑像艺术

我们都知道，记叙文是叙事写人的，是要讲故事的，自然离不开人物形象的刻画。而人物形象的刻画是有方法和技巧的，用得好，可以达到一字传神、一事立像的效果。

一般说来，塑造人物形象可以分为正面描写与侧面描写两个方面。正面描写一般从肖像、动作、语言、心理等角度着手。

1. 肖像描写

肖像描写也称为外貌描写，就是描绘人物的外貌特征，包括人物的身材、容貌、服饰、打扮以及表情、仪态、风度、习惯性特点等。描是描绘，写是摹写。描写就是用生动形象的语言把人物的状态具体地描绘出来。这是一般记叙文和文学写作常用的表达方法。其目的是以“形”传“神”，刻画人物的性格特征，反映人物的内心世界，加深读者对人物的印象，表达作者的爱憎，表达作者文学创作的主旨。好的肖像描写，不仅仅是用文字给我们描绘出一个人的外在形象，还应该通过人物的外在形象为我们展示出其思想、性格和气质。

世上没有外貌完全相同的人，我们要准确地描写人物外貌，人物形象才会真实可信。但是，要做到准确，殊非易事。因为人的外貌往往受到职业、年龄、教养、习惯、生活经历、家庭环境、身体状况等很多因素的影响，必须区别对待，下笔有数。

不同职业的人往往外貌也有所区别。如舞蹈演员一般四肢修长；举重运动员往往比较壮实；渔民则因为经常户外作业而肤色较黑，脚趾因长期在船上行走而像蒲扇般张开。

人的年龄不同，其外貌也有明显的差异，一般情况下，少年儿童天真可爱，青年人血气方刚，中年人成熟稳重，老年人则耳聋眼花。

人的教养不同，也往往能从外貌上看出来：有教养的人坐有坐相，站有站相；没有教养的人坐着站着东倒西歪，说话粗鲁而无条理。

人的习惯不同，也往往显出不同的特征来。如吸烟的人牙齿发黄，浑身还不时透出烟草气味；不吸烟的人则牙齿洁白。

大户人家走出来的人，与穷乡僻壤走出来的人，其外形气质还是有很大不同的。

身体健康的人与有残疾的人外形的区分度自然很大，残疾的类型不同，其外形的区分度自然也会很大……凡此种种，我们要仔细观察，并用准确的语言加以描述，人物的形象才能准确传达。

就描写技巧而言，仔细观察，抓住特点是最重要的：抓住五官特点，写出人物面部特征；抓住身材体型、服饰打扮特点，体现人物个性；抓住性别和年龄差异，准确体现性别和年龄的特征。

描写时不必面面俱到，应该有所取舍。有时候，我们根据手头素材的实际情况，或为了某种表述的需要，可把外貌描写重头戏放在人物的某个部位。如写爷爷的手，硬而裂开许多道口子，虽难看却是勤劳的见证；帮“我”编玩具，又透出灵巧。这样写往往会使勤劳而灵巧的爷爷跃然纸上。

描写时还要有一定的顺序，或从上到下，或从下到上，不能杂乱无章。

大家对鲁迅先生的小说《祝福》应该是熟悉的。小说在肖像描写方面对主人公祥林嫂的眼睛的描写一定让你印象深刻。

祥林嫂沦为乞丐后：“只有那眼睛间或一轮，还可以表示她是一个活物。”

祥林嫂初到鲁家：“只是顺着眼，不开一句口。”

祥林嫂再到鲁家：“顺着眼，眼角上带着泪痕，眼光也没有先前那样精神了。”

她精神上的最后的希望破灭后：“眼睛窈陷下去，连精神也更不济了。”

这几处肖像描写都抓住了人物的关键，深刻地揭示了人物的内心世界，是典型的以“形”传“神”。

有时候，在写完后，还要反复推敲，做出修改。列夫·托尔斯泰在创作《复活》时，为了写出玛丝洛娃的灵魂，勾勒出在牢中的玛丝洛娃的内心世界，曾对玛丝洛娃的外貌描写修改了二十次之多。

《共和国，我为你拍照》(佳作21)中有这样的文句：

一扇半掩的门，门缝正对的是一扇窗，窗旁有三个人。坐着的是一位发已灰白的老人，眼神炯炯，透着点点求知欲望；左边一人，后背微弓，一手扶着椅背，一手指着屏幕似乎在说着什么；右边一人只露了半边身子，只能看见穿着白大褂，似乎是医务人员。

这一段用简洁的文字，为三个人画了像。

2. 动作描写

动作描写是刻画人物的重要方法。人物的行动是受其思想、性格制约的，因此，具体细致地描写某一人物在某一情况下所做出的反应——主要是动作反应，就能够显示出这一人物的心理状态、处世态度、思想品质。茅盾先生就说过：“人物的性格必须通过行动来表现。”成功的动作描写，可以交代人物的身份、地位，可以反映人物心理活动的进程，可以表现人物的性格特征，有时候还能推动情节的发展。

老舍说过：“描写人物最难的地方是使人物能立得起来。我们都知道利用职业、阶级、民族等特色，帮忙形成特有的人格；可是这些个东西并不一定能使人物活跃。反之，有的时候反因详细的介绍，而使人物更死板。我们应记住，要描写一个人必须知道此人的一切，但不要作相面式的全写在一处，我们须随时的用动作表现出他来。每一个动作中清楚的有力的表现出他一点来，他便越来越活泼，越实在……这样，人物的感染力才能深厚广大。”这就是说，只有成功地描写了人物的动作，才能使读者真切地感到作者笔下的人物一个个栩栩如生，人物的精神世界才能得到充分的展示，形象才能真正站立起来。

动作描写的范围很广，日常生活中的动作，生产劳动时的动作，文娱体育活动中的动作，军事活动时的动作，无所不可。但是，无论描写何种动作，其目的都是为塑造人物形象、表现作品主题服务。

因此，动作描写有讲究：切忌漫不经心，信手拈来，为描写而描写；切忌东鳞西爪，杂乱无章，动作游离于人物性格之外；切忌动作相仿，陈词滥腔，表现不出人物的个性特征。

动作描写还要注意人物行动的生动性和典型性。

所谓生动性，指的是作者不仅要写出人物在“做什么”，而且要写出他（她）“怎样做”。

所谓典型性，指的是作者要写出人物为什么这样做，而不那样做。

动作描写同样要求生动、具体、细致。要完整地描绘每一个动作的前因和后果，表现动作发生、发展乃至结束的过程，使读者获得如临其境、如见其人的印象。要充分表现出人物的动态，使人物在一系列动作中显露出独特的个性和内在的思想，进而使形象更加丰满、完整、立体化。

给读者留下深刻印象的动作描写，还常常善于选择人物行动的特定场景，在浓淡相宜的背景上描摹独具一格的人物动作，以创造典型环境中的典型性格。而把人物的动作置于尖锐的冲突、斗争的旋涡之中来进行刻画，则往往能收到较好的表达效果。

与肖像描写主要描绘人物的静态不同的是，动作描写贵在准确生动地表现人物的动态，如果能灵活自如地将多种描写手法综合起来使用，以动衬静，以静显动，人物形象就可以真正达到“越来越活泼，越实在”的境界了。

还记得中外文学史上那些名篇中的经典的动作描写吗？

巴尔扎克的《守财奴》中的资产阶级暴发户箍桶匠葛朗台弥留时，当“神甫把镀金的十字架送到他唇边”时，他做了一个骇人的姿势——想把十字架抓在手里。这一“抓”，送了暴发户的老命，也使守财奴至死不改的贪婪本性得到充分的体现。

吴敬梓的《儒林外史》中的严监生临死前那一“伸”，最终使其成了世界文学名著人物画廊中的又一吝啬鬼的典型。

鲁迅先生的《阿Q正传》中阿Q在法庭画圈非常引人注目：“阿Q伏下去，使尽了平生的力画圆圈。他生怕被人笑话，立志要画得圆，但这可恶的笔不但很沉重，并且不听话，刚刚一抖一抖的几乎要合缝，却又向外一耸，画成瓜子模样了。”阿Q就在这“画圈”中稀里糊涂地结束了自己的生命。

孙犁的《荷花淀》中，水生嫂在得知水生“明天要到部队去”时，手指不禁“颤动”——苇眉划破了手指，这实际是其内心思想的颤动，写出了水生嫂没有思想准备，舍不得丈夫离去的微妙心态。

还有《锵，锵，锵……》(佳作17)的结尾：

“锵，锵，锵……”老李熟稔地挥着铁锤，在空中画出一道优美的弧线，而后重重地砸在铁刀上，一下又一下。

一“挥”一“画”一“砸”，描写动作，画面感很强的文字！

请记住动作描写的“密码”：用动词，最好是一连串的动词。

鲁迅先生的《药》中对华老栓从康大叔手中买人血馒头的描写堪为典范：

一个浑身黑色的人，站在老栓面前，眼光正像两把刀，刺得老栓缩小了一半。那人一只大手，向他摊着；一只手却撮着一个鲜红的馒头，那红的还是一点一点的往下滴。

老栓慌忙摸出洋钱，抖抖的想交给他，却又不敢去接他的东西。那人便焦急起来，嚷道，“怕什么？怎的不拿！”老栓还踌躇着；黑的人便抢过灯笼，一把扯下纸罩，裹了馒头，塞与老栓；一手抓过洋钱，捏一捏，转身去了。

正是“站”“刺”“摊”“撮”“滴”“摸”“嚷”“抢”“扯”“裹”“塞”“抓”“捏”“转”等动词在我们面前形成了画面，让怯懦的华老栓和凶暴的康大叔如在眼前。

请记住动作描写的具体“公式”：动作行动 + 动作对象 + 动作环境 + 动作感受。有了其中三项，你的动作描写就为文章营造了亮点。特别提醒：动作感受是必不可少的。

看看关于“女排精神”的典型代表郎平的这段文字，好好体会一下吧！

在郎平排球生涯的头一次冬训里，教练们开始给郎平吃“小灶”——长跑。郎平围着四百米跑道一圈又一圈向前跑……头好涨啊，胸口生疼，腿已经抬不起来了，停下吗？不！大脑清晰地发出指令，步子继续向前迈……汗水早把头发湿成一缕一缕，汗珠从额上流到嘴里，又苦又涩。多想一下子躺到跑道上，摊开四肢放松啊！突然，一丝奇怪的笑容爬上她的嘴角——她忽然想起小时候总盼着尝尝再跳不动皮筋的滋味，而今果真尝到了，又苦又涩。

3. 语言描写

语言描写也是塑造人物形象的重要手段，包括人物的独白和对话。独白是反映人物心理活动的重要手段。对话可以是两个人的对话，也可以是几个人的交谈。描写人物的语言，不但要求做到个性化，而且还要体现出人物说话的艺术性。成功的语言描写总是鲜明地展示人物的性格，生动地表现人物的思想感情，深刻地反映人物的内心世界。

有道是："言为心声。"思想、地位、处境、阅历、个性不同的人，其语言也是不同的。鲁迅先生曾说过："如果删掉了不必要之点，只摘出各人的有特色的谈话来，我想，就可以使别人从谈话里推见每个说话的人物。"能够让读者从"各人的有特色的谈话"中来"推见每个说话的人物"，这才是成功的语言描写。

同学们一定熟悉《水浒传》中《林教头风雪山神庙》的情节。在火烧草料场的那段文字中，施耐庵写了三个人的对话。

当时林冲便拿了花枪，却待开门来救火，只听得外面有人说将话来。林冲就伏门边听时，是三个人脚步响，直奔庙里来，用手推门，却被石头靠住了，推也推不开。三人在庙檐下立地看火，数内一个道："这条计好么？"一个应道："端的亏管营、差拨两位用心！回到京师，禀过太尉，都保你二位做大官。这番张教头没的推故。"那人道："林冲今番直吃我们对付了，高衙内这病必然好了。"又一个道："张教头那厮，三回五次托人情去说：'你的女婿没了。'张教头越不肯应承，因此衙内病患看看重了。太尉特使俺两个央浼二位干这件事，不想而今完备了。"又一个道："小人直爬入墙里去，四下草堆上，点了十来个火把，待走那里去？"那一个道："这早晚烧个八分过了。"又听得一个道："便逃得性命时，烧了大军草料场，也得个死罪。"又一个道："我们回城里去罢。"一个道："再看一看，拾得他一两块骨头回京，府里见太尉和衙内时，也道我们也能会干事。"

林冲听得三个人时，一个是差拨，一个是陆虞候，一个是富安。

三个人共说了九句话，你知道这九句话分别是谁说的吗？

作者写得不糊涂，高明的读者心中也是清清楚楚的。

同学们一定记得叶圣陶先生在《多收了三五斗》中，写农民大清早到河埠头后，急切询问米价，同米行先生进行的对话：

“糙米五块，谷三块。”米行里的先生有气没力地回答他们。

“什么！”旧毡帽朋友几乎不相信自己的耳朵，美满的希望突地一沉，一会儿大家都呆了。

“在六月里，你们不是卖十三块吗？”

“十五块也卖过，不要说十三块。”

“哪里有跌得这样厉害的？”

“现在是什么时候，你们不知道吗？各处的米像潮水一样涌来，隔几天还要跌呢！”

“还是不要粜的好。我们摇回去放在家里吧！”从简单的心里喷出了这样激愤的话。

“嗤，”先生冷笑着，“你们不粜，人家就饿死了吗？各地方多的是洋米洋面，头几批还没吃完，外洋大轮船又有几批运来。”

这段人物对话，十分生动、传神、精练。先生冷笑着说，有气没力地回答，对农民的责问冷嘲热讽，显得傲慢而有恃无恐，人物形象跃然纸上，人物特点鲜明。农民呢，听到米价大跌，“几乎不相信自己的耳朵”，“都呆了”，只好喷出激愤的话：“我们摇回去放在家里吧！”他们询问米价，急不可耐；听到大跌消息，吃惊发呆；争议米价，显得焦急迫切而无可奈何。

同学们一定知道孙犁先生的短篇小说名篇《荷花淀》吧？

一群媳妇商议去区队探望丈夫的时候，作者单单写了人物对话，对话之前没有提示：

女人们到底有些藕断丝连。过了两天，四个青年妇女集在水生家里来，大家商量：

“听说他们还在这里没走。我不拖尾巴，可是忘下了一件衣裳。”

“我有句要紧的话得和他说说。”

水生的女人说：

“听他说鬼子要在同口安据点……”

“哪里就碰得那么巧，我们快去快回来。”

“我本来不想去，可是俺婆婆非叫我再去看看他，有什么看头啊！”

于是这几个女人偷偷坐在一只小船上，划到对面马庄去了。

从这些话语中，是不是可以看出几个媳妇的个性来？这就是孙犁先生语言艺术的功力！

《才子》（佳作 33）一文中有这样一段对话：

前两天，刚上地铁，才子就迫不及待地开讲：“你知道‘白银时代’吗？”

“王小波的小说。读过。”

“不对。是俄罗斯诗歌史上的一个重要时期，分为先期和后期的象征主义……”然后才子还提到了阿克梅主义、意象主义、未来主义等等，他舌灿莲花，听得我目瞪口呆。

"我最喜欢叶赛宁，他像时空中的一颗彗星，从地球闪过，留给人间一片灿烂的诗篇，感动了一代又一代的男男女女……"

这段文字，让我们看到"才子"似乎还是有几把刷子的。

那么，怎样才能使人物的语言成为人物形象塑造的一个有机组成部分呢?

其一，语言要能显示人物的身份、职业、地位、经历。俗话说："三句话不离本行。"行话运用适当，人物的身份便自然而然得到了表现。

其二，语言描写要能够表现人物的思想感情，反映人物的心理活动。语言是思想的直接体现，读者应该从人物独白中清楚地看到人物内心深处的真情实感，行为的动机，追求的目的，行将采取的措施，等等。而人物之间的对话，则应该随着情节的开展逐步表现不同性格的人物不同的内心。对话虽然不如独白那样直接、坦露，却同样应该使读者感受到人物的情感的变化，触摸到人物的心灵深处。

其三，语言描写要个性化，符合人物的身份。要在描摹语态，叙写对话过程中表现出"这一个"的个性特征来。诸如茅盾的《子夜》里吴荪甫的狡诈恃强，巴金的《家》里觉新的委曲求全，老舍的《骆驼祥子》里虎妞的泼辣粗野，等等。做到从"有特色的谈话中"来"推见每个说话的人物"的具体性格。千万不能把乞丐的语气写得趾高气扬，又或是把老人的语言写得过于"儿童化"。

其四，语言描写要生动、简洁，防止出现八股调、学生腔。

4. 心理描写

心理描写是指在文章中，对人物在一定的环境中的心理状态、精神面貌和内心活动进行的描写，是文章中表现人物性格品质的一种方法。

对人物心理的描写，能够直接深入人物心灵，揭示人物的内心世界，表现人物丰富而复杂的思想感情，也可以让文章更生动、有新意，并且能写出自己的看法和感受，让文章更充实。

与肖像描写、动作描写、语言描写等相比，心理描写能够直接叙写人物的七情六欲，揭示人物灵魂深处的奥秘，把单靠外部形象难以表现的内心感受揭示出来，使作品中的人物形象立体化，从而显得更为完整和真实。

法国浪漫主义作家雨果说过："有一种比海更大的景象，是天空；还有一种比天空更大的景象，那就是人的内心世界。"人的心理活动的复杂，决定了心理描写形式的多样。

比如内心独白。写出人物的所思所想，让人物吐露自己的心声，说出他（她）的欢乐和悲伤、矛盾和愁郁、忧虑和希望，使读者穿透人物外表，看到人物的内心世界，同时也突出文章的中心或表明人物的品质或情感。一般使用第一人称。犹如电影中人物思考时的画外音，戏剧表演时的静场表述，是倾吐衷肠、透露“心曲”的一个重要手段。

比如动作暗示。人的动作、行为总是受心理活动的支配，通过行动刻画人物的心理活动，揭示人物在特定环境下的内心世界，是心理描写的又一表现形式。

比如景物烘托，即绘景而显情。作品中出现的景物，往往是“人化的自然”，渗透了人物的特定心情。景物烘托也分两种，一种是正衬，另一种是反衬，这两种方法都能起到较好的表达效果。

比如心理概述，又称心理剖析。是作者对人物内心活动的直接描述，一般使用第三人称。由于作者是以旁观者的身份对人物的内心世界进行剖析、评介，因此不但便于比较细腻地表现人物当时当地的思想活动，还可以有层次地概述人物在一段时间内的感情变化、内心斗争，行文比较灵活方便。

看看文学名著名篇中的一些经典吧！

推开房间，看看照出人影的地板，又站住犹豫：“脱不脱鞋？”一转念，忿忿想到：“出了五块钱呢！”再也不怕弄脏，大摇大摆走了进去，往弹簧太师椅上一坐：“管它，坐瘪了不关我事，出了五元钱呢。”

这段文字出自高晓声的小说《陈奂生上城》，是直接描写，非常生动地将陈奂生患得患失、狭隘自私的小农经济的心理描写了出来。

“我一边跑一边想：看样子是难以逃脱了，扔了米跑吧，山上急等着用粮食，舍不得丢——而且就是扔了也不一定能逃得脱；不扔吧，叫敌人追上了也是人粮两空。怎么办呢？……这时，红七还紧跟着我，呼哧呼哧直喘气呢。我听着他的喘气声，蓦地想出了一个法子。可是当我这样想着的时候，我自己不由得浑身都颤颤起来：儿子，多好的儿子……这叫我怎么跟他妈交代呢。……可是，不这样又不行，孩子要紧，革命的事更要紧！也许我能替得了孩子，可孩子替不了我呀……”

这段文字出自王愿坚的《粮食的故事》，是抒情独白，用抒情的笔法展示了人物的内心矛盾和思想斗争。“我”与儿子红七给山上的红军送粮，在途中遇到了敌人。在万分危急的情况下，是牺牲儿子保护粮食，还是放弃粮食保护儿子？“我”的内心斗争非常激烈，心情极度矛盾、复杂。最后，“我”毅然牺牲了儿子。这段文字使“我”的崇高品质得到了最好的表现。

这里宝玉昏昏默默，只见蒋玉菡走了进来，诉说忠顺府拿他之事；只见金钏儿进来哭说为他投井之情。宝玉半梦半醒，都不在意。忽又觉有人推他，恍恍惚惚听得有人悲戚之声。宝玉从梦中惊醒，睁眼一看，不是别人，却是林黛玉。

这段出自曹雪芹的《红楼梦》的“宝玉挨打”，是梦境描绘。梦也能起到揭示人物的性格特征，深化文章的主题等作用。这个梦境就既揭示出宝玉关心体贴少女，思想叛逆，具有民主思想的性格特征，又反映出当时社会中，处于下层地位的人任人宰割的不合理的黑暗现实。一些学生容易忽略以梦写心理的方法。其实，梦境是人所想的集中表现，所谓“日有所思，夜有所梦”，甚至还有“白日梦”。中外名著名篇中的“梦”就有很多，诸如“庄周梦蝶”之类的。

还可以用心理分析式。比如莫泊桑的《项链》。文章用“她一向就想望着得人欢心，被人艳羡，具有诱惑力而被人追求”，表现玛蒂尔德希望摆脱寒酸、暗淡、平庸的生活，置身于上流社会，成为生活优裕、受人奉承的高贵夫人的梦想；通过“她陶醉于自己的美貌胜过一切女宾”，表现她自觉颇有姿色，具有跳出平庸家庭，爬进上流社会的资本的自信心。

还可以用神态显示式。比如鲁迅先生的《故乡》中对闰土神情的描写、《祝福》中对祥林嫂神态的描写等，都很恰当地表现出了人物的内心感受，将人物的情感很好地揭示出来，很值得读者去品味。

还可以用行动表现式。比如施耐庵在《林教头风雪山神庙》中描写林冲听说陆谦追杀至沧州，不觉大怒时，用了“买”“带”“寻”等几个连续的动词，表现出林冲报仇心切的激愤心理。

还可以用环境衬托式。衬托人物心情的景物描写要抓住景物特征，紧扣人物的心理，最好从视觉、嗅觉、触觉、听觉等方面着墨，将人物的悲喜之情恰当地衬托出来。比如鲁迅在《社戏》中对小伙伴们划船去听戏途中的景物描写，孙犁在《荷花淀》中对妇女们划船找丈夫时的景物描写，遇到敌人时的景物描写等，都恰当衬托出了人物的心情。在小说、戏剧、散文和记叙文中，环境描写是不可缺少的。恰当的环境描写既能对刻画人物、反映主题起到很好的作用，又能增添文章的美感，同时，还能衬托出人物的心理。

还可以是幻觉展现式。这是通过对人物幻觉的展示，来刻画人物的心理，揭示文章的主题。比如安徒生《卖火柴的小女孩》：

她的一双小手几乎冻僵了。啊，哪怕一根小小的火柴，也会对她有好处的！她敢从成把的火柴里抽出一根，在墙上擦燃了，暖和暖和手吗？她抽出了一根火柴。哧！燃起来了，冒出火焰来了！她把小手拢在火焰上。多么温暖多么明亮的火焰啊，简直像一支小小的蜡烛。这是一道奇异的火光！女孩觉得自己好像坐在一个装着闪亮的铜脚铜捏手的大火炉前面。火炉里的火烧得旺旺的，暖烘烘的，她觉得多么舒服啊！但是——怎么回事呢？——她刚把脚伸出去，想把脚也暖和一下，火柴灭了，火炉不见了。她只拿着一根烧过了的火柴，坐在那儿。

她又擦了一根。火柴燃起来了，发出亮光来了。亮光落在墙上，那儿就变得像薄纱那么透明，她可以从那儿一直看到屋里：桌上铺着雪白的台布，摆着精致的盘碗，填满了苹果和葡萄干的烤鹅正冒着热气。更妙的是，这只鹅从盘子里跳下来，背上插着刀和叉，摇摇摆摆地在地板上走着，一直向这个可怜的小女孩走来——这时候，火柴又灭了，面前没有别的，只有一堵又厚又冷的墙。

这段幻觉描写，很好地刻画出小女孩的天真、单纯和渴求温饱的心理；同时，又深刻地揭露了资本主义社会的不平和黑暗。

《假如我与心中的英雄生活一天》（佳作 34）中有这样一段心理描写：

夕阳渐渐落下，夜幕低垂，林先生还静静站在海滩边，凝望着远处。“唉——”一声长长的叹息传入我耳中。他在叹息什么？难道他不应该为今天销烟的顺利进行而高兴吗？我默默地跟在他的身后。海风吹起他的衣角，宽大的官服显得他更加瘦削，夜幕下的背影更显凄凉。“看来，我大清，还是有希望的……嗯，不仅要禁烟，海防也要治理一下啊……”听着他一会儿有些欣喜一会儿有些担忧地喃喃自语，我的心莫名地痛了一下。

总之，在人物形象的塑造上，以上属于正面描写（又称为“直接描写”）的四个方面的描写是重要手段，单独运用可以出彩，综合运用会更加出彩。

此外，还有侧面描写，又称为“间接描写”。即通过对其他人物和环境的描绘来表现所要描写的对象，以使其鲜明突出，从而产生烘云托月、锦上添花的艺术效果。侧面描写是对正面描写的有益补充，更能激发人的想象力，使文章更加生动和感人，有利于表现人物的性格。像“那个人好坏，这个人和他一样”就是侧面描写。

一般地，作品中会正面与侧面描写相结合，以侧面烘托为辅。如白居易的叙事长诗《琵琶行》在正面描写琵琶女的精彩弹奏后，用“东船西舫悄无言，唯见江心秋月白”从外部环境上加以烘托，侧面表现琵琶女弹奏的魅力。

还有，不宜正面描写的，往往用侧面描写加以渲染。侧面描写不仅能填补正面描写难以言说的空白，还能淋漓尽致地呈现描写对象难为人知之妙点、美点。如鲁迅先生的小说《药》中对夏瑜的描写，主要是通过刽子手和茶客的谈论完成的。我想一方面固然是鲁迅先生很难从正面去描写夏瑜，因为鲁迅先生笔下的夏瑜的形象，是以革命者秋瑾为原型的，鲁迅对当时革命者情况的了解也很有限，正面描写可能有一定难度，而且即使写成也很难在当时的环境中发表；另一方面，更重要的是鲁迅通过刽子手和茶客的谈论，表现了群众对革命的不理解。

从表达效果的角度考察，侧面描写更能激发人的想象力。

如《陌上桑》中，为表现采桑女罗敷的美貌，作者先运用了排比、夸张等修辞手法对罗敷进行正面描写："青丝为笼系，桂枝为笼钩。头上倭堕髻，耳中明月珠；缃绮为下裙，紫绮为上襦。"这里着力描写罗敷采桑用具的精致、发型的美观、耳环的珍贵、衣着的艳丽，极言她容貌的美丽。如果仅采用这样的正面描写，仍有些概念化，缺少形象感和艺术表现力，不能给人以丰富的联想。接下来作者运用了传神的侧面描写，使得罗敷的美貌得到充分的表现："行者见罗敷，下担捋髭须。少年见罗敷，脱帽著帩头。耕者忘其犁，锄者忘其锄；来归相怨怒，但坐观罗敷。"这样的侧面描写，不仅富有浓郁的生活气息，更主要的是它生动而巧妙地烘托了罗敷的美貌，给人以无尽的想象天地，无论认为罗敷怎样的美，也是不过分的。在这里，侧面描写激活了人们的想象力，从而收到了强烈的艺术效果。

《如你在远方》（佳作 19）以"我是一只羊，终日无所事事、平平淡淡地生活着。你的到来，打破了我们原有的平静。听带你来的士卒唤你苏武，你是因为得罪了匈奴的单于才被发配到北海来的。不过我对这些事情并不感兴趣，只是知道以后有人管理我们这个羊群了"拉开"苏武牧羊"故事叙写的帷幕，也是侧写法。

《父辈是个"多面体"——微信群聊天记录》（佳作 22）通过子女的微信群聊天对父辈的言谈举止进行描写，也是侧面描写。

无论是正面描写还是侧面描写，都是塑造人物形象的重要手段。

我们的目标是："让人物形象立起来"。

7. “隐藏在文字里的魔术”
——细节艺术

细节是什么？

著名学者周振甫先生在《小说例话》中这样说：“细节是文学作品中细腻地描绘人物性格、事件发展、社会环境和自然景观的最小的组成单位。社会环境和人物性格的完整描写是由许多细节描写所组成的，细节描写要服从艺术形象的塑造和主题思想的表达，以具体生动地反映事物的特征、增强艺术感染力为目的。”

细节的“细”是细致的、精细的，细节的“节”是情节。细节指的是人物、景物、事件等表现对象的富有特色的细枝末节。它是记叙文（包括记叙类文本最高境界的小说）情节的基本构成单位。传神的细节犹如人体的细胞，没有了细胞，人就失去了生命，文章缺少了细节，人物形象就失去了血肉和神采。

王若川进一步申说：“人们一般都认为，细节描写的特征在于‘细’。这是对的，但略嫌笼统，需作进一步的分析。我以为，这个‘细’包含着三层意思，即细致性、细小性和细部性。”（见《南京师院学报（社会科学版）》1983年第3期）

细节的功用何在？

革命导师恩格斯说：“细节的真实是艺术的生命。”

“山药蛋派”的代表作家赵树理说：“细节的作用在于给人以真实感，越细致越容易使人觉得像真的，从而使人看到以后印象更深刻。”

作家李准说：“一个细节在揭示人物的性格特征的作用上，有时和一个情节、一场戏肩着同样的作用。”

何为细节描写？

苏联的现实主义代表作家高尔基如斯说：细节描写是“隐藏在文字里的魔术”。

细节描写是指抓住生活中的细微而又具体的典型情节，加以生动细致的描绘，它具体渗透在对人物、景物或场面的描写之中，它是最生动、最有表现力的手法，它往往用极精彩的笔墨将人物的真善美和假丑恶和盘托出。没有细节，就没有艺术。同样，没有细节描写，就没有活生生的、有血有肉有个性的人物形象。成功的细节描写会让读者印象深刻，提高文章的可读性。

记叙文中不能没有细节描写，可以说，细节描写是记叙文的标志，出彩的记叙文一定有精妙的细节描写。

细节描写有哪些角度？

1. 肖像细节描写

具体而言，肖像描写包括外貌、神态、服饰、装扮等方面的描写。

如曹雪芹的《林黛玉进贾府》中对王熙凤、贾宝玉、林黛玉出场时所做的服饰描写：

心下想时，只见一群媳妇丫鬟围拥着一个人从后房门进来。这个人打扮与众姑娘不同，彩绣辉煌，恍若神妃仙子：头上戴着金丝八宝攒珠髻，绾着朝阳五凤挂珠钗；项上带着赤金盘螭璎珞圈；裙边系着豆绿宫绦，双衡比目玫瑰佩；身上穿着缕金百蝶穿花大红洋缎窄褃袄，外罩五彩刻丝石青银鼠褂；下着翡翠撒花洋绉裙。一双丹凤三角眼，两弯柳叶吊梢眉，身量苗条，体格风骚，粉面含春威不露，丹唇未启笑先闻。

…………

心中想着，忽见丫鬟话未报完，已进来了一位年轻的公子：头上戴着束发嵌宝紫金冠，齐眉勒着二龙抢珠金抹额；穿一件二色金百蝶穿花大红箭袖，束着五彩丝攒花结长穗宫绦，外罩石青起花八团倭缎排穗褂；登着青缎粉底小朝靴。面若中秋之月，色如春晓之花，鬓若刀裁，眉如墨画，面如桃瓣，目若秋波。虽怒时而若笑，即瞋视而有情。项上金螭璎珞，又有一根五色丝绦，系着一块美玉。……一时回来，再看已换了冠带：头上周围一转的短发，都结成小辫，红丝结束，共攒至顶中胎发，总编一根大辫，黑亮如漆，从顶至梢，一串四颗大珠，用金八宝坠角；身上穿着银红撒花半旧大袄，仍旧带着项圈、宝玉、寄名锁、护身符等物；下面半露松花撒花绫裤腿，锦边弹墨袜，厚底大红鞋。越显得面如敷粉，唇若施脂；转盼多情，语言常笑。天然一段风骚，全在眉梢；平生万种情思，悉堆眼角。看其外貌最是极好，却难知其底细。

…………

厮见毕归坐，细看形容，与众各别：两弯似蹙非蹙罥烟眉，一双似喜非喜含情目。态生两靥之愁，娇袭一身之病。泪光点点，娇喘微微。闲静时如姣花照水，行动处似弱柳扶风。心较比干多一窍，病如西子胜三分。

从中，差不多可以窥见三个主要人物的性格特征和生活状态。诸如王熙凤珠光宝气之下的贵气、俗气，威风八面，八面玲珑；贾宝玉英俊、多情，养尊处优，得宠自在；林黛玉精细、缜密，美貌多情，体弱多病；等等。

如《孔乙己》中的一段肖像描写："他身材很高大，青白脸色，皱纹间时常夹些伤痕，一部乱蓬蓬的花白胡子。穿的虽然是长衫，可是又脏又破，似乎十多年没有补，也没有洗。"这段描写，抓住了"长衫"这一典型细节，穿长衫是科举时代读书人的象征，而孔乙己的长衫却"又脏又破"，一个穷困潦倒的迂腐的封建社会知识分子形象出现在我们眼前，于中可见封建科举对知识分子的愚弄和迫害。

如契诃夫的《套中人》中"穿上雨鞋，带着雨伞，而且一定穿着暖和的棉大衣"的描写，是对别里科夫服饰的描写，属于肖像描写的一个方面。作者正是运用这种夸张的语言，漫画式的勾勒来揭示别里科夫生活中种种有形的套子及自愿入套的心理和因循守旧的性格。这种独特的肖像描写，显得幽默诙谐，令人忍俊不禁，具有强烈的讽刺意味，给人留下了极为深刻的印象。

《朽叶的栀子花》（佳作 44）中有这样一段文字：

在旁人眼里，女人不过是个有些瘦削的老太太，可我只想用"女人"这个含着少女的甜蜜和妇人的成熟的代称。女人爱美，每次见她，总是抹了脂粉搽了口红，似乎想留下青春的最后一点尾巴。女人爱笑，笑起来眼角会轻轻颤颤，不招不摇，温婉而妥帖。煎锅贴时，她总是打扮得一丝不苟，有点"盛装端热油"的味道，远远看去竟像是从《蒹葭》里走出的那位如水女子。

这是一位身处社会底层，却讲究生活品质的女人！这，通过她的装扮，可见一斑。

还有对表情变化的细节描写，即对人物表情的变化过程进行细致的描绘。在《七根火柴》一文中，对无名战士把火柴交给卢进勇之后的表情变化的描写，就是一组很值得品味的细节：

听见卢进勇的脚步声，那个同志吃力地张开眼睛，习惯地挣扎了一下，似乎想坐起来，但却没有动得了。

卢进勇看着这情景，眼睛像揉进了什么，一阵酸涩。在掉队的两天里，他这已经是第三次看见战友倒下来了。"这一定是饿坏了！"他想，连忙抢上一步，搂住那个同志的肩膀，把那点青稞面递到那同志的嘴边说："同志，快吃点吧！"

那同志抬起一双失神的眼睛，呆滞地望了卢进勇一眼，吃力地抬起手推开他的胳膊，嘴唇翕动了好几下，齿缝里挤出了几个字："不，没……没用了。"

卢进勇手停在半空，一时不知怎么好。他望着那张被寒风冷雨冻得乌青的脸，和那脸上挂着的雨滴，痛苦地想："要是有一堆火，有一杯热水，也许他能活下去！"他抬起头，望望那雾蒙蒙的远处，随即拉住那同志的手腕说："走，我扶你走吧！"

那同志闭着眼睛摇了摇头，没有回答，看来是在积攒着浑身的力量。好大一会儿，他忽然睁开了眼，右手指着自己的左腋窝，急急地说："这……这里！"

卢进勇惶惑地把手插进那湿漉漉的衣服。这一刹那间，他觉得那同志的胸口和衣服一样冰冷了。在那人腋窝里，他摸出了一个硬硬的纸包，递到那个同志的手里。

那同志一只手抖抖索索地打开了纸包，那是一个党证；揭开党证，里面并排着一小堆火柴。焦干的火柴。红红的火柴头簇集在一起，正压在那朱红的印章中心，像一簇火焰在跳。

“同志，你看着……”那同志向卢进勇招招手，等他凑近了，便伸开一个僵直的手指，小心翼翼地一根根拨弄着火柴，口里小声数着：“一，二，三，四……”

一共有七根火柴，他却数了很长时间。数完了，又询问地向卢进勇望了一眼，意思好像说：“看明白了？”

“是，看明白了！”卢进勇高兴地点点头，心想：“这下子可好办了！”他仿佛看见了一个通红的火堆，他正抱着这个同志偎依在火旁……

就在这一瞬间，他发现那个同志的脸色好像舒展开来，眼睛里那死灰般的颜色忽然不见了，爆发着一种喜悦的光。只见他合起党证，双手捧起了它，像擎着一只贮满水的碗一样，小心地放进卢进勇的手里，紧紧地把它连手握在一起，两眼直直地盯着他的脸。

“记住，这，这是，大家的！”他蓦地抽回手去，深深地吸了一口气，用尽所有的力气举起手来，直指着正北方向：“好，好同志……你……你把它带给……”

话就在这里停住了。卢进勇觉得自己的臂弯猛然沉了下去！他的眼睛模糊了。远处的树、近处的草，那湿漉漉的衣服、那双紧闭的眼睛……一切都像整个草地一样，雾蒙蒙的，只有那只手是清晰的，它高高地擎着，像一只路标，笔直地指向长征部队前进的方向……

关于肖像细节的成功的描写，要达到通过描写看得出这个人的职业特点，同时，也看得出在职业特点之外的个性特征的效果。

2. 语言细节描写

就是对人物的某一典型语言进行仔细描写。都说“言为心声”，好的语言细节描写会让人的内心世界、个性特征暴露无遗。

如《鲁提辖拳打镇关西》中：

鲁达看时，只见郑屠挺在地上，口里只有出的气，没了入的气，动弹不得。

鲁提辖假意道：“你这厮诈死，洒家再打！”只见面皮渐渐的变了。鲁达寻思道：“俺只指望痛打这厮一顿，不想三拳真个打死了他。洒家须吃官司，又没人送饭，不如及早撒开。”拔步便走，回头指着郑屠尸道：“你诈死，洒家和你慢慢理会！”一头骂，一头大踏步去了。

鲁达打死镇关西之后，为了顺利脱身，故意说：“你这厮诈死，洒家再打！”“你诈死，洒家和你慢慢理会！”

这样的语言细节，让一个粗中有细、勇敢机智的鲁达形象跃然纸上。

又如莫泊桑的《我的叔叔于勒》中：“母亲于是很不痛快地说：‘我怕伤胃，你只给孩子们买几个好了，可别太多，吃多了要生病的。’然后转过身对着我，又说：‘至于若瑟夫，他用不着吃这种东西，别把男孩子惯坏了。’”这样的语言细节表现了母亲的冠冕堂皇：在女儿和女婿面前，显得既爱惜自己，又关心别人；既疼爱孩子，又注意教育实质；既顾及面子，又节省开支。其虚伪、吝啬的心理暴露无遗。该文还有这样的文字：“母亲也常常说：‘只要这个好心的于勒一回来，我们的境况就不同了。他可真算得一个有办法的人。’”表现菲利普夫妇听说于勒在外边发了财，因于勒的经济地位不同而改变了对他的看法，从而把改变家庭拮据局面的希望寄托在他身上，天天盼望他能早日归来。充分表现了菲利普夫妇的自私、贪婪、庸俗、冷酷和唯利是图的性格特征。

孔乙己有“多乎哉？不多也！”“读书人窃书不算偷”的名言。归有光的《项脊轩志》中，通过老妪回忆“先母事”“妪每谓余曰：‘某所，而母立于兹。’妪又曰：‘汝姊在吾怀，呱呱而泣；娘以指扣门扉曰：“儿寒乎？欲食乎”吾从板外相为应答。’……”一个细节，其情其景历历在目，无怪乎“（妪）语未毕，余泣，妪亦泣”，就是读者也会感动流泪的啊。

《王大爷的早餐店》（佳作38）里有这样的对话：

“王大爷，店面不租大点我们要站外面吃饭啦！”

“哈哈，我给你们搬个小凳坐外边吃！哈哈……钱全给你们做粥吃了，哪有闲钱啊？”

对，王大爷的粥里头有肉，价格还不贵哩！难怪，难怪！

“那你提个五毛一块的价，我们还能不来啊？”

“不行不行，都是好多年在这吃的老邻居了！我老王别的不敢说，良心还是有的啊。多亏你们养着我哩！哈哈，我老头子亏得有你们陪着解解闷呢。”

“那大妈呢？”我这个心直口快的傻孩子没忍住就问了出来。我发现周围似乎过分地安静，我也看到王大爷似乎笑容僵了下来。

“你大妈啊，陪着我呢！可不就是她派你们来陪陪我嘛。我这就够啦！有吃有喝，有人说话，干啥不满足？想这想那，争来争去的人还没我快活哩。小妮子你知道不，人要会知足！你往后长大了还像他们来我这小店陪大爷讲话，我也知足啊，哈哈，你说我这傻不傻？”

我听了，眼睛忍不住眨巴了两下，多亏店里雾气重！“这粥真烫！”我大声地说，“我以后得等粥冷点再喝！”

这样的对话，波澜频起，满溢着温馨的情感，对人物形象的塑造很有帮助。

3. **心理细节描写**

如魏巍的《我的老师》中，“我不知道你当时是不是察觉，一个孩子站在那里，对你是多么的依恋！”抒发了对蔡老师至今仍怀有的思念、崇敬的思想感情，表现了一个小学生内心对老师的感情到了极点。

如都德的《最后一课》中，“他们该不会强迫这些鸽子也用德国话唱歌吧！”是当小弗郎士听到学校屋顶上鸽子咕咕的叫声时内心的心理活动，表现出他对敌人禁教法语的卑劣行径的轻蔑、憎恨和珍视祖国语言的深厚感情。

如莫泊桑的《项链》中：“她梦想着那些静悄悄的接待室，如何蒙着东方的帷幕，如何点着青铜的高脚灯檠，如何派着两个身穿短裤子的高个儿侍应生听候指使，而热烘烘的空气暖炉使两个侍应生都在大型的圈椅上打盹。她梦想那些披着古代壁衣的大客厅，那些摆着无从估价的瓷瓶的精美家具；她梦想那些精致而且芬芳的小客厅，自己到了午后五点光景，就可以和亲切的男朋友在那儿闲谈，和那些被妇女界羡慕的并且渴望一顾的知名男子在那儿闲谈。”“她又梦想那些丰盛精美的筵席了，梦想那些光辉灿烂的银器皿了，梦想那些满绣着仙境般的园林和其间的古装仕女以及古怪飞禽的壁衣了；她梦想那些用名贵的盘子盛着的佳肴美味了，梦想那些在吃着一份肉色粉红的鲈鱼或松鸡翅膀的时候，带着爽朗的微笑去细听的情话了。”这就是出生在一个小职员的家庭以至于没有陪嫁的资产，没有希望，没有任何方法能让一个既有钱又有地位的人认识她、了解她、爱她、娶她而到末了将将就就地和教育部的一个小科员结了婚的玛蒂尔德（路瓦栽夫人）的内心世界。因为有很多具象化的描绘，这些“梦想”都让读者切实地感觉到了。

请看《纠结》（佳作 75）片段：

站在窗户边倒腾着月季花的我，顿时陷入混乱，纠结的内心让我窒息，不经意间，揉碎了一朵红得滴血的月季。

其实，我是挺喜欢小孩儿的，但是那些小孩儿的共性是他们都不是我的爸妈生的，都不会“横刀夺爱”。但是，让我纠结的是，如果这是我的亲弟弟，我还会这样理所当然地对他好吗？还是对他只有嫉妒甚至讨厌呢？

内心，纠结。

老妈之前总喜欢这样，因为每次我不听话的时候，她都搬这套来吓唬我。刚开始时还能治治我，可久而久之，我也产生抗体了，完全抵御了老妈的恐吓。

但这话如果从老爸嘴里说出来，就真够让我纠结的了……

内心，更纠结。

爸妈是因为我不听话，所以才用这种说法来吓吓我吗？如果爸妈有了第二个孩子，那我现在所拥有的一切，是不是都要和他平分了呢？包括爸妈完整的爱吗？如果以后我好好听话，他们会不会就打消了这个念头呢？

内心混杂，凌乱。

…………

终于，纠结的内心，释然。

看看，全篇几乎都是心理描写，作者的心路历程清晰可见，艺术地演绎了舐犊情深的主题。

4. 动作细节描写

这是很多人认识中的细节描写的内容，也是作家们所钟爱的细节描写的重要方面。

鲁迅先生的《孔乙己》中："孔乙己着了慌，伸开五指将碟子罩住，弯腰下去说道：'不多了，我已经不多了。'"就是一个"罩"字，准确地描写出孔乙己在自己从不多的茴香豆中分给孩子们一人一颗，而孩子们吃完茴香豆后不肯离开的情况下迫不得已和无奈的动作，表现出他心地的善良。

孙犁的《荷花淀》中："她们看见不远的地方，那宽厚肥大的荷叶下面，有一个人的脸，下半截身子长在水里。"一个"长"字，把水生的水性之好表达得淋漓尽致。因为，"长"的东西都是生根的，有根的东西就稳了。

契诃夫的《变色龙》中："'叶尔德林，帮我把大衣脱下来……真要命，天这么热，看样子多半要下雨了。'""'哦！……叶尔德林老弟，给我穿上大衣吧……好像起风了，挺冷……'"在这里，"大衣"是沙皇走狗的特殊标志，是奥楚蔑洛夫身份的象征，是他装腔作势、用以吓人的工具，"脱"大衣的动作表现的不是天气热，而是"判"错了狗，急得浑身冒汗的胆怯心理，"穿"大衣的动作表现的不是天气冷，而是急欲遮掩刚才辱骂将军的心冷胆寒的心理。一"脱"一"穿"的细节，勾勒出这个狐假虎威、欺下媚上的沙皇走狗的丑态。

《突围》（佳作 68）中有这样一段文字：

伸手抱住了父亲，这是一个久违的举动。我可以很明显地感觉得到父亲颤抖了一下！父亲用他的大手裹住了我的小手。那温暖可以融化世界上所有的冰川，那关爱可以化解世界上所有的隔阂，那行为可以推倒世界上所有的"围墙"。

"我""抱住"父亲，父亲"裹住""我"的手，父女之间的"围墙"被摧倒了。

正因为细节的表现力强，耐人寻味，所以，我们阅读时要认真揣摩其绝妙之处，写作时要精心打磨出彩的细节。

5. 事物细节描写

就是对某一事物的发展变化过程进行细致的描写。请看《鲁提辖拳打镇关西》一文中对鲁提辖三拳打死镇关西的描写：

郑屠右手拿刀，左手便要来揪鲁达；被这鲁提辖就势按住左手，赶将入去，望小腹上只一脚，腾地踢倒在当街上。鲁达再入一步，踏住胸脯，提起那醋钵儿大小拳头，看着这郑屠道："洒家始投老种经略相公，做到关西五路廉访使，也不枉了叫做'镇关西'！你是个卖肉的操刀屠户，狗一般的人，也叫做'镇关西'！你如何强骗了金翠莲？"扑的只一拳，正打在鼻子上，打得鲜血迸流，鼻子歪在半边，却便似开了个油酱铺，咸的、酸的、辣的一发都滚出来。郑屠挣不起来，那把尖刀也丢在一边，口里只叫："打得好！"鲁达骂道："直娘贼！还敢应口！"提起拳头来就眼眶际眉梢只一拳，打得眼棱缝裂，乌珠迸出，也似开了个彩帛铺，红的、黑的、紫的都绽将出来。

两边看的人惧怕鲁提辖，谁敢向前来劝。

郑屠当不过，讨饶。鲁达喝道："咄！你是个破落户！若只和俺硬到底，洒家倒饶了你！你如今对俺讨饶，洒家偏不饶你！"又只一拳，太阳上正着，却似做了一个全堂水陆的道场，磬儿、钹儿、铙儿一齐响。

这段文字非常出彩！三拳出手，拳拳不同：第一拳打在鼻子上，从嗅觉的角度写；第二拳打在眼睛上，从视觉的角度写；第三拳打在太阳穴上，从听觉的角度写。三拳虽然都在头部招呼，但是很有章法，自下而上，循序渐进，最终把郑屠打死了。这就可以看作对事物发展变化的一组细节描写。

再请看《前行的"宸舆"》（佳作 66）中的这几段文字：

忽然，凉风起，天空昏暗下来，这是下雨的前兆。"麦在地里不要笑，收到囤里才牢靠。"

主人决定暂时停止收割，开始捆缚已经割下的麦子。

然后开始装车。随着一捆捆麦子加到"宸舆"上，我感到压力越来越大。

开始有零星的雨点洒下了。主人用绳子把车上的麦子捆紧了，就拉着"宸舆"上路了。

雨渐渐大了。

我感觉到身子越来越重。主人弓身，用力，双臂青筋暴突着，头上汗水和着雨水，只为"宸舆"向家的方向前行。但是，前行谈何容易！泥泞的路面因为雨水而泡开了，鞋子深陷泥土中，一发力，脚下就打滑……近四十分钟后，"宸舆"终于进了主人的院子。

从“凉风起”，到“有零星的雨点洒下”，再到“雨渐渐大了”，直到“终于进了主人的院子”，很有生活感受的文字！让人们认识到稼穑艰难。

6. 场景细节描写

对一些能够反映时代特征，表现人物性格的场景进行描写，笔墨不在于多，表现力却很强。

都德的《最后一课》中，“锯木厂后边的草地上，普鲁士士兵正在操练”是对社会环境的描述，简洁而真实地交代了自己的国土已被敌人占领的残酷现实。法兰西绿草如茵的土地上，敌人在这里操练和践踏，真是大煞了这个法国东北部小镇幽美的风景。这个细节，向读者揭示了“最后一课”这场悲剧的社会根源。

莫泊桑的《我的叔叔于勒》中，“我们上了轮船，离开栈桥，在一片平静的好似绿色大理石桌面的海上驶向远处”与“在我们面前，天边远处仿佛有一片紫色的阴影从海里钻出来”都是景色描写，而且形成了鲜明的对照，并用环境描写进行烘托表现了菲利普夫妇在见到于勒前后的不同心境。前者较明快，表现了他们快活而骄傲的欢愉心情；后者较灰暗，显示了他们满怀失望与沮丧的心情。

鲁迅的《药》中有一段描写：“老栓也向那边看，却只见一堆人的后背；颈项都伸得很长，仿佛许多鸭，被无形的手捏住了的，向上提着。静了一会，似乎有点声音，便又动摇起来，轰的一声，都向后退；一直散到老栓立着的地方，几乎将他挤倒了。”这段文字写的是革命者夏瑜被杀的情景，而那些无聊的人们都伸长了颈项在欣赏着，就像一群“鸭”，生动形象。一个精当的比喻就展现了国民的麻木、不觉悟。

《酸甜苦辣说高考》（佳作57）的第一部分“酸”也是这样的文字：

在即将结束的毕业晚会上，大家的情感达到了高潮，情感丰富的女生落泪了，泪不轻弹的男子汉们也落泪了，转眼间，三年的聚聚散散就要成为回忆，谁不伤感。老师拿出自己的数码摄影机说，我给大家录段像吧，好作为永久的纪念，每个人都要笑起来。行不行？行！当时，我们有很多同学鼻子一酸，落下了泪。老师亲自用手绢为我们擦干眼泪，并嘱咐我们，要记住一起生活过的日子，回忆也是甜蜜的幸福。现在看来，五味瓶中的酸，在回忆里也变成了甜蜜的幸福。

因为设定了毕业晚会的特殊情境，一切的发生便显得自然了。说了要笑，偏偏“鼻子一酸，落下了泪”，倒也是合情合理的。确实有些“酸”。

成功的细节描写具有哪些特征呢？

成功的细节描写都是客观景物与作者主观感情的有机结合，成功的细节描写都离不开作者仔细的观察和大胆的想象，成功的细节描写总将形象的画面与生动的语言结合在一起。

接下来的问题是，写好细节需要注意哪些问题呢？

一是要细致观察事物。要使得描写生动形象，在观察事物的过程中，我们要调动自己的各种感官，对事物做非常细致的观察。每个人都有不同的性格特征，所以每个人说话、做事都会以不同的方式体现出自己的性格。我们要做的，就是认真地去观察，然后把它积累下来，作为写作的素材。细节描写用于写景、状物时，则要把握住景物的特征和变化。

二是要选用精彩细节。细节描写在文章中不是越多越好，细节描写要能抓住精彩细节，选择具有代表性、概括性，能反映深刻主题的事。这样才更具有广泛性，更有利于突出文章中心，从而给人留下更为深刻的印象。比如，鲁迅在《祝福》里几次写到鲁四老爷“皱一皱眉”，这种面部表情的细微变化，深刻地暴露出封建绅士厌恶寡妇、维护旧礼教的反动立场和丑恶灵魂。

三是要典型真实。所谓典型，是指描写的细节具有广泛的代表性，能够通过个别的、细小的事物，反映一般与全貌，由现象揭示本质。所谓真实，是指细节描写能够精确而又惟妙惟肖地反映现实生活中的人或事的特征。比如，赵树理《套不住的手》中，有这样的描写：“圆圆的指头肚儿像用树木做成的小耙子”，“都像半个蚕茧上安了指甲”。这样的细节描写既真实又典型，突出了主人公的特征，也表现了劳动人民那种健壮、勤劳的共性特征。又比如朱自清在《背影》中对父亲爬月台时吃力样子和动作的描写，突出了父亲对“我”无私的爱，让每个读者感动不已。他的成功之处在于对父亲动作的细致观察和准确表达。

四是要精心锤炼词语。在细节描写中，我们要选择恰当的词语，以期以少胜多，乃至一字传神。

五是要巧妙运用修辞格。比如比喻、拟人、夸张等修辞格，可以增强语言的生动性，变抽象为具体，化无形为有形。

六是要服从表现中心的需要，力求使细节具有深刻意义。细节描写是一种以小见大的方法。细节的分量虽轻，容量却大，我们在选择细节的时候要从细微处着手、从大处着眼、小中见大，让小的细节反映人的思想状况、社会风貌。

需要强调的是，并不是生活中的细节都有价值，因而也不是只要写得“细”就可以了。细节描写不是鸡毛蒜皮，不是巨细无遗，“精”是细节描写的追求。好的细节描写必须是有用的、真实的、典型的。

细节就在丰富多彩的生活中，时时处处留心观察身边的人和事，特别是自己的描写对象，有助于写出精彩的细节。

但是，细节描写也不只是生活实录，适当的联想与想象会让你的文章更加具有可读性。

有道是：如果说细节是明艳的花朵，那整篇文章就是生机盎然的花园；如果说细节是洁白的浪花，那整篇文章就是那蔚蓝奔腾的大海；如果说细节是一个人的精神，那整篇文章就是一个人体魄。让我们用细节之花去点缀文章之园，用细节之浪去激荡文章之海，用细节之神去激活文章之体。

8. 并非“可有可无的长物”
——环境艺术

记叙类文章离不开人和事，人都是在一定的时间、一定的地点发生一些事，发生在一定的时间、一定的地点的事都离不开人，人在事中，事中有人。

一定的时间，换言之，那差不多就是社会环境；一定的地点，换言之，那差不多就是自然环境。因此，环境描写就成为记叙类文章中常见的内容，有时候甚至到了必不可少的程度。

所谓环境描写，一般指的是对人物所处的具体的社会环境和自然环境的描写。其中，社会环境是对时代与人物背景的介绍描述，是指能反映社会风貌、时代特征的建筑、场所、陈设等景物以及民间风俗等。所描写的范围可大可小，大至整个社会、整个时代，小至一个家庭、一处住所。描写的内容可以是室内陈设、当地的风土人情和时代气氛等。社会环境的描写应具有浓郁的地域风土特色。自然环境是指自然界的景物，如季节变化、风霜雨雪、山川湖海、森林原野等，指明人物活动的时间、季节、气候、地点以及景物等。

环境描写对表现人物身份、地位、行动，表达人物心情，渲染气氛都具有重要作用。

其实，还有一种描述更高级、心理暗示更佳的细节环境描写，它比自然环境描写和社会环境描写展开得更加仔细、更有深度，常出现在悬疑小说（主要针对调查现场和追凶手的场面细节环境描写）与现实小说中。细节环境描写感觉上更加真实，具有将读者带入情节的重要作用。

一些写作名家是很重视环境描写的，而且也很擅长环境描写。

美国小说家杰克·伦敦作品中的环境描写十分逼真，让人读起来仿佛身临其境。比如《热爱生命》《生火》两篇小说中，人物都只有一个，其他的角色是狼和狗，因此，作者不可能通过对话来刻画人物形象。于是，他通过人物心理活动描写和环境描写表现人物，传达作品主旨。在《生火》中，他写主人公的冷不是写人们常写的人物自言自语、哆嗦发抖之类，而是把周围的环境非常真实、细致地刻画出来，将人在严寒中的感受传达给读者，描写十分细致入微。

日本作家、诺贝尔文学奖得主川端康成的《雪国》《古都》等作品中环境描写也相当好。他不会将笔下的人物所有的情感用言语表达出来，而是会来一段环境描写，把一些细腻、美好的情愫全放在景物中，读者未必能说出来这种感觉，但可以感受到。他的人物和环境相得益彰。他善于用自己独特的视角发现生活中的美，即便是很平常的景象，在他笔下都仿佛蒙上了一层清淡、新奇的色彩。

还有，朱自清的《春》、梭罗的《瓦尔登湖》、菲茨杰拉德的《了不起的盖茨比》、芥川龙之介的《罗生门》等名著名篇中的自然环境描写都很精彩，高尔基的《母亲》、加西亚·马尔克斯的《百年孤独》、鲁迅先生的《药》与《祝福》里的社会环境描写也相当出众，都值得我们品鉴。

名家们为什么钟情于环境描写呢？

因为环境描写并非“可有可无的长物”，而是有着多方面的作用的，它服务于文章的主题和人物刻画等诸多方面。

（1）环境描写可以是对故事发生的社会背景的交代。

请看鲁迅先生的《孔乙己》开头对咸亨酒店的介绍：

鲁镇的酒店的格局，是和别处不同的：都是当街一个曲尺形的大柜台，柜里面预备着热水，可以随时温酒。做工的人，傍午傍晚散了工，每每花四文铜钱，买一碗酒——这是二十多年前的事，现在每碗要涨到十文……但这些顾客，多是短衣帮，大抵没有这么阔绰。只有穿长衫的，才踱进店面隔壁的房子里，要酒要菜，慢慢地坐喝。

对咸亨酒店的介绍，是为了交代孔乙己生活的社会环境，刻画“短衣帮”与“穿长衫的”两个泾渭分明的社会群体，表现社会严重的阶级对立，人与人之间冷酷的关系。作者刻画这样一个势利、冷酷、虚伪的社会环境，为我们渲染了一种冷漠悲凉的社会气氛，为情节的发展奠定了基础，预示着人物悲剧的必然性。咸亨酒店可以说是当时中国黑暗的半封建半殖民地社会的缩影。

（2）环境描写还可以起到渲染气氛的作用。

例如《十里长街送总理》一文中的环境描写：“天灰蒙蒙的，又阴又冷，长安街两旁的人行道上挤满了男女老少。”渲染了悲哀的气氛，衬托出人们悼念周总理的极其沉痛的心情。

再如鲁迅先生的《故乡》中对故乡景象的描写，渲染了一种悲凉的气氛。再来看《药》的结尾：时令虽已是清明，然而天气仍“分外寒冷”，“歪歪斜斜”的路旁是“层层叠叠”的丛冢；这里没有生机，只有“支支直立”的枯草发出“一丝发抖的声音”；这里没有宛转啼鸣的黄莺，只有民俗中预兆着不祥的乌鸦，而且“缩着头，铁铸一般站着”。这里借助环境描写渲染出了坟场阴冷、悲凉的气氛。

《朽叶的栀子花》(佳作 44) 中有这样一段话:

小城深处有条老巷。明晃晃黄醺醺的光蔓延一路,点亮了一个城市的古老温情。

开篇就为故事的展开营造了温馨的氛围。

(3) 环境描写也有主要用来暗示人物心情的。

法国短篇小说家莫泊桑的《我的叔叔于勒》中有两处景物描写。一处是:"我们上了轮船,离开栈桥,在一片平静的好似绿色大理石桌面的海上驶向远处。"另一处是:"在我们面前,天边远处仿佛有一片紫色的阴影从海里钻出来,那就是哲尔赛岛了。"

第一处环境描写是在菲利普一家怀着发财梦去旅游时,那时他们收到了关于于勒发了财的信,菲利普的二女儿也因此结了婚,一家人高兴地出游,那时的海面在他们眼中美得如"绿色大理石桌面",可见一家人的心情多么愉快。但出乎预料的是,他们在旅游的船上却遇到了破产后沦落为水手的于勒,他们一家发财的梦想破灭了,第二处环境描写正是在此时。所以,他们旅游的目的地在他们眼中却成了"紫色的阴影",不着一字,却淋漓尽致地写出了菲利普一家失望、沮丧的心情。

鲁迅小说《故乡》的开头写了阴晦严寒的深冬气氛、荒凉萧索,没有活气的村景,贴切地衬出了自己的悲凉心情。

孙犁小说《荷花淀》的开头将夜写得充满诗情画意,只是为了揭示水生嫂那恬静、安乐的心境。

由于景物描写的恰当运用,于是就有了"采菊东篱下,悠然见南山"的那份高雅志趣,有了分别在即时"感时花溅泪,恨别鸟惊心"的那份伤感与悲凉。

这是"情景式描写",把人物内心的"情"自然地渗透到外物之中,"情积于内而发之于景"。在写作中,真正做到了景中有情、情中有景,才会情景合一、水乳交融,所谓"情哀则景哀,情乐则景乐"就是这个道理。

(4) 环境描写还有主要用来揭示人物性格的。

19 世纪俄国著名作家契诃夫的小说《变色龙》中,开头写警官奥楚蔑洛夫走过市场:

四下一片寂静。广场上一个人也没有。商店和饭馆的门无精打采地敞着,面对着上帝创造的这个世界,就跟许多饥饿的嘴巴一样,门口连一个乞丐也没有。

作者只用寥寥数笔,就真实地再现出沙皇统治下一片萧条败落的社会景象,反映出 19 世纪 80 年代俄国社会的阴森可怖的黑暗面貌。这种社会环境正是奥楚蔑洛夫迎合现实、阿谀逢迎的性格产生的土壤,而奥楚蔑洛夫的性格又维护了腐败黑暗的社会制度。因此，鞭挞奥楚蔑洛夫的性格，具有重要的社会意义。

（5）环境描写还可以用来衬托人物形象。

在鲁迅先生的写人散文《藤野先生》中，有这样一段文字：

上野的樱花烂漫的时节，望去却也像绯红的轻云，但花下也缺不了成群结队的“清国留学生”的速成班。头顶上盘着大辫子，顶得学生制帽高高耸起，形成一座富士山。也有解散辫子，盘得平的，除下帽来，油光可鉴，宛如小姑娘的发髻一般，还要将脖子扭几扭，实在标致极了。

鲁迅先生以上野“樱花烂漫”之美来反衬“清国留学生”不男不女、不伦不类的扭捏作态，使“清国留学生”令人作呕的丑态跃然纸上。

而在鲁迅先生的《故乡》中，作者把少年闰土置于神异的图画中：

深蓝的天空中挂着一轮金黄的圆月，下面是海边的沙地，都种着一望无际的碧绿的西瓜，其间有一个十一二岁的少年，项戴银圈，手捏一柄钢叉，向一匹猹尽力的刺去，那猹却将身一扭，反从他的胯下逃走了。

鲁迅先生用自然景色之美来烘托少年闰土的活泼、勇敢，天人合一，使少年闰土这个形象在这个广阔而又鲜活的世界里活灵活现。

《无人处，赏西湖》（佳作 28）里有这样一段文字：

天色略灰，大团大团的灰云聚集，色近于黑。灰云缝隙里有犹疑不定的洁白日光，远处水天一色。不多久，风渐急，有了隐约雷声。雨丝轻柔，片刻间便成了大粒的雨点，砸在雨伞上错落有声，在那潋滟倏忽间潜入了水中。

这段文字笔触细腻，层次井然，为塑造“不走寻常路”的人物助力。

（6）环境描写还可以推动故事情节发展。

大家都熟悉《三国演义》，其中《曹操煮酒论英雄》一章中有“酒至半酣，忽阴云漠漠，聚雨将至。从人遥指天外龙挂”一句，由天气的变化，引出了对“龙”的评论，从而推动了情节的发展。

沈从文的小说《边城》中写道：“天已快夜，别的雀子似乎都休息了，只杜鹃叫个不息。石头泥土为白日晒了一整天，草木为白日晒了一整天，到这时节各放散出一种热气。空气中有泥土气味，有草木气味，还有各种甲虫类气味。翠翠看着天上的红云，听着渡口飘来生意人的杂乱声音，心中有些儿薄薄的凄凉。”情窦初开的少女翠翠“在成熟中的生命，觉得好像缺少了什么”，“好像眼见到这个日子过去了，想要在一件新的人事上攀住它，但不成”。翠翠渴望爱情而还没有着落，有孤单失落之感。这时祖父在渡船上忙个不息，根本就顾不上她；杜鹃叫个不息，泥土、草木、各种甲虫类的气味，生意人的杂乱声音，更增添了翠翠内心的纷乱和孤独之感，因此她“心中有些儿薄薄的凄凉”。这里的环境描写成为人物心理活动的契机，并映衬着人物的心情，还有推动故事情节发展的作用。

《神奇的书签》(佳作31)的开篇是这样的：

六月的天气闷热、烦躁，一场大雨扫去了空气中的尘埃，夜间凉风习习，伴着泥土的清香，窗外夜色漆黑，屋内的我却辗转难眠。

作者以景物描写为下面的故事展开做了很好的铺垫。

(7)环境描写还可以起到深化主题的作用。

我们在分析小说的主题时，固然离不开对人物形象和情节结构的细致分析，当然也离不开对环境的认真考察。

如老舍的《骆驼祥子》中，为了刻画人力车夫祥子的辛苦，揭示旧社会劳动人民的悲惨，作者极力描写了日烈雨暴的情景。当日烈到人不能忍受的程度，祥子还不得不拉车挣钱；当雨暴到人不能行走的程度，祥子还不得不在雨中挣钱。作者通过这样的环境描写，展现了祥子吃苦耐劳的本性，从而揭示了旧社会劳动人民生活辛苦、悲惨的主题。

《深入灵魂的热爱》(佳作35)中有这么一句话：

夕阳西下，鸦盘桓于枝头，主持着夕阳的葬礼……

文字非常简省，典型的场景，特别的形象。对主题的深化有一定的作用。

茅盾在《试谈短篇小说》(《文学青年》1958年第8期)中写道：“环境描写怎样为主题服务呢？如以风景描写为例，一小段的风景描写甚至少到只有几句的风景描写，其目的不是为风景而写风景，即不是为了装饰，而是为渲染或衬托故事发生时的气氛，或者为了加强故事发生时人物的情绪。社会环境（街道，市场情况，室内装饰、布置等等）的描写，也应当这样，有时对室内的器物作了详尽细致的描写，其目的在于暗示或衬托这间屋子的主人的性格（例如《红楼梦》写到宝玉走进秦可卿的卧室时，详尽而且形象地描写了房中的对联、供设等等便是这样的），作者如果坚决地这样做，就会控制着自己作品中的环境描写，不使其成为可有可无的长物。”

(8)环境描写还能增加作品的真实性。

例如《白杨》中有这样的文字：“车窗外是茫茫的大戈壁，没有山，没有水，也没有人烟……”首段便交代了地点，使人初步感受到大戈壁的荒凉与贫瘠，为下文写爸爸的沉思做了铺垫。

再如诺贝尔文学奖得主莫言的长篇小说《蛙》中的人物生活环境描写，笔触相当细腻。因为《蛙》本身就属于现实小说，使人产生了带入感。大家熟知的《红高粱》，其环境描写也是非常细致的。

环境是作品中的人物生活的“土壤”，是人物性格形成和发展的依据。

苏洵说过：“状难写之景于眼前，含不尽之意于言外。”确实，成功的环境描写，不但可以渲染气氛，而且还能让人感受到整个时代、整个环境的生活气息，感受到作者心灵深处的思想与情感。

当然，需要强调的是，一段具体的环境描写，它的作用往往是多方面的，这需要根据具体的语言环境去综合分析，切忌生硬地把它归结为某一种作用。

最后明确一下，环境描写要做到以下三条：

要目的明确。为表达中心思想服务，为刻画人物形象服务，为推动情节发展服务，等等。

要抓住特征。要写出独具特色的自然景物，或者社会面貌。所呈现出来的文字要有区分度。

要具体生动。笔触尽可能细腻些，追求给读者身临其境之感。

9. 精心打造自己的“花轿”

——语言艺术

著名作家孙犁先生有篇题为“好的语言和坏的语言”的短文，文章大意是说，写文章如同嫁新娘，新娘还是那个新娘，但是用“花轿”送出去，还是用“牛车”送出去，给人的感觉是大不相同的。也就是说文章的语言不同，则表达效果有别，而且不是简单的“有别”，而是迥异。

《普通高中语文课程标准（2017年版）》在述及“学科核心素养”时，“语言建构与运用”是四个维度之一，而且是第一维度。

《2019年普通高等学校招生全国统一考试（江苏卷）说明》中语文学科在“写作”部分将作文考试的要求分为“基础等级”和“发展等级”，这两个等级分别对语言提出了要求——“语言通顺”与“有文采”，还对“有文采”进行了分解：用词贴切，句式灵活，语言富有表现力。

我们知道，决定高考作文成绩的因素很多，而在高考评卷的具体操作中，决定作文成绩的最主要因素是“语言表达”。因为，在审题立意、结构、内容等方面不出现“硬伤”的前提下，语言就成为打动阅卷老师这样的特殊读者的最主要因素。

高考作文的“等级评分标准”中，“基础等级”一至四等的“语言”项分别表述为“语言流畅”、“语言通顺”、“语言基本通顺”和“语病多”。结合“发展等级”的“有文采”，我们就清楚了语言艺术的三个层级：通顺—流畅—有文采。

所谓通顺，指文章没有逻辑上的或者语法上的毛病。

所谓流畅，意味着流利，通畅。

所谓有文采，体现在用词贴切，句式灵活，语言富有表现力几个方面。

说了这么多，是为了强调：无论是日常教学所依据的“课程标准”，还是高校招生统考命题所依据的“考试说明”，还是高考阅卷时所实行的“等级评分标准”，都对语言提出了明确的要求。考生必须在实际写作的时候落实这些要求，充分展示自己的语言功夫。

因此，我们首先要了解记叙文的语言特质。

记叙文的概念有广狭之说。狭义的记叙文专指以叙事、描写为主要表达手段，记写和叙述真人真事的一种文章体裁，如消息、通讯、特写、小故事、回忆录、传记、游记以及部分科学小品等；而广义的记叙文包括所有的叙事性文学作品，除狭义的记叙文所涵盖的文章体裁而外，还有小说（就高考的字数要求而言，主要是“小小说”）、叙事散文、状物散文、抒情散文等。

记叙文的语言指的是记载、叙述、描写人、物、事件的时候所使用的语言。

为了准确、生动地再现人物和事件，记叙文语言要简洁概括、形象生动，力求把人物、事件的真实性和记叙、描写的具体性、生动性结合起来。记叙文中也有抒情、议论的语段，但只起辅助作用，占大比例的是叙述句和描写句。作者的观点和思想感情往往通过叙述和描写自然地流露出来。

从常规记叙文的语言构成来说，一般有五种样式，即叙述性语言、对话性语言、抒情性语言、描写性语言和议论性语言。叙述性语言要客观化，对话性语言要个性化，抒情性语言要情感化，描写性语言要细节化，议论性语言要深刻化。当然，这五种样式不一定同时出现在同一篇文章里，它们只是在表达需要的时候，恰当地提供支持。

记叙文的语言要形象生动，富有文采。

请看：“在冷冽的清晨中，蔷薇树冒出了一点又一点粉色的花蕾，如同小小的火苗在这白茫茫的迷境中拼命燃烧着。”作者写蔷薇树的花蕾如同火苗拼命燃烧，用比喻的修辞手法，展示蔷薇花的色彩鲜红欲滴，如燃烧的火焰般耀眼夺目，形象而贴切；蔷薇花蕾绽放，如火焰般拼命燃烧，写出了蔷薇花是怎样的竭力地怒放，让读者深深感受到了花勃发的生机与强劲的生命力！这样的语言显示出活力、弹力，深深地触动读者的灵魂。

记叙文的语言要有丰富的情感，触及读者内心最柔软的部分。

请看：“远远望去，田野已经被农民的汗水染成了金黄色，一望无垠的稻田，被分成了七八块。秋风吹过，野菊花独特的香味，随风飘散。竹叶也沙沙地响起，好像是送给农民伯伯的一片赞歌。”田野被汗水染成金色，既写秋天田野的风光，也突出农民伯伯辛勤劳作的精神，一举两得，彰显了语言的魅力。继续看：“听，脚下的黄叶还发出‘沙沙’的哭泣声。秋姐姐心肠软，把几个孩子吹到树妈妈的脚下，这样，它们可以离‘妈妈’近一点儿。”作者用拟人手法，赋予黄叶、秋风人的情感，写出了秋风的慈爱，写出了叶、根的情怀，语言情感的丰富性可见一斑。

记叙文的语言要有浓郁的生活气息，表现生活，得含着生活最原始的温度。

请看：“两三天罢，我俩便熟识了，我也对他不再陌生。他经常捉小鸡给我玩，陪我捉迷藏，带我去爬山。在竹林里，有大狗咬我，我害怕地哭了起来，他似乎很愤怒，顺手从地上拾起一根粗棒子，向狗打去。我见了，高兴地直拍手。他也摸着头傻傻地笑……”这段文字语言简洁、朴实、自然，有浓郁的生活气息：狗咬“我”，“我”哭，他怒，拾棒，打狗，“我”拍手，他摸头，傻笑。一连串的动作特写，清晰、逼真地展示了哥哥爱护妹妹的纯真形象，这是童年美好的记忆、可爱的经历。这样的画面来自童年生活，是童年生活的真实写照，带着童趣，勾起读者丰富的联想，让人回味无穷。

继续看：“太阳降低了热度，开始向老花匠那边滑去。小花匠似乎在与时间赛跑，没过多久，他就剪完了，近看只不过是一些大小不平的坑而已。他跳下花台，取了手套，拍了拍围裙上的灰尘，抱怨道：‘好多灰呀，学校真是的，也不请清洁工整理一下，真是的……’看着那边老花匠还慢慢地剪着，就朝他吼了一声：‘喂，我剪完了，先走了。’老人依旧低着头剪着，没有理会。”这是一幅花匠修枝的真实的生活画面，作者着力刻画小花匠的形象，通过小花匠的语言，表现小花匠的心灵，又通过小花匠的形象，衬托老花匠的心灵。作文的素材来自生活，作文语言透出浓郁的生活气息，质朴、亲切，沉淀出生活的本真。

记叙文好的语言要有韵味，有底蕴，有张力，读来令人回味无穷。

请看：“小花匠便拿着那副长手套，径直地走了，远了，隐没在黄昏中。”小花匠的身影隐没在黄昏中，“隐没”一词很精妙，凸显了他身影的“小”，流露出作者的情感态度，虽未直说，但读者分明可以感觉得到。

继续看：“老花匠长长地吐了口气，慢慢地走了，带走了尘埃，带走了一地碎叶。熟悉的小路留下一深一浅的脚印，泛着浅浅的暗黄。”老花匠也走了，他带走的是尘埃，带走了一地碎叶，言外之意，他留下的是整洁，留下的是美丽。这与前面的小花匠形成对比，凸显老花匠高大的形象。

继续看：“没错，他就是王师傅，一个辛勤工作了九年的老园丁，一个守望春天的老人。”从“王师傅”到“老园丁”，再到“守望春天的老人”，形象越来越丰满，内涵越来越丰富，境界越来越阔大，主题越来越清晰。“守望”一词，写尽老人的耐心细致，写尽老人对工作的兢兢业业、任劳任怨。真是言有尽而意无穷。

继续往下看：“寒冬，王师傅的小屋却格外的温暖，他坐在橘黄的光里，安然地吸着纸烟，蓝色的烟雾摹绘老人来年春天的美丽。”烟雾摹绘春天的美丽，画龙点睛，堪称神来之笔，让全篇如飞龙腾跃，活灵活现。我们的想象随那烟雾而飘飞，我们的情思随那形象而飘远。这就是语言的魅力。

至于散文的语言，就总体而言，有散中见整、清新自然的特色。它不刻意雕饰而又不乏文采，不有意追求而又自得其意蕴。而且，散文的语言经过情感的陶冶、锻炼，又有很强的抒情味和感染力。

小说的语言有以叙述为特色和以描写为特色两类。语言以叙述为特色的小说，追求整篇作品的味道；语言以描写为特色的小说，追求形象的鲜明性。语言以叙述为特色的小说可以叫情节小说，以描写为特色的小说可以叫细节小说。语言以叙述为特色的小说读起来舒畅，它以语感为先导，吸引读者进入它的艺术世界，这种语感贯穿于作品的始终，处处可以让读者感受到这种语感的存在，它往往给读者的第一感觉就是好读、畅快。语言以描写为特色的小说，它往往以一个接着一个的细节抓住读者，给读者的感觉就是形象，是一个又一个鲜明具体的细节，作品就是以细节与细节的内在联系吸引读者不断地往下看。如《红楼梦》就是以描写为特色的小说，《三国演义》则是以叙述为特色的小说。

虽然不是如上所述的这般绝对化，但大致上确实是这样。有些激情澎湃的小说，作者近乎站出来说话了，因为作品激情洋溢，情感和态度在明明白白地表露着。就像一个人脸上的表情，什么都透出来，就差开口明言了。但是，请注意：这还是客观性的语言，因为作者并没有真正地说出口。

小说的语言和散文的语言是不同的。小说的语言是客观性的，作者有什么思想感情，作者并不自己站出来说，而是让人物、让情节代作者说；而散文的语言则是主观性的，作者不自己站出来说还不行，必须直抒胸臆。

虽然王朔四两拨千斤地把写作称为“码字儿”，我们还是更乐意信服高尔基“文学是语言的艺术”的灼见。语言是学生要过的“关”，也是各级考试阅卷时的赋分“要素”。

它关涉文字的华美与朴实。差不多所有的学生在学习写作的过程中，都有过积累优美文句、语段的阶段。从阅卷的实际效果看，文字也以华美胜于朴实。毕竟，学生不是叶圣陶先生那样的名家，如果也坚守平实行文的风格，恐怕难入方家法眼。还是苏东坡说得妙：“凡文字，少小时须令气象峥嵘，彩色绚烂，渐老渐熟，乃造平淡；其实不是平淡，乃绚烂之极也。”(《与侄书》)

它还关涉文字的繁与简。顾炎武说：“辞主乎达，不论繁与简。”宜长者，就要用墨如泼，篇累卷积；宜简者，就要惜墨如金，辞约意丰。毕竟，“文章的繁简又不可单以文字的多寡论”(周先慎语)。简可驭繁，繁能胜简。简笔与繁笔可以“各得其宜，各尽其妙”。一切要服从内容表达、人物塑造等需要。

当我们说到语言时，“有文采”是出现频率很高的关键词，是写作者追求的境界，它可以经由“用词贴切”“句式灵活”“语言富有表现力”等手段达成。

说到“用词贴切”，我们会想起法国著名作家福楼拜对弟子莫泊桑的教诲：“不论一个作家所要描述的东西是什么，只有一个名词可供他使用，用一个动词要使对象生动，一个形容词要使对象的性质鲜明。因此就得用心去寻找，直至找到那一个名词，那一个动词和那一个形容词。”冯梦龙的《醒世恒言》第四回“灌园叟晚逢仙女”里让恶霸张委“两脚朝天，不歪不斜，刚刚倒‘种’在”转弯处的粪窖里；鲁迅先生的《孔乙己》里让孔乙己“伸开五指将碟子‘罩’住”，还“从破衣袋里‘摸’出四文大钱”；孙犁的《荷花淀》里让水生“下半截身子‘长’在水里”。“种”“罩”“摸”“长”就是福楼拜所说的“使对象生动”的动词。

至于“句式灵活”，意味着应该根据表达的需要，灵活选用句式，让你的文字句式多样：长句与短句，整句与散句，常式句与变式句，肯定句、否定句与双重否定句，陈述句、疑问句、祈使句与感叹句，单句与复句，等等。

“语言富有表现力”，首先指的是内蕴丰厚，让人回味久长的语句。听！印度的泰戈尔说：“天空不留下鸟的痕迹，但我已飞过。”黎巴嫩的纪伯伦说：“我们已经走得太远，以至于忘记了为什么而出发。”著名学者胡适说：“宁鸣而死，不默而生。”诗人海子说：“今夜我不关心人类，我只想你。”“朦胧诗”代表作家舒婷说：“与其在悬崖上展览千年，不如在爱人肩头痛哭一晚。”如此等等，都是。

当然还少不了“运用修辞手法”，这里的“修辞手法”既包括“积极修辞”，即我们熟悉的各种修辞格，诸如比喻、排比、对比、设问、反问、拟人之类，也包括不很熟悉的各种修辞格，诸如仿拟（分仿词、仿句、仿篇、仿调）、拈连（常规组合 + 超常组合）、通感（打通人的五觉）、易色（临时变换词语的感情色彩，有褒词贬用、贬词褒用）、析词（把固定的词语拆开来用）、错综（整句与散句交错）等等。

此外，还有一些小技巧可以运用，也是很有表达效果的。

比如，场景式叙事。就是用形象的语言，让文字具有画面感。看：“大到什么程度呢？这么说吧，东西走向近十四米，屋子的南墙到院外的栅栏有六米。是不是挺大的？”“瞧，老两口又漫步在小院内的花径了，而且手牵着手。”（佳作 10《琴瑟和谐》，下节引用同此）你的眼前有没有出现画面？

比如，强化型表述。就是先给一个说法，然后对所给说法予以否决，重新给一个说法。这重新给的说法就得到了强化。看：“说得直接一些，对于这些牵扯很多精力的农作，他和妻子的感受是不同的，不是一般的不同，而是迥异。”或者，写出 4 个以上的语言单位的排比。看：“百般迁就，百般容忍，百般纵容，百般好言好语。”

比如，一句话分成几句说。就是写短句，写变式句。看：“‘啪——’一个巴掌再一次打在了我的脸上，一个读高三的女孩子的脸上！”（佳作 68《突围》）都说“打人不打脸”，怎么偏偏打脸？高三的学生怎么可以打？“读高三的女孩子”居然还敢打？还是“再一次”？到底发生了什么？这一系列的疑问唤起了读者的好奇心。

这样的文字有些“异样”，却很能引发读者的兴趣，包括阅卷老师这样的特殊的读者。

最后，让我们共赏2009年湖北高考满分作文，看看它在语言运用上的特色！

站在文学的门口

青山隐隐，绿水迢迢，我站在文学的门口，窥见那门内流转的，是墨笔生香，勾勒出清风明月的韵致；梧桐细雨，西窗红烛，我站在文学的门口，窥见那门内流淌的，是令人心旌摇动的浓愁与长情。站在文学的门口，我已能听到门里的笙箫、门里的叹息、门里的牧笛、门里的美妙；站在文学的门口，我心中摇曳着的思索，已化作一江春水，流入门内的世界。

站在文学的门口，我拥一份敬畏的心情去聆听那些高贵灵魂的歌吟，去驻足观看那隐藏在文字之后的精神之花，去收获一份灿若朝阳的理想与对于崇高的向往。

当暮色四合时，一灯如豆，一书如帆，送我至文学的门口。那东临碣石的一代枭雄，酾酒临江，横槊赋诗，即使岁月染白了他的须发，依旧能够高唱“老骥伏枥，志在千里。烈士暮年，壮心不已”的不屈之音，那一份遒劲雄浑的意气，常使我击节而赞。那在乱世里漂泊沉沦的诗性女子，将国家之恨纺成染柳烟浓，吹梅笛怨的哀愁，纵然帘卷西风，人比黄花瘦，也依旧要在绝灭之境，用柔弱的才情，留下浓墨重彩的一笔。那些或铿锵或柔美的词章，溅落在历史的长河里，激荡起遥远的绝响。

被文学艺术化了的灵魂与生命，在文学的殿堂里凝固永恒。当我站在文学的门口，那高扬的意气已将我深深感染，那盛下了悲欢离合的真情泪滴已将我浸湿。他们以文学的方式存在于历史的视线里，轻易地将我俘获，又用他们高贵灵魂锻造的文字凝滞我的步伐，让我心怀敬畏玩味沉吟。

站在文学的门口，那门里飘散出的生活的哲思，仿佛夜幕上璀璨的群星，将我的生命旅途照亮。

自嘲“职业是生病，写作是业余”的史铁生，他文字里关于生命的思索给予我深深的感动，他的坚忍使我在遭遇崎岖时亦能淡定从容。冰心笔下深邃的大海与圣洁的母爱亦使我在匆匆行走的间隙里驻足体察弥漫我生活的爱意。读《钢铁是怎样炼成的》，我动容于保尔的钢铁意志；读《鲁滨逊漂流记》，我欣赏生命与自然的契合……

被文学具体化了的生存形式与生活态度，如细雨，如飞花，浸湿生活铺就诗意的岁月，当我站在文学的门口，暮雨晨风阵阵飞来，让我走得坚强并且诗意。

站在文学的门口，终究只是欣赏文学别样的乾坤。我知道，终将有一日，我会走进文学的殿堂，用自己手中的笔勾勒出生命别样的风貌。

这篇满分佳作有很多可圈可点的方面，仅从语言特色上看，就有四个特点：

一是在紧扣“站在文学的门口”这一线索的基础上，无论选取什么样的材料，都注意言辞的华美，使全篇语言典雅，读来如饮琼浆，满口留香。

二是注重词句的锤炼，大量的词语移用，拓展了文字的表现空间，使全文词汇摇曳多姿。其中，又以动词的运用最具特色。

三是多用排比，段落内部句式整饬，语意流畅，有限的文字却营造出了无限的意境。

四是注意依照表达方式的不同而灵活处理句式。描述现象时多用短句，“一灯如豆，一书如帆”这样的文字简约之极；阐述事理时多用长句，尽其所能最大限度地拓展语句的思想内涵。这种“错综”的修辞自然形成了文字的参差之美。

10. “桶滚下山时碰到阻隔”

——小小说艺术

在记叙类的文本中，小小说是尤其容易出彩的一种文体样式。

小小说又被称为“闪小说”“微型小说”“蚂蚁小说”“超短篇小说”“一分钟小说”。有人说它最早起源于美国。美国著名评论家罗伯特·奥弗法斯特曾下过这样一个论断：微型小说必须高度“浓缩”，富有戏剧性，在1500字左右的篇幅中完整地包含一篇普通短篇小说应有的情节。他认为微型小说应当具备这三个要素：① 构思新颖奇特；② 情节相对完整；③ 结尾出人意料。

中国的南北朝时期出现的“志人小说”《世说新语》(刘义庆著)，分“德行”“言语”“文学”“方正”“容止”“简傲”等36类，有1200多则故事。东晋时期出现的“志怪小说”《搜神记》(干宝著)，有《干将莫邪》《李寄》《韩凭夫妇》《董永》等410多篇。这些都是微型小说。

小小说的显著特点是篇幅短、人物少、故事情节简单、节奏变化紧凑、构思结构精巧，只截取生活中具有特殊意义的某个片段或某个场景进行横断面的描写，追求小中见大的艺术效果。在艺术处理上，小小说对情节、环境不做精雕细刻，只集中精力描绘人物、突出主题。在篇幅上，小小说一般为几百字，最多不超过两千字；就考场作文而言，以一千字为宜。

与字数较多的中短篇小说相比，小小说更能及时地把握时代变革及其在人们心理上的反响，准确捕捉现实生活中美的闪光，使读者在极短的时间内获得某种有益的感悟和启发，因而更符合现代人的审美心理和审美趣味。

那么，如何写好小小说呢？

(1) 要有好题目。俗话说：“题好一半文。”好题目对小小说至关重要。好题目的标准是别具匠心，吸引眼球。

如中国闪小说学会第三届理事会常务副会长兼秘书长、《闪小说》执行主编段国圣的《先走一步》：

张三在路上遇到李四，几年前，张三对李四还可以直呼其名，但现在李四已经做官了，出行都有轿车接送，张三便毕恭毕敬地叫了一声李主任，李主任摇下车门，问张三要不要搭他的车子，张三连忙摇手，不用，不用。李四便打了个再见的手势，说："那我就先走一步了，有空到我家来坐坐。"张三弯腰："一定，一定。"

没想到，李四真的"先走一步了"，他的车子没走多远，遇到车祸，当即身亡。

张三惋惜，怎么会呢？好好的一个人，怎么说走就走了呢？张三买了一个大花圈，送到李四家，他在李四的遗像前鞠躬，外面不断有人来吊唁，其中有李四的上司，也有李四的同事，张三看看屋里的人多，便对李四的夫人说，我先走一步了，您多保重。

张三走了。不一会张三又折回来，屋里的人都有些奇怪，张三也似乎有点不自在，他嘟囔着说："我想再看看李主任。"

"先走一步"是人们挂在口头的习惯用语，因为李四的遭遇便多了一点心理阴影，于是有了张三去而复返的怪异行为。作者信手拈来成为小说标题，而且后来结集出版时，还用作书名了。

（2）要有好开头。俗话说，良好的开端是成功的一半。好开头要使人"一见钟情"，有强烈的往下看的愿望。常用的开头有三种方式：一是造成悬念，引起兴趣；二是开门见山，进入情节，往往开头就是人物对话；三是含蓄蕴藉，曲径通幽，往往从描写景物落笔，有烘托与铺垫，有伏笔和照应。像《先走一步》就是开门见山的。

（3）要有好构思。都知道"匪夷所思"这个成语吧？好的构思就是"匪夷所思"的，就是突破思维定式的，就是能给读者以惊异感的，就是能增添作品魅力的。巧妙的构思能创造出曲折、新奇的情节，而情节恰恰是小小说吸引读者的关键。以写事件为主的小小说，如果时间长、事件多，那就不能平均使用笔墨，要有一个重点事件、重点场面，集中描写一个时间、一个场景，而且要把事件写得一波三折。以写人物为主的小小说，要注意凸显人物的个性。所写的事件，都要围绕突出主要人物的个性来写。

（4）要有好故事。好故事是小小说塑造人物、表达主题的好载体。故事不能直线地向前发展，故事一定要曲折，最好有传奇色彩。请记住一个非常精当的比喻：一个桶滚下山不是小说；桶滚下山时碰到阻隔，就是小说了。但应特别注意的是，曲折、离奇必须在"情理之中"。

（5）要有新角度。小小说题材无新旧之分，关键是看你怎么写。用别人没有用过的视角、没有用过的方法来写，往往会使小说更加好看，也常常会让人有意外的发现。

（6）要有大容量。小小说虽然篇幅短，但不能写得寡淡、单薄。要在寥寥千字左右的天地里容纳比较多的东西，要使方寸之间盈含万物，于尺幅之间涵盖天地，于简洁之间蕴藏丰富，在宁静之间风起云涌，在瞬息之间变化万千。

（7）要有好细节。细节对于小小说而言就好像美人脸上恰到好处的一个痣。一个出彩的细节必将照亮全篇，让文章显得真实可信，令文章增色生辉。小小说在叙事写人中要使人物形象鲜明、突出，就必须用丰富的细节来刻画和表现，这样才能使读者如闻其声、如见其人、如临其境，仿佛进入一个具体、生动、形象的画面。没有细节的行为是空泛的，没有细节的场景是模糊的，往往是情节越到高潮时，越要用细节推上一把，这样情感才饱满，人物才逼真。

（8）要有好结尾。俗话说："编筐编篓，全在收口。"说的就是把一件事情的最后关口处理好是很重要的。结尾的精髓在于言已尽而意无穷。主要有三种技法：一是画龙点睛，首尾呼应；二是戛然而止，含蓄隽永；三是出人意料，扣人心弦。好的小小说，讲究"压着写"。一个秘密，到最后才揭开，是最好的。要出人意料之外，却又在情理之中，让人感叹，真是这样，作者写得真好，这就对了。一眼看到底的东西有如白开水，淡而无味。有味道的小小说一定有悬念，让人愿意往下看。结尾来一个合理的转折，不要太夸张，是很有意思的事情。这就是小小说的魅力。它引你这么想，而结尾却是那样的，出乎意料却又合情合理。"欧・亨利式的结尾"就是这样的。

（9）要有好语言。文学是语言的艺术，小小说也不例外。小小说语言可以是华丽、流畅、秀气的，如用"彳亍在青青的河岸，风光旖旎，氤氲在记忆里的瞬间，虽淡犹香……"这样的语句引出一段回忆来。其间的技巧就是嵌入了诸如"彳亍""旖旎""氤氲"这样看上去"高大上"的词汇。小小说语言也可以是自然、亲切、接地气的，要远离书面语言，不能像领导做报告或者像外交辞令那样客套，那会显得生分、外道、生硬、冷僻。

（10）要有好留白。小小说要特别注意留白，使作品本身留有悠长的韵味，给读者以丰富的想象与回味。初学写作者往往会把小小说写得很满，唯恐读者看不懂，什么都说到，这就没有回味的余地了。就像画家作画，懂得留白的画，才有回味的余地；画得太满，则显得杂乱。小小说就是淡雅的山水画。但见深山处，余烟袅袅升。不见村姑唤，却见晚霞红。这就是意境。画乡人村居，不见得非要画上房舍、田地，有一缕炊烟飘散在空中，意境就够了。

还有，小小说也可以有肖像描写和环境描写，但是要简洁。小小说篇幅短，所以肖像描写和环境描写不能像长篇小说或中短篇小说那样长，要惜墨如金。例如，《接送爹娘》一文没有对"大雨"进行详细的描写，开头只写了句："大雨如注。天地已经分不开了，形成一个水的世界。"

小小说限于篇幅，不能写得太长。所谓"字字珠玑，没有闲笔"，所有的描写都是为中心服务的。这中心，就是主题。所以，说女人漂亮，不要五官都一一道来，只说眼前走过一个美女就好了。这就是语言简洁。即使描写一个沧桑的老人的外貌，也只需两三句话就好了，不要描写个没完。初学写小小说时，很多人很容易写成短篇小说或散文。新手和女作者多喜欢抒情，一写就写成散文式的，这不好。小小说就是小小说，它与散文是有区别的。小小说其实是个故事，是短剧，有剧情，有冲突，有曲折。

其实，写小小说，只要掌握两点就好了，那就是，情节和意义。小小说作为一种文体，写出的东西一定要有意义。不可以就事论事，而是一定要有人生的思考在里面。这就是深度。

总之，以简洁的文笔讲一个好故事，情节曲折，引人入胜，1000字上下，这就是好的小小说了。

本书的“佳作篇”中就有不少小小说。《私家车咏叹调》（佳作26）、《老杨小胡面店》（佳作9）、《才子》（佳作33）、《职业选择谁说了算？》（佳作36）、《范儿》（佳作39）、《双赢》（佳作42）、《熟悉》（佳作51）、《窗》（佳作72）和《尺度》（佳作77）都是。

最后，请看2009年江苏高考这篇满分作文，仔细揣摩其中的妙处。

品味时尚

那是一个繁华到极致的街口，以转角的轴为中线，有两家店。一家是国际闻名的服装品牌在此城的旗舰店。旗舰店旁边转角过去，有一个小铺坊长年埋藏在黑暗的角落，小小的木质门扉，还没有旁边旗舰店四分之一大的店铺。

一位带着镶边眼镜的老人始终坐在离店门最远的那个角落的台子边，专心地给一两件剪裁精致的旗袍刺绣的花瓣上镶边。店铺的侧墙上，挂着一个年久未擦、覆着灰尘的铜牌。

无人问津这家小刺绣店，尽管她里面蕴藏着无数精美的手工艺品，人们往往目不斜视地走进隔壁的旗舰店，精心挑选，满载而归。全城的人都将穿着这个品牌的衣服作为时尚，男男女女，谁要是进这家店购物就是一种能力。这种攀比，俨然成为市民的一种时尚。

每日清晨旗舰店的清洁工“哗啦——”一声将水全部向那刺绣店的门口冲刷而去，脏兮兮的水流了一地。然后是汽车尖锐的刹车声，旗舰店的总销售经理神情孤傲地冲店门口恭候的助理冷漠地微微致意，自动玻璃门将一切繁华又隔绝在店门外头。工商局不止一次来访并暗示刺绣店的老人，可能在不久的将来这里将被能付得起更高地租、带得动更多客流量的另一家国际品牌旗舰店所取代。

终于有那么一天，规划局请了驰名海内外的一位美学专家过来勘察这条商业街的发展前景。美学专家的眉头一直锁着，慢慢踱过一家又一家规模宏大的商铺，又踱过一扇又一扇锃亮的橱窗，丝毫没有停下来的意思。一行人走到转角处的店铺，美学专家的脸色放亮了许多。周围的人立马会意，有一西装革履、油头粉面者上前恭维地笑道："先生果然好眼光，这转角的国际旗舰店就是拉动本城高端客户消费的头号品牌，这里地段繁华，发展前景十分广阔。"大家立马要拥着专家进店。专家的神色很严肃，只是略略点了点头，迈开脚步不顾旁人失望的目光接着向前走。

走过刺绣店的门口，除了专家，所有人无视这家店继续向前走。但是专家这一核心人物的脚步倏地停下了。他凝视着不大的店门和里面昏暗的摆设，驻足良久，迈进了店门。老人正在专注地给一件精美却无人知晓的旗袍滚边，此时沉稳地慢慢抬起头，露出那张满是皱褶的、戴着镶边眼镜的脸。没等大家明白过来怎么回事，下一秒，专家的手和老人的手就紧紧地握在了一起。专家的眼睛里竟似闪着一丝泪光。

"老师！"一声深沉的呼喊，惊醒了所有人。原来专家嘴里几年来谈到的那位神龙不见尾的恩师，就是这位常年无人知晓的店铺的主人！据专家几番提及往事时说，当年他只是空有禀赋的研究生，是这家店铺那精挑细选的上好苏州丝绸、精湛的滚边技术、细腻的刺绣图案，使他从中悟到了美的精髓，最终有了如今的成就。这番回来，也是特地来重新寻找当日的恩师。

第二天在报纸的头版头条，这幅画面连带小小的刺绣店惊动全城。文章标题是："人们该如何品味真正的时尚？"

半年之后，这里变为时尚步行街，周围仍旧是琳琅商铺，只是转角最繁华处被古色古香、窗明几净的一整家刺绣店所占有，赫然是这里的时尚地标。

人们终于将目光投向这家规模宏大的刺绣店，并逐渐发觉它貌不惊人地沉淀着的时尚。太多的人走进了这家店，有钱人在这里购买丝绸手帕、布艺鞋；高端的客户纷纷下订单，高层 party 上掀起旗袍风。大街上拎着刺绣店特有的木制小包成为最新的时尚。

那铜牌仍旧挂在侧墙上，被擦得锃亮。那上面赫然写着"苏州薛家第 ×× 代刺绣真传"。其刺绣工艺作为文化遗产得到保护。不知道那家不甘心地被迫迁址的旗舰店的经理，可曾明白这店为何代替了他的旗舰店，成为永恒的时尚为人们所品味、保护？

面对"品味时尚"的命题，作者构思了一个故事，用小小说的文体，表达出对"时尚"的个性化的"品味"。如此，文体选择上便占了"物以稀为贵"的优势。行文时，开篇便通过对比巧设环境；中间再通过反复渲染，体现现实世界的浮躁；至结尾处陡生波澜，在大逆转之中揭示“时尚”的真实意义。这样的谋篇布局，不但有利于在抑扬结合中凸显主题意义，而且也清楚展现了事件开端、发展、高潮、结局的全过程。而且，文中大量的细节描写，无一不是围绕着“品味时尚”这一核心话题展开。全文自始至终，无论详写略写，都在叙事框架内有条不紊地展开。获得满分也就不足为怪了。

佳作篇

高考佳作

典题1 “疫情中的距离与联系”（2020年高考全国卷Ⅰ）

阅读下面的材料，根据要求写作。

面对突发的新冠肺炎疫情，国家坚持人民至上、生命至上，果断采取防控措施，全国人民紧急行动。

人们居家隔离，取消出访和聚会；娱乐、体育场所关闭；政务服务网上办理；学校开学有序推迟；公共服务场所设置安全“一米线”。防疫拉开了人们的距离。

城乡社区干部、志愿者站岗值守，防疫消杀，送菜购药，缓解燃眉之急；医学专家实时在线，科学指导，增强抗疫信心；快递员顶风冒雨，在城市乡村奔波；司机夜以继日，保障物资运输；教师坚守岗位，网上传道授业；新闻工作者深入一线，传递温情和力量。抗疫密切了人们的联系。

请综合以上材料，以“疫情中的距离与联系”为主题，写一篇文章。

要求：选准角度，确定立意，明确文体，自拟标题；不要套作，不得抄袭；不得泄露个人信息；不少于800字。

【典题解析】

本题属于情境式材料作文题。材料选取既有国家背景下的人生思索，也有学生体验的价值判断，充分结合学生实际，让学生有话可说，回归现实生活。

材料第一段主要从宏观上表述了国家和人民的行动，要提炼出制度优势、国家力量等内涵；第二段概述了防控措施下的隔离现状，体现了公民素养、行动力量等内涵；第三段概述了各行各业的人们坚守岗位、传递真情、敢于担当和无私奉献等精神。在写作中要传递出这些核心价值观念。“疫情拉开距离，割不断爱”“距离相隔，更见真情”“疫情让我们的心更近了”等都是切题立意。

可以根据自己的经历或者见闻写一篇记叙文，也可以根据材料内涵写成议论文来突显主旨，还可以用演讲稿或者书信等文体来抒发自己的感悟与反思。无论选择什么文体，一定要“文体特征鲜明”。

佳作 1

“钉”来“鱼”往，百态人生

（“钉”来“鱼”往，有统摄文章主要内容的作用。好标题！）

2020 年 2 月 20 日，阴

（日记的格式必不可少。）

天灾不可料，但众志成城，便可渡难关。由于疫情的阻隔，我们迎来了新奇刺激的线上教学模式。（很有时代色彩的写作题材。）

第一天下载“小鱼”，注册账号，进入班级，等待上课。一系列令人头晕目眩的操作，却在我手中行云流水般完成。（乐极）然而令人始料未及的是，我安装的版本早已老旧，无法正常使用，待我回过神来，半节课早已过去。无奈，只好重新下载。真可谓一波三折。（生悲！一波三折，这是记叙文理想的演进模式。）

今天很高兴，与同学们在平台相见，与老师们亲切互动。虽然隔着屏幕，但心中仍然温情满满。纵使疫情将我们阻隔，我们的心却仍在一起。

（作者立足防疫蛰居的学生身份，写上网课的经历，切入口小而真实，以小见大，便于抒发所思所感。第一篇日记写的是开始上网课时“我”的各种不适应。）

2020 年 3 月 11 日，晴

由于某些原因，学校改用“钉钉平台”进行授课。消息传来，班级里沸腾了，我们终于有机会与全国的学子共同吐槽“钉钉”了！（苦中作乐，很有生活气息的文字！）“山川异域，风月同‘钉’”！（“仿拟”的修辞格，别有意趣。）网课进行一段时间了，疫情防控已出现转机。从开始的不适应到现在的从容，不变的是教学模式，但改变的却是心态。

同学们的举动、心理状态都是比较轻松的，没有过不去的坎，一切都会好起来的。“钉”来“鱼”往，明日抢“鲜”体验。（鲜活的文字！可见作者行文的智慧。）

（第二篇日记写的是由刚开始的不适应到逐渐适应。情节在推进着。）

2020 年 3 月 29 日，晴

最后一次点击提交作业之后，心里怅然若失。明天，又意味着一个全新的开始，

我们要在学校相遇，不会再有“小鱼”“钉钉”。（从“小鱼”，到“钉钉”，再到面授教学，是“变”让文章内容丰富多彩。）

人生有多少次美好相遇，又会有多少次难以割舍的分别呢？

怀着一抹愁绪，我走出了家门。小区设置的卡点没了踪影，街上又有了稀稀落落的车辆与人群。萧索，满目萧索，这是疫情带给人们的灾难啊！

猛然抬头，啊，多么新奇！枝头上桃花吐出了嫩小的花苞，在阳光的照射下显得富有生机。（景色描写，借景传情。）春天来了呀！没有一个春天不会到来！在大自然中，我释然了。

相遇—失去，降临—离去，这是普遍规律。离开网课，不就意味着病毒的脚步远去了吗？

回到家，写下这段文字。“钉”来“鱼”往，前无古人；百态人生，且行且珍惜。春风扫，疫去人安。待新日，学校相见。

（整饬的文字，算得上是曲终奏雅。作者选取寒假上网课的三个有代表性的时间点：开课、由不适应到适应、结束。文章简单而安静，没有华丽的辞藻，没有大人物、大场景，但它真实，以小见大，能在情感上触动读者。）

【综评】

作者选择了日记体，就给了自己很大的发挥空间。因为日记表现力很强，可以叙事，可以抒情，也可以议论。

文章围绕着疫情的非常状态做文章，因为疫情下“停课不停学”的考虑，常态的师生面对面授课不得不改为非常态的网络课程，先是“小鱼”，然后是“钉钉”，再恢复到面对面教学，因为改变，情节不断推进，疫情中的故事因而更加好看。

典题 2 带你走近 ______（2020 年高考全国卷Ⅱ）

阅读下面的材料，根据要求写作。

读万卷书，行万里路。无论读书还是行路，我们都会与地名不期而遇。有些地名很容易让你联想到这个地方的自然特征、风土民情、历史文化、著名人物等；有些地名会唤起你的某种记忆与情感，或许是一段难忘的故事，又或它对你有着特殊的意义。

电视台邀请你客串《中华地名》主持人。请以“带你走近 ______”为题（补充一个地名，使题目完整），写一篇主持词。

要求：结合材料，选好角度，确定立意，明确文体，切合身份；不要套作，不得抄袭；不得泄露个人信息；不少于 800 字。

【典题解析】

这是一道半命题作文题，审题立意难度不大，考生也有内容可写，但要写好不容易。写作时应尽量选择小的切入口，写自己熟悉的地方。这个地方，可以是自己的家乡，可以是行的“万里路”中的一站，也可以是读的“万卷书”中的一地。不管选择哪里，你必须对所选择的地方非常熟悉，它的历史，它的文化，它的特色……都要尽可能达到感同身受的效果。不能泛泛地写“带你走近我的家乡”“带你走近大自然”之类的。

要求“写一篇主持词”，考查的是实用类文体写作。考生对各种类型的实用类文体都要有所准备，因为每一种文体都有特定的格式。

佳作 2

带你走近周庄

各位观众朋友：

大家好！

欢迎来到《中华地名》，我是主持人源源。（必要的交代，而且交代得清清楚楚。）

读万卷书，行万里路，无论是读书还是行路，我们都会与地名不期而遇。（扣题的文字，作文特别是考试作文的必需。）有一个地方，张艺谋的电影《摇啊摇，摇到外婆桥》曾经在这里拍过外景。今天我们一起走近这个地方——“中国第一水乡”周庄。（周庄因为张艺谋的电影、“中国第一水乡”两张名片而夺人耳目。）

周庄位于上海、苏州、杭州之间。古书记载，周庄四面环水，咫尺往来，皆须舟楫。全镇依河成街，桥街相连，古桥流水，粉墙黛瓦，古朴幽静，风景明丽，民风淳朴。(四字短语，引人注目。看得出作者的精心！)是中国吴地文化的摇篮，江南水乡的典范。如今，周庄这“中国第一水乡”的牌匾，正泛出道道金光。

走近周庄，要看看这里的水，水是周庄的灵魂。(先写“水”，因为周庄是“中国第一水乡”，因为“水是周庄的灵魂”。)周庄是水做的，水铸就了周庄的身量。因为水，周庄雅成诗，美成画。微风吹拂着，周庄的水一路奔流，涓涓不息，浅吟低唱，编织出天光云影。那些岸上的石桥、古宅、绿树在灵动的流水中招摇着，欢笑着。(诗情画意的文字！)周庄的水，有着漓江水的绿，有着万泉河水的清。看着这清绿潺湲的水，你些许惆怅的心情顿时就会烟消云散。也许，一碗周庄的清水煎红尘，能把所有的不快都送走。白天，周庄在水里行走；晚上，周庄安详地睡在水上。(整饬的文字，诗化的文字！)“春水碧于天”，但凡见过周庄水的人，心里都会种下纯净。

走近周庄，要看看这里的桥，桥是周庄的特色。(再写“桥”，因为桥也是周庄的标志。)桥犹如周庄的衫扣、流苏，点缀着周庄。周庄的双桥感动了陈逸飞，于是《故乡的回忆》横空而出，惊艳了世人，周庄也从此为世人所知。(周庄触发了陈逸飞的灵感，周庄也因陈逸飞而声名远播。)宋元明清时代修建的十来座拱桥，满身沧桑，纵横交错，千姿百态，撑起水下的天空。(悠久的历史。)晨光夕照下，摇橹的船娘缓缓地摇着船桨，划开碧绿的清波，摇啊摇，摇到外婆桥旁，摇出水乡十里风光。(连续“摇”，从“摇到”到“摇出”，很有表达效果！)有时候船娘会来一支江南小曲，桨声和歌声一同奔放，“画船听雨眠”，你折叠的心情也会依次打开，与桥与船铺成织锦。

走近周庄，要看看这里的厅。周庄的厅是热闹的。(后写“厅”，也是周庄一景！)熙来攘往的游客把沈厅、张厅挤得满满当当。盏盏灯笼焕彩，把周庄的夜色擦亮。(“擦亮”，好文字！)远道而来的粤调、秦腔，在厅堂茶楼酒肆里与吴侬软语共话家常。(粤调、秦腔加吴侬软语，文化气息氤氲！)

千年的周庄，一直深受作家、画家、摄影师的青睐，有“东方威尼斯”的美誉。周庄的美是古朴厚实的美，是返璞归真的美。(归结性文字，对上文的收束。)周庄丰稔的水乡文化，沉淀在陈逸飞的丹青里，记录在张艺谋的胶片上。(照应前文。)

不走周庄，不知桥多；不到周庄，不知水美；不游周庄，不知人情纯。白居易遗爱在江州，周庄又是谁的遗爱呢？(整饬的句式，优美的文字！)

现在，到了我们该向烟雨江南、碧玉周庄说再见的时候了。

感谢您的观看，我们下期节目再见！(回应开头，使结构完整。)

【综评】

全文结构谨严，条理清晰，由水而桥，由桥及厅，依次展开，首尾呼应，浑然一体。

行文中综合运用了拟人、排比、反问等多种手法，描写生动，文笔灵动。其中融入的张艺谋的电影《摇啊摇，摇到外婆桥》以及陈逸飞的画作《故乡的回忆》等素材，平添了文章的文化底蕴，彰显了考生丰富的知识积累。

佳作3

带你走近平江

在逝去中行走，在未来中坚守。（哲理化的语言，落笔生花。）下午好，欢迎来到《中华地名》，我是主持人优优。今天我们走进平江，听听平江与我的故事。（融入“我”，也是一种写作视角。）

无数次从梦中醒来，眼角含泪，梦见的是阵阵春雷，是柔情的雨帘掩着水乡；是风吹稻田，泛着起伏的绿浪；是云雾缭绕，“翠巘巍峨插碧空，千寻峭壁染丹红”的幕阜丹峰；是“皓魄两轮，一静一动，孰幻孰灭”的碧潭秋月；是甘甜的山泉水，是香喷喷的红薯茴丝饭；是皮影戏里的两个小纸人；是一家人聚在一起看台上的饰角唱花灯的场景。（很多人笔下的排比就满足于三句，作者连写九句，端的不同凡响。而且，在排比中还有引用——明代郭本的《昌江八景·幕阜丹崖》，清代唐是允的《碧潭秋月赋》，让文字多了文化底蕴。）我问奶奶这是哪儿？她说这是平江。

在汨罗江上撑起一只小舟，任其漂在无垠的江面上，而我已深陷其中。（初写汨罗江，画面感很强的文字。）平江城，你是一位翩翩君子，布衣青衫，吟一句“窗前修竹霭如云”，叹一句“巧语春禽只听闻”。（引用宋朝诗人孙正平的《春日岭南》诗句。）俊立于俗世，不骄，不躁；不满，不傲；不趋，不同。（六“不”，都是二字，很吸睛的表达。）

我多想抛下尘世的累，只身穿梭于长寿街头，撑着油纸伞走过雨巷，耳畔是那一句亲切的吆喝“甜酒，小钵儿甜酒”。（浓烈的生活气息。）

时光是停留还是不停留？记忆是长是短？那一束棕榈又圈了几层？平江城正悄无声息地改变。

再次站在汨罗江畔，内心十分沉重。（再写汨罗江。）香辣的长寿酱干不见了，取而代之的是奢华的西餐。昔日生意火爆的百年小店不见了，取而代之的是韵味儿不足的新型连锁店。一幢幢高楼大厦取代了矮小的土屋，一条条柏油马路取代了青石板路，再也见不到水击三千、擂鼓阵阵的龙舟比赛，再也见不到左邻右里齐聚观皮影、赏花灯的场景，再也看不到除夕夜转瞬即逝的烟火。（在对比中行文，写平江城的“变”。）平江城，你变了，你现代化了！

其实，我不需要山珍海味，仙露琼浆，只要舌尖上的火焙鱼还是童年的味道；我不会奢求桂花树上一朵朵金色的珍珠，只要拿上一把小纸扇在树下乘凉。那一声“卖冰糖葫芦哟”似乎再也回不来了。曾经的不在乎，还没懂得珍惜，便已远去。（抒情文字。因前文的继续而有所附丽。）

不必说桃洞朝霞，梧桐暮雨，凫鸟的翅膀轻轻划过秀野春光，泛起层层涟漪；也不必说三峰叠嶂，九曲清流，晨雾下的连云翠碧爬满青藤，生出叠叠光辉；单是奶奶泡的烟茶，都值得细细品味。（经典的“不必说……也不必说……单是……”句式，不说之说，说而精粹。容量很大的文字！）青花瓷碗盖下的茶香偷偷溜出，吮上一口，停不下第二口，汤感细腻，沁人心脾。世间怡然心情，便只在这碗茶里。人们说“清明断雪，谷雨断霜”，谷雨的茶叶生长在万物复苏的时节，我却只感叹在充斥着浮躁气息的现代社会，又有几人懂得珍惜这一口人间美味呢。（围绕茶行文，浓墨重彩，做足文章！）

在消逝的时光里，或许并不是所有东西都已随时间腐化，更多东西在一步步成长，需要我们的呵护，才能开出美丽的花朵。（以诗性加哲性的文字收束全篇，妙！）

谢谢大家！

【综评】

本文采用了“我”的视角，在导游过程中，一次次地融入“我”的见闻，“我”的感受。也许因为熟悉，也许因为走心，所以文章内容丰厚。

对汨罗江的一写再写，对茶的浓墨重彩，连续九句的排比句式，对“不必说……也不必说……单是……”经典句式的运用，如此等等，都让文章充满了个性色彩。一再的古诗文引用，让文章氤氲着文化气息。

典题3 “如何为自己画好像”（2020年高考全国卷Ⅲ）

阅读下面的材料，根据要求写作。

人们用眼睛看他人、看世界，却无法直接看到完整的自己。所以，在人生的旅程中，我们需要寻找各种“镜子”、不断绘制“自画像”来审视自我，尝试回答“我是怎样的人”“我想过怎样的生活”“我能做些什么”“如何生活得更有意义”等重要的问题。

毕业前，学校请你给即将入学的高一新生写一封信，主题是“如何为自己画好像”，与他们分享自己的感悟与思考。

要求：结合材料，选好角度，确定立意，自拟标题；不要套作，不得抄袭；不得泄露个人信息；不少于800字。

【典题解析】

这是真实情境下的单一任务驱动型作文题，规定了情境、主题和文体。

材料的第一句“人们用眼睛看他人、看世界，却无法直接看到完整的自己”是转折复句，告诉我们在他人、世界与自我的关系中，认识他人和世界其实很简单，但认识自我很困难。第二句“所以，在人生的旅程中，我们需要寻找各种‘镜子’、不断绘制‘自画像’来审视自我，尝试回答‘我是怎样的人’‘我想过怎样的生活’‘我能做些什么’‘如何生活得更有意义’等重要的问题”，这句话可以切分为两个层次：第一层次的关键词为“镜子”“自画像”，这是审视自我的手段和方式。第二层次为尝试回答“我是怎样的人”等重要的问题，这是审视自我的内容和结果。其中，前一层次为写作对象，是考生生发议论、辩证分析的出发点，不可忽视。后一层次是自我绘像、自我审视的手段和方式、内容和结果，为考生提供审题立意的切入角度。两个层次都应该在作文过程中得到合理的体现。

写作的主题是“如何为自己画好像”，重点有二：一是“好”，要突出“好”的标准何在，具体内涵是什么，怎样的人生才是好的人生；一是“画”，要突出“画”的过程，突出怎样才能实现自己的人生理想。写作的要求是“与他们分享自己的感悟与思考”，必须体现真切分享、人生指导。最后，要注意采用书信格式写作，要注意身份意识和对象意识。“确立榜样，绘制完美自我画像”“审视自我，行稳致远”“时时照镜，于自省中弥补提升”“为自己画好像，为他人树榜样”“审视自己，反省自己”“你我都是中国图景拼图中的一个单片”等都是切题立意。

佳作 4

青春不惧描绘

（倾向性很明显的文题，好文题！）

亲爱的高一学弟学妹们：

你们好！

青春是一张洁白的画纸，我们每个人都是手握缤纷画笔的画师；青春是一杯香醇的美酒，我们每个人都是一名出色的品酒师；青春是一块神奇的土地，我们每个人都是辛勤耕耘的劳动者。（三个比喻构成连喻，排比句开篇，很有表达效果的句式。）

三年难忘的高中生活，往事历历在目。我不时地反思烛照自己，在我青春的旅程中，留下了令我难忘的不同时期的自画像。（一个身在高考考场的高中生，以过来人的身份，亲切诚恳地与高一的学弟学妹们谈心，自然引入主题。）

自画像之高一：五彩斑斓的“我”

经历了一次惨烈的竞争，我终于战胜了一个个强劲的对手，进入了自己梦寐以求的重点高中。

那时的我，“少年不识愁滋味”，在学习和学科竞赛中，我总是不甘人后；在学校组织的演讲比赛和校园文化艺术节上，也少不了我的身影；在体育课上，在运动会上，也不时闪过我矫健的身姿……（“五彩斑斓”的具体化。）

那时的我，似乎浑身有使不完的劲儿，荷尔蒙分泌旺盛。连班主任老师也说，我就像一匹不羁的野马。（侧写法，让文章更加摇曳多姿。）

自画像之高二：彷徨迷茫的“我”

随着课程的增多和难度的加大，在学习上，我开始慢慢感觉到越来越力不从心。高二的第二学期，我开始面临文理分科的选择。

其实，我原本文理科都还学得不错，是选择文科，还是选择理科，对于我来说，这还真是一个问题。（选择本来就不是简单的事，何况关乎个人未来的走向。真实的心理表达！）我就像当年彷徨迷茫中的哈姆雷特一样，陷入了选择的迷茫和困惑。

自画像之高三：砥砺拼搏的“我”

三年的高中生活，有喜有忧，有笑有泪，有苦有甜，但我还是坚强地挺过来了。尤其是高三期间，中国经历了前所未有的新冠疫情。回首那超长的寒假，回味那不同寻常的网课学习，回望全国人民众志成城共抗疫情的那一幕幕感人肺腑的人和事，我不得不说，我们在身体上和精神上都经历了宝贵的历练和洗礼。（“回首……回味……回望……”用词富于变化，内容也因此而丰厚。）

“精感石没羽，岂云惮险艰。”随着“北斗三号”全球组网卫星“一箭双星”的成功发射，我国北斗卫星导航系统开启了全球组网的新航程。北斗卫星团队的核心人员平均年龄36岁，66%是80后，他们是新一代的“北斗人”，放飞“北斗”，也放飞了他们的青春和激情。（鲜活的现实素材，生动形象地诠释了“奋斗的青春才是我们最好的自画像”的主题。但是，从记叙文写作的常规看，这样的文字有悖记叙文的文体特征。因此，这段文字是本文的瑕疵。）

亲爱的学弟学妹们，只要我们心里有火，眼里有光，做好自己的事，走好自己的路，相信我们每个人都可以奔涌向前，乘风破浪！（“心里有火，眼里有光”“奔涌向前，乘风破浪”，很艺术的表达。作者以学长的身份再次谆谆寄语高一的学弟学妹们，用各种成功的“镜子”和成长的“自画像”，烛造洞察自己，树立成长成功的自信，再次升华了文章的主题。）

你们的学长

2020年7月7日

【综评】

统观全篇，“奋斗的青春才是我们最好的自画像”的主题是鲜明的，也是得到充分表达的。

而且，本文在结构上可圈可点。开篇紧扣主题，文字优美；结尾文字华丽，升华主题。首尾呼应。主体部分采用了经典的“橘瓣组合式”结构，片段式地回顾了“我”三年高中生活的点点滴滴，重温了自己的心路历程，为自己高中生活的不同时期“画像”，展现了自己从幼稚到成熟，从脆弱到坚强，从迷茫到坚定的成长轨迹。内容厚重。

典题 4 一条信息（2020 年高考北京卷）

按要求作答。不少于 700 字。

当今时代，我们每天都会面对各种各样的信息。其中有一条信息，或引发了你的感悟，或影响了你的生活，或令你振奋，或使你愧疚，或让你学会辨别真伪……

请以“一条信息”为题，联系现实生活，展开联想或想象，写一篇记叙文。

要求：思想健康；内容充实，有细节描写；语言流畅，书写清晰。

【典题解析】

本题属于“材料＋命题”式作文。材料导语从时代谈到个体，从多元信息聚焦到一条信息，从信息覆盖关注到信息对个体的影响与真实感受。这就要求考生从自己真实的信息生活中确定主题立意，挖掘写作素材。题目为考生还原了真实的写作情境，旨在引导考生从小切口进入，快速筛选和明辨信息，或许这些信息在别人看来很小甚至毫不重要，但是对考生或写作者至关重要。不难看出，本命题迫切地期待和呼吁考生能够讲述真实生动的中国故事。以下主题都是可取的：一条群发的抗疫消息饱含深切的爱；一条信息打脸特朗普；一条信息把世界连为一体；父亲节的温暖问候；等等。

特别注意，文章是与“一条信息”有关的故事，只能写“一条”信息！

佳作 5

一条信息

古老安宁的村落，世外桃源之境，自古以来安居乐业，世代皆然。（常态的生活。）突逢一场大乱，犹如一场噩梦浩劫，在经历了漫长的时间和无数撕心裂肺的生离死别后，终于趋于稳定。（剧变，而后复归常态。）

可就在这时，整个村子里的人们都看不见了。（剧变的后遗症。为下文故事情节的展开张本。）

大家不得已在眼睛上蒙上布条，以示意外来游客他们的不便之处，除此之外，他们的生活似乎没有发生任何变化，仍是一派安宁祥和，仍是男耕女织的秩序井然。（似乎一切如常，其实暗流涌动。）可长此以往，人们都忘了他们曾经看见过那世俗之外的山清水秀和阡陌交通是何颜色，忘了家中邻里那一张张质朴灿烂的笑靥是何模样。

不知从何时起，村里开始发生一些盗窃事件。一开始只是小小的偷窃，可能是一只成色尚佳的玉镯，可能是一把新制精良的镰刀。渐渐地，失窃物越来越贵重，直到有一天晚上，出了人命。（问题接踵而至，而且愈演愈烈。）

不得已，村里召开紧急商讨会议，大家摸摸索索地来到村长家坐定，村长率先发言："如今村里竟出现了这样严重的事件，我们绝不能听之任之。"全村唯一外来的游客接上："我去看了案发现场，血流满地，打斗痕迹十分明显。"

两个目力不济的人是如何能如此激烈打斗的呢？（伏笔。）村民们陷入了沉思——那名外地游客是村里唯一看得见的人，是唯一可以灵活行动来去自如的人。

漫长的沉默之后，他们做出了一个决定：把外地人赶出去。

生活似乎顺理成章地恢复了正常，可万万没想到这只是一个开始，就在人们打算重新放下对他人的防备时，犯罪行为愈演愈烈，最后凶手甚至在人群齐聚时当众行凶。明知凶手定在现场，可双目失明的村民们仍然无法分辨，更无法指认凶手。有时是一天几起命案，有时是几天一起，没有人知道凶手选择杀害的下一个人是谁，也没有人知道杀人的时间规律是什么。（事态在恶化。）虽然大家并没有互相表明怀疑，但他们没日没夜关起了各家的大门，窗户钉了一层又一层。那曾经的世外桃源仿佛从未存在过，阡陌田间再也没有了辛勤耕耘的男女老少，山间水边再也没有了纵歌欢笑的天籁之音。（平和的生活状态被打破。世外桃源不再！）

人们不再相互问候，所有的人都欲言又止，他们仿佛在害怕什么，又或者并不是在害怕什么，只是单纯地害怕着。（连用三个"害怕"，很有味道的文字！）

一夜狂风暴雨之后，忧心忡忡的村长第二天起床时，由于心不在焉而忘记了蒙好布条，他突然愣住了。

他发现自己恢复视力了。（平地起波澜！）

而床前的地板上留着一条信息：

"不要告诉任何人你能看见。"（结尾点题"一条信息"，而这条信息的内容，似乎解开了前文的一个又一个谜团。颇有"欧·亨利式结尾"的况味！）

【综评】

这是一个很别致的故事，因而也是一个很好看的故事。

我们都知道"文似看山不喜平"的道理，本文就是一个成功的演绎。一个世外桃源般的村落，经过了一场剧变，最后以全村人失明的代价重归安宁。随后是接二连三地出问题，而且问题越来越严重，甚至出了人命，命案还一起接着一起。大家都不明白问题的症结所在。最终，村长突然发现自己恢复视力了。于是一切问题似乎都找到了答案。

足见，作者是一个讲故事的高手。

典题5 “中国面孔”（2020年高考天津卷）

阅读下面的材料，根据要求写作。

“中国面孔”是全球热播纪录片里充满家国情怀的杜甫，是用中医药造福人类荣获诺贝尔奖的屠呦呦，是医务工作者厚重防护服下疲惫的笑脸，是快递小哥在寂静街巷里传送温暖的双手……也是用各种方式共同形塑“中国面孔”的你和我。

走过2020年的春天，你对“中国面孔”又有什么新的思考和感悟？请写一篇文章。

要求：① 自选角度，自拟标题；② 文体不限（诗歌除外），文体特征明显；③ 不少于800字；④ 不得抄袭，不得套作。

【典题解析】

本题是在时代情境下进行命题的材料作文题，我们可以从“中国符号”“时代”“民族精神”等角度切入。导语中凸显的“走过2020年的春天”提示考生，要写好此类作文，一是需要聚焦中国抗疫精神，探究个人与社会、与国家、与世界的关系，从而进一步关注个人责任、文化认知、国家治理、人类命运共同体等问题；二是解读材料时，需要明确写作要求是要结合时代情境，贴近生活，深入思考，准确把握材料的主旨，在命题所设置的“新的思考和感悟”这一暗示上，探究2020年的春天涌现出的“面孔”在外在和内在、物质和精神或功能和象征等层面与旧面孔的不同之处，从而写出自己“新”的思考与感悟，同时要展示出人文底蕴、民族复兴和责任担当等意识。以下立意都是切题的：你逆行的身影便是“中国面孔”；万众一心，众志成城；时代青年，中国名片；逆行中的英雄，微光中的天使……

佳作6

可敬的陈教授

我家所在的公寓一楼住着退休的陈教授，邻居们格外敬重他。（开篇简要交代了主人公的年龄、身份，为下文与喝茶、书法相关的情节做铺垫。“格外敬重”，有设置悬念的作用。）

一位友邻曾告诉我，在陈教授眼中，一切事物都有生命，都不能随意对待。（这正是陈教授与众不同的地方。）哪怕一本小书，一件旧衣，他都心怀尊重，厚待它们。像是为了证明自己所言非虚，友邻向我讲述了他亲历的一件往事。

陈教授爱喝茶。有一次，这位友邻与他一起喝茶，加茶过程中，友邻好几次随意地将茶壶嘴背对着茶杯放置，陈教授都默默地将茶壶嘴的方向转过来，让它们面对着。友邻纳闷地询问，陈教授笑着解释说：“茶壶、茶杯也有生命，让它们背对着，显得它们彼此之间有些冷漠，把它们正过来，就像两人微笑着交流，多融洽。”（由转动茶壶嘴方向的典型细节，通过友邻与陈教授的对比，写出了茶壶、茶杯等物品在他眼中都是有生命的。）

一个夏日黄昏，我匆匆赶回家做饭。路过楼下，我看见陈教授一人坐在庭院的茶桌边。桌上放着两个茶杯，他正微笑着，仰头望向大树高处的某个点。我顺着他的目光看向那棵高大的香樟树，一只乌鸫鸟正停在一根细枝上，对着庭院里看。他伸出右手指指对面的茶杯，向着乌鸫的方向做了一个“请”的手势，然后轻轻端起面前的那杯茶，慢慢啜饮。那乌鸫像是会了意，竟发出了一声音量不大的拉长了的“biu——”。我站在院外，静静看着他请鸟喝茶，看着鸟儿与他回应。他的闲情、雅趣，使我不由得放松下来，放慢脚步，心灵变得轻盈。（写陈教授请鸟喝茶的雅趣，表现他对小动物有发自内心的敬意。他的慢与“我”的匆忙形成对比，写出他对身边人的影响。）

陈教授是上海市书法家协会会员。新年来临之际，不少邻居都请他写春联。今年元旦以前，我也带着孩子登门拜访，请他赐一副春联作品。他热情地带我们参观他的书法练习室，并告诉我们，他写春联两三个小时里，全神贯注，只能写好一副。（有别于很多的书法家出手“快捷”，陈教授即使是写一副春联也要花上两三个小时。这，为下文的赠送春联的情节张本。）他先反复练习春联上的某个字，练到完全满意才开始正式开写。有时一副春联上某个字或笔画没写好，就整副舍弃，重新再写。他说唯其如此，才无愧于这些字。（“无愧于”，写出了他把汉字当作鲜活的生命看待。）

他写书法作品时精益求精，过程极其不易。得到他的作品的邻居无不珍爱、赞叹它们。他帮大家写春联，却分文不收。他还常将作品送给陌生人。他每次出门都随身带几幅书法作品，因为年纪大，他在外面常得到陌生人的关心帮助，接受别人的友善和关爱时，他常会微笑着送上一幅精心写就的作品。有邻居劝他，老人在社会上受照顾是应该的，不需要把自己精心写的作品这样轻易地送人。他说：“年轻人照顾老人当然是好的社会风气。从年龄上讲，我和年轻人是有分别。但从生命的意义上看，我们是一样的。年轻人对我好，我用自己的方式向他们致谢，这让我很快乐。”（他写书法作品的不易与送出作品的慷慨，都是源于对生命的理解。）

这就是陈教授，在上海这样一个快节奏的城市，在忙碌奔波的人群中，他能慢下来静下来，保持内心的节拍，听从心灵的召唤。生命的真谛，实在可敬。（结尾点题，呼应首段，升华中心，收束全篇。）

【综评】

读完全文，陈教授的形象在读者面前鲜活起来。他如题目所示那样“可敬”，如文章内容所描写的那样与众不同：他尊重每一个生命：一本小书，一件旧衣，茶壶、茶杯，一只乌鸫鸟，每一个字，每一个人——包括近邻与陌生人……这是很有个性的“中国面孔”。

典题 6 “你未来的样子”（2020 年高考江苏卷）

根据以下材料，选取角度，自拟题目，写一篇不少于800字的文章；除诗歌外，文体自选。

同声相应，同气相求。人们总是关注自己喜爱的人和事，久而久之，就会被同类信息所环绕、所塑造。智能互联网时代，这种环绕更加紧密，这种塑造更加可感。你未来的样子，也许就开始于当下一次从心所欲的浏览，一串惺惺相惜的点赞，一回情不自禁的分享，一场突如其来的感动。

【典题解析】

这是典型的材料作文题。“同声相应，同气相求”，语出《易·乾》：“同声相应，同气相求。水流湿，火就燥。”是指同样的声音能产生共鸣，同样的气味会相互融合，即同类的事物相互感应。指志趣、意见相同的人互相响应，自然地结合在一起。这是自然规律，也是人事活动的常态。这就是很有文化的表现！“人们总是关注自己喜爱的人和事，久而久之，就会被同类信息所环绕、所塑造。”对这句话应该辩证地解读：“关注自己喜爱的人和事”是正常的，但是它带来的“被同类信息所环绕、所塑造”未必就是正向的，你可能因为热爱产生了动力，引发了创造，做出了贡献，也可能因为偏狭局限了视野，遮蔽了认知，影响了成就。“智能互联网时代，这种环绕更加紧密，这种塑造更加可感。”这句话是说前面概括的情形由来已久，于今为甚。“你未来的样子……”这句话表面上说的是网络世界的交流对人的影响，实际上是说“未来”与“当下”或“过去”（也就是相对于“未来”的“历史”）之间的因果关系。世界是普遍联系的，一切皆有因果。因此，我们要重视过程。当你重视了过程，结果就是水到渠成的事情。既然过程如此重要，那么我们就要设计过程、掌控过程、优化过程。

综而言之，这道题是说当下通向未来、决定未来。因而人们应该超越“同声相应，同气相求”的局限，跳出“关注自己喜爱的人和事”的框架，设计、把控好人生的每一步，以美好的过程赢得美好的未来。

你可以写记叙类的文章，来传达这个主题；也可以写议论类文章，来阐释这个观点；当然，还可以用小小说、抒情散文、书信等文体来承载这个中心。

佳作7

向左走？向右走？

（设问式文题，引发读者的阅读期待。好！）

汪左、汪中、汪右是结拜的三兄弟。之所以结拜，除了年龄相近，住所相邻，更主要的是性情相投。（交代结拜缘由，为后文的展开张本。）所谓“同声相应，同气相求”嘛。（既是从传统文化的角度为“性情相投”溯源，又艺术地扣了材料。）

然而，人是会变的！（一个“然而”，激发了读者的阅读欲望。）

特别是五十开外的时候。

爱上运动的汪左

翻看手机时，一篇《运动的好处有哪些？》的网络推文引起了普通工薪阶层汪左的注意：“运动的好处很多，可以促进血液循环、增强体质、加快新陈代谢……”正感到浑身不得劲的汪左决定从简单易行的跑步做起。

“工欲善其事，必先利其器。”先买上一双合脚的运动鞋吧。在购物网站转了又转之后，他选了一双运动鞋。随后，他每天打开购物网站时，出现在前列的都是各式运动鞋，紧挨着鞋子的是家用运动器械：跑步机，充气立式拳击柱不倒翁，飞镖盘，健腹轮……配图精美，还有各种优惠。于是买买买……（是对材料里“人们总是关注自己喜爱的人和事，久而久之，就会被同类信息所环绕、所塑造。智能互联网时代，这种环绕更加紧密，这种塑造更加可感”的生动演绎。）

网络关于运动的推文看了一篇又一篇，他对“适度运动”的建议有了排斥感。

鞋子换了一双又一双，晨跑，夜跑；晴天跑，雨天跑；独自跑，结伴跑……（有走火入魔的感觉了。）汪右劝他悠着点儿，他根本听不入耳。

又突然不跑了！因为膝关节出了问题。（“塑造”出了“未来的样子”。）

一心向佛的汪右

汪右是大学教授，研究佛学的，在国内的专业领域里是很有些话语权的。担任各种学会的领导职务就不说了，太多，而且说起来显得俗，和向佛的他也不相称。但是，近期一家出版社拟推出36卷的“佛学研究丛书”，汪右成为主编的不二之选，这很能说明问题。（多维度地表达了汪右的专业地位。）

看汪右的外形，方面大耳的，满面含笑——其实他未必就在笑着，下巴颏一轮一轮的，很有层次感，较尖嘴猴腮的外形更有佛相。（形象生动的细节描写。）

也许是修行到了一定的境界，也许是刻意打造自身的形象，总而言之，汪右爱上了打坐，经常一坐几个小时；（汪右爱静，汪左喜动。一静一动，相映成趣。）爱上了素食，连“肉边菜”都不举箸。

汪左劝他多运动，饮食上注意营养丰富些，他根本听不入耳。

前不久，汪右突然生了一场病。所谓“病来如山倒，病去如抽丝”，很长时间了，他还没能缓过神来。（也“塑造”出了“未来的样子”。）

有滋有味的汪中

按照地方政策，担任单位领导多年的汪中退了二线，时间上相对自由了。

所以，他今天陪汪左跑跑步，明天和汪右打打坐，后天跟钓友钓钓鱼，社区的读书会他参加，非遗办的活动比如制作、放飞风筝他也参加，旅行社的“X日游”他也跟团……（丰富多彩的生活状态。）因为“喜爱的人和事”很多很多，甚至颇有些来者不拒的况味，因而小日子过得有滋有味的，让临近二线的同事眼热，也让汪左、汪右自叹不如。（让很多人眼热心慕的状态。）

台湾画家几米有个很出名的绘本《向左走·向右走》，书名形象地表达了人生的困境。（在勾画了结拜三兄弟的生存状态后，借绘本《向左走·向右走》引发读者思考：到底怎样的生存状态才是理想的呢？）

汪左？汪右？还是汪中呢？（意味深长的结尾。）

【综评】

这是一篇颇为出彩的小小说。

因为它人物形象生动。爱动的普通工薪阶层汪左、喜静的大学知名教授汪右、活跃的单位二线领导汪中，一个个都形神兼备，栩栩如生，彼此形成比照，让人掩卷难忘。

因为它主题契合材料。对三个人物形象的演绎，是对材料中“人们总是关注自己喜爱的人和事，久而久之，就会被同类信息所环绕、所塑造。智能互联网时代，这种环绕更加紧密，这种塑造更加可感”的艺术表达。确实，这也直接指向了一个人“未来的样子”。

因为它语言简洁有味。有道是“简洁是天才的姐妹”，言简义丰更是一种境界。淡淡的几笔勾勒，几个人物形象便呼之欲出，这并非一日之功。不多的细节描写，是记叙类文本的必需，不仅表现力强，而且耐人寻味。

佳作 8

财富密码

（很吸睛的标题！）

大学毕业后，我成了一个 996 的社畜。（又是“996”，又是“社畜”，很时尚的词语。）

上课学习造航母，实际工作拧螺丝。经受了一番社会的锤打，总算是明白 985 也没什么了不起，最羡慕的人变成了邻居家的小妹妹——早早出来混社会，现在成了个不大不小的网红，哦不，KOL（Key Opinion Leader，意见领袖），拍拍照片开开直播，月入百万。（反差法！但是就是活生生的现实。）

这天我加完班，回家必经的一条逼仄小巷的幽暗路灯下，有一个行迹与众不同、不辨雌雄的可疑人物。（文字虽简洁，信息量却大。）我加快脚步想赶紧走远，却被他喊住。

“年轻人，你是不是很想发财？”

我不由驻足：“你是谁？”

“我会传授你一个简单的财富密码，所以你可以称我为，大师。”

我暗自警惕，这莫非是江湖上失传已久的……传销？

而我也真的很好奇发财的秘诀，忍不住问个究竟：“大师，财富密码是什么？”

“大师我看你印堂发亮，骨骼清奇，就很适合当个意见领袖。”（转折。引出下文！）

“可我相貌平平，令人刷到下一秒就换台；肚里又无两三点墨水，无法输出领袖性意见，拿什么来吸引人呢？”

“别急，大师我一点拨，你就会了。首先，你要会蹭热点。信息爆炸的时代，没人有精力从零开始、一五一十地了解什么事情的全貌，所以，从人尽皆知的热点话题入手是最快捷的。你随便找个例子，最近什么事件比较热门？”（再转。让情节自然地推进。）

我思索片刻：“苟晶高考被顶替、事后又反转的事件，算个热门。”

大师首肯：“不错，那你对这件事是怎么看的？”

“苟晶的班主任盗用他人成绩谋私利固然不对，但苟晶撒谎利用网友同情心，这行为也很不道德。”

“不对！不对！”大师摇头，“让我来告诉你这个简单的财富密码。那就是，看待问题，一定要片面！”（剑走偏锋的路数。不无道理！其实就是西方哲学里的“片面的深刻”！）

我愣住：从小被教育要辩证地看问题，坚定信仰的也是辩证唯物主义，为什么要做意见领袖，却得片面呢？（疑惑，让故事更加有看头！）

“人本能地会被那些自己喜欢的观点吸引，而越是给这些言论点赞、越是关注输出这些观点的意见领袖，大数据的算法就越是会把相似的言论推送到人眼前，于是人也就越发偏执地觉得只有这样的想法才是对的。这就叫作，抱团取暖。”（这是紧扣材料的笔墨。）

我不住点头，连连称是。

大师继续说：“这个时代，只有片面的意见才能喊得响亮。以苟晶事件为例，若想成为意见领袖，你得先注册两个账号，然后把观点一分为二，每个账号说一半——一个号说‘盗用高考成绩等同盗窃他人人生，班主任怎样偿还都已无济于事’，另一个号说‘谎话连篇消遣群众，这样的苟晶根本不值得同情’。自己扇自己的脸，便可一个热点，收割两拨热度。待言论发酵还可引流两拨人打嘴仗，这热度就无法估量了。”（对热热闹闹的网络的高度概括，足见作者视野宏阔，语言概括力强。）

我赞叹：“高，实在是高！”

大师满意地点头：“别的我也没什么可教你的了。”（“蹭热点”：“一招鲜，吃遍天！”）

说完他裹紧衣襟，深藏功与名，消失在夜色里。（夜幕下的故事，氤氲着一股鬼魅的气息。）

【综评】

这是一个好看的故事！

其间有活生生的社会现实：直播网红，疑似传销，苟晶事件，网络意见领袖……因而有着浓烈的生活气息。

文章的语言堪称圆熟，叙事清晰、流畅，议论精辟、独到。

典题 7 “水与盐的哲学”（2019 年高考江苏卷）

根据以下材料，选取角度，自拟题目，写一篇不少于800字的文章；除诗歌外，文体自选。

物各有性，水至淡，盐得味。水加水还是水，盐加盐还是盐。酸甜苦辣咸，五味调和，共存相生，百味纷呈。物如此，事犹是，人亦然。

【典题解析】

命题所提供材料就四句话，却从三个层面展开。第一句话选取生活中最常见的两种事物，“至淡”之水和“得味”之盐，说水和盐的个性不一样，旨在强调“物各有性”的常识。中间两句话将水、盐的同物简单叠加和异物的“五味”之间“调和”而“共存相生”以至“百味纷呈”的两种生活现象进行比照，意在提示材料的核心内涵：既肯定“物各有性”，更强调事物之间的“共存相生”，从而臻于儒家所倡导的“和而不同”的境界。最后一句话由“物”及“事”再及“人”，强调了前面所说的道理既是客观事物发展的基本规律，也是人类社会普遍适用的原则，从而在选材广度和立意方向上为考生拓展了思维空间，提示考生下笔时可以体物，可以叙事，可以写人；当然也可以把人、事、物融合到一起写。

综观材料，“共存相生”当是材料核心，而由此衍生出的“和而不同”也可作为立意点。“共存相生”是事物存在的基本常识，是为人处世的智慧之举，是文明、文化得以赓续的精神之基，更是人类社会交流互鉴的融合之道。“和而不同”追求的终极价值是美美与共，互利共赢。考生不妨联系费孝通先生论述处理不同文化关系的十六字箴言“各美其美，美人之美，美美与共，天下大同”展开，也可以从强化“人类命运共同体”意识、建设“人类命运共同体”生发，再现“多元并举、和而不同”的人际交往愿景，探讨“兼容并包、创新发展”的社会伦理底线，在交流中求同存异，在共建中创新共赢。

佳作 9

老杨小胡面店

（相比较很多不知所云的玩深沉的店名，这个店名朴实，然而传神！）

清晨，老杨面店刚开门，（现在还只是“老杨面店”，为故事的展开张本。）一阵清香便从店里传了出来，这是胡“师傅”又在“训练”了。（胡“师傅”就在这家店里。）

胡“师傅”自然姓胡，“师傅”之称却透着客气：一个连油盐酱醋都调不好味的人，怎么能称得上“师傅”。大概是他这未来接班人的地位谁也动摇不了，故也勉强算得上“师傅”。(“师傅”，一个俗滥的称呼，却让作者做出了文章。看来，作者是深谙曹文轩教授的“折腾”之道的。)

今天来吃面的客人挺多。“快快快！”老杨忙得四脚朝天，小胡便在一旁给他打下手。(“忙得四脚朝天”，乖乖隆地咚！)

“喂喂，油多了！”“这汤咸死了，你放了多少盐！”老杨的责怪声响彻厨房，小胡也只得在一旁任凭老杨数落。(抑扬法的运用。此处是“抑”。)有老杨这个“老面匠”在，生意虽然不成问题，但徒弟终究成不了气候。老杨有些着急。这天顾客不如往常那么多。烧好了水，洗好了锅，老杨正准备给徒弟“上上课”，却瞥见小胡在一旁剪起了纸。(伏笔。高手笔法！)老杨窝着一肚子火：“干吗呢！还不快来擀面，你这个样子边都没摸到！”(生活化的语言，地道！)小胡颇有些郁闷，对着老杨撇撇嘴，似乎想说什么，但终究咽了下去。(笔法细腻。)

然而，没来由地，店里的顾客渐渐不如以前多了。老杨疑心是徒弟的表现坏了大事。他拉住客人，问：“面不好吃吗?”“没有，但吃起来总觉得怪怪的，有点不舒服。”客人回答道。“哪里不舒服?”老杨丈二和尚摸不着头脑。小胡在一旁偷笑：“这条街改造了，最近焕然一新，只有我们店铺还是老样子。屋子漆成灰色，桌椅又那么挤，这么压抑，肯定不舒服呀！多增点色彩就行了。”他一边说，一边把自己的剪纸花贴在墙上，“还有厨房的窗户，正对着桌椅，烟气都冲到脸上来了，客人不呛才怪。”老杨看着小胡手里精巧的手工，再看看厨房的调料罐和大锅，若有所思：“行！就按你说的办吧。”(小胡不糊涂，有思考，更有行动。因此，面店面貌大为改观。)

朴素的老面，配上了青花瓷的碗，素净又优雅；店里的桌子减了三四张，为的是不拥挤又便于清扫；厨房换上了整面的玻璃墙，食客可以看到食材和做工。真别说，这屋子经小胡一改造，立马有模有样了。这还不够，这天早上，老杨和面的时候冷不丁发现旁边多了一台摄像机，小胡说要把视频发到网上去。(改造举措连连，看得出是经过深思熟虑的。)没过多久，老杨发现来店里的小年轻多了，他们说是来“打卡”网红店的，吃完都说这小店其貌不扬却不负盛名。(“不扬”而能“不负”，尤为不易！其间，小胡功不可没。这，也是为下文的情节发展张本。)

老杨对小胡简直是佩服得不行。这天，他对小胡说：“我原以为面只要做得好吃，客人就会喜欢。我还以为你小子整天不务正业。看来，我这个老脑筋急性子的老杨需要你来调和调和了。”(点题。)

“我也得你这个高标准严要求的师傅来改造改造呀！”小胡摸摸头，也笑了。(再度点题。)

“从今天起，这是一家全新的店铺了：老杨小胡面店。”（回应文题。）老杨捋了捋胡子，“得了！赶紧再烧盆水去！”（有形有声，收束精彩！）

【综评】

这是一篇小小说，构思精巧，主题深邃。作者从一家面店入手，写认识的调和、为人处世的调和、不同性格的调和，以小见大，颇有意趣。此外，对于一家面馆来说，面的质量与餐具、环境和空间等也都有调和的问题，文章处处扣题，可见考生对材料吃得透、想得深。原本“各有性”的老杨和小胡不仅“共存”下来了，还在“调和”的基础上生成了“老杨小胡面店”这个新事物，和谐之美浸润在字里行间。

佳作 10

琴瑟和谐

（是内容的概括，也是主题的揭示。）

这是一个单门独院，三层小楼，近四百个平方，是的，也就是人们说起来都艳羡不已的别墅。

与你习见的别墅不同的是，它的院子挺大。大到什么程度呢？（设问，有强调的效用。）这么说吧，东西走向近十四米，屋子的南墙到院外的栅栏有六米。（场景式叙事法，很有现场感的表达。）是不是挺大的？

这样的院子如果在上海的闹市区，那得是什么身价？就是放在普通的城市，也是不菲的资产。可惜的是，它在乡下，而且距离最近的城镇还有半个小时的车程，汽车哦！（强调地处偏僻。）

其实也没有什么可惜的，因为这是别墅的主人的选择，而且无悔。（先说“可惜”，再说“没有什么可惜的”，强调是“主人的选择”。）

看，男主人正眯着眼睛，拿着手机，对着院子里的一簇花呢，拍照？不是。你走近了看！他是用支付宝的“扫一扫”功能里的“AR黑科技”在辨识那簇花呢。（“AR黑科技”让内容丰厚。）

主人是一对年近耄耋的夫妇，古悦是男主人的姓名，女主人姓安名静。两口子看起来琴瑟和谐。（点题。）

说琴瑟和谐，那是他们现在的生活状态，三十年前的他们可是针尖对麦芒的。（横生枝节，这是讲故事的技巧。）

那时，他们年近半百，女儿在上海读书，然后安身。习惯围着女儿转的安静有了太多的闲暇，对花花草草有了浓厚的兴趣，对瓜瓜果果有了浓厚的兴趣，对养猪养羊有了浓厚的兴趣……（一组排比句，加强了语言的表现力。）因为她是城里人，这些对曾经生存空间逼仄的她有着新鲜感，有着魅惑，有着魔力。（还是排比。）

大不相同的是，古悦家在农村，通过高考才跳了龙门，还考了不止一年。花草也罢，瓜果也罢，猪羊也罢，在他眼里都是寻常东西。而且，为了扯猪草羊草，他牺牲过太多的读书做作业的时光。说得直接一些，对于这些牵扯很多精力的农作，他和妻子的感受是不同的，不是一般的不同，而是迥异。（现实的矛盾。）

然而，拗不过安静的执着，还有母女同心的压力，古悦只好陪着她在城周围的村落里到处转，只为寻找屋外可支配空地多的房子。

功夫不负有心人！这个单门独院取代了他们在城里的一套别墅，成为他们的新居。

古悦的别扭是难免的，种种不如意，种种不配合，种种冷面孔，种种埋怨语。

安静的大度是惊人的，百般迁就，百般容忍，百般纵容，百般好言好语。

慢慢地，应时的葡萄、柿子、大枣、丝瓜、茄子、生菜……为老两口的生活带来了很多的乐趣。（矛盾出现了转机。）

镇院之宝——有着二十多年树龄的黄杨树——是古悦淘回来的，每年春暖花开的时节，为保持层层叠叠的树冠的造型，手工掐除新爆出的嫩芽的活儿是古悦承包的，而且干得欢天喜地。丹桂飘香的时候，古悦常常望着蓊蓊郁郁的桂花树发呆。月季绽放的时候，古悦与成群的红的、黄的、紫的月季“相看两不厌”。（男主人公转变了。人物性格因为转变而丰富，因而成为福斯特《小说面面观》中的所谓“圆形人物”。）

瞧，老两口又漫步在小院内的花径了，而且手牵着手。（卒章显志。）

【综评】

试水江苏高考的作文，于时师，已经有了7年的历史，共写了15篇，表达了时师对高考作文的理解和追求。

这篇下水作文，时师有如下一些考虑：

基于记叙类作文辨识度比较高的事实，我致力于讲一个故事，而且是艺术地讲故事。于是在时间的处理上来了一次穿越，30年的跨度，通过强烈的对比，说明迥异的个性也可以用爱调和，让“琴瑟和谐”的主题得以凸显。

而且，在“源于生活，高于生活”的写作理念的指导下，选材脱胎于我们实有的生活经历，又在某些地方做了虚化的处理，在虚实相生中展开故事，从而塑造人物形象。

又受莫言、毕飞宇、庞余亮等名家写作的启发，在作品中反复写一个地方一些人事，所以，为本文的主人公冠名古悦和安静。关注时师的下水作文的读者就明白，这对夫妇在我的2017年下水作文《私家车咏叹调》（2017年6月8日发表于《扬子晚报》）中出现过。

在语言的运用上，时师也有一些追求，比如场景式叙事——“大到什么程度呢？这么说吧，东西走向近十四米，屋子的南墙到院外的栅栏有六米。是不是挺大的？”“瞧，老两口又漫步在小院内的花径了，而且手牵着手。”比如强化型表述——“说得直接一些，对于这些牵扯很多精力的农作，他和妻子的感受是不同的，不是一般的不同，而是迥异。”“百般迁就，百般容忍，百般纵容，百般好言好语。”这样的文字有些“异样”，却很能引发读者的愉悦，包括阅卷老师这样特殊的读者。

典题8 2019的色彩（2019年高考北京卷）

阅读下面的材料，根据要求写一篇不少于700字的作文。

色彩，指颜色；不同的色彩常被赋予不同的意义。2019年，我们隆重纪念五四运动100周年，欢庆共和国70华诞。作为在这个特殊年份参加高考的学生，你会赋予2019年哪一种色彩，来形象地表达你的感受和认识？

请以“2019的色彩”为题，写一篇记叙文。

要求：思想健康，内容充实，感情真挚，运用记叙、描写和抒情等多种表达方式。

【典题解析】

这是一道任务驱动型材料作文题，而且是多重任务叠加的。“2019的色彩”引导考生在时代发展的宏大背景下，将个人的成长置于国家发展的历史进程中，激发考生的时代责任感和使命感。

审题写作时，一定要准确全面理解和把握所给材料的内容，找准自己能说得清楚的颜色及意义，有机联系2019这一年份的特殊性，准确体现写作要求，并以记叙文形象地表达出自己的感受和认识。从红色谈热烈与激情，从蓝色谈对自由的追求和向往，从黑色谈革命过程中的牺牲和奉献，从黄色谈收获与辉煌，从绿色谈繁荣和希望……都是切题立意。

注意：选定色彩与所赋予的意义之间要契合，传统文化、审美积淀下来的东西要尊重；不能只谈色彩与意义，不谈2019年的特殊性。

佳作11

2019的色彩

岁月不居，时节如流。万物在这一年里仿佛格外地蓬勃向上，一切事物都染上了美丽的颜色。（短语“这一年里”显示了作者的扣题意识。）那么。2019，是什么色彩的呢？这天晚上，月明星稀，我们一家三口在阳台上乘凉，我又提出了这个问题。（“对于我家来说”，大题小做，这是一种写作智慧。）

“2019，是红色的。”爸爸第一个回答说。作为红军后代的爸爸最喜欢给我们讲政治，讲爷爷生前的故事。（一个红军的孙辈才参加高考，这个细节似乎不符合生活的真实。差辈了！）爸爸说，爷爷生前最喜欢的名言，就是林则徐的“苟利国家生死以，岂因祸福避趋之”。从爸爸那里，我很小就知道了五星红旗何以是红色的。爸爸平日不看电视剧，可《人民的名义》开播后，他就成为“电视控”。（从改变中，看出“爸爸”对红色的情有独钟。）他说，他也是追星族了，他最喜欢剧中那位坚守党性的老党员陈岩石。爸爸说，2019的色彩，一定是红色。这一年，世界上每一个人都会看到，五星红旗飘在世界各地，“中国红”传遍大江南北！

“2019，是绿色的。”妈妈抢过爸爸的话茬说。妈妈自幼身体不好，爱咳嗽，平常出门最怕空气质量不好，早些年医院的门没少进，买药的钱没少花，可是依旧不见病症减轻。近年来，妈妈就像换了一个人似的，出门再也不是全副武装、裹缠得就像阿拉伯妇女般了。（用“妈妈”出门时装束的改变，反映生活环境的巨变，巧妙！）她说，这都要感谢党中央的英明决策。妈妈能将习总书记的话语背得滚瓜烂熟，开口闭口总是“我们既要绿水青山，也要金山银山。宁要绿水青山，不要金山银山，而且绿水青山就是金山银山”。（引述大家耳熟能详的标语，昭示环保理念的深入人心。好！）妈妈说，2019的色彩，无疑是绿色，这一年，即便是北京，天空也不只是在举办奥运会时才有短暂的几天“奥运蓝”，而是每一天都有蓝天白云。全世界都会让地球变成一个绿球，因为这才符合绿色发展观。

“孩子，你说2019，是什么颜色的呢？”爸爸听完妈妈的话，将头转向了我。妈妈听了，也同时将目光望向了我。（悬念陡起！文章因而更有看头。）这我可不傻，作为爸妈的乖女儿，我怎么会偏向其中任何一个呢？于是，我就笑而不言啦，我说：“现在要保密，等我考上了理想的大学，你们就知道答案了。”（智慧地化解矛盾，留下悬念。高！）

朋友们，你们想知道我心中的2019的色彩吗？这不，我正坐在高考考场上，为自己的未来准备画笔呢。到了发榜的那一天，我一定会告诉所有人我心中的2019的色彩。（时刻不忘扣题。很好！）到那时，你们千万别忘了，也给我分享一下你们心中的2019的色彩哟，其实咱们每一个中国人心中都有属于自己的2019的色彩。（由小及大，推“我家”到“每一个中国人”，增强了文章的普适性。非常高明的收束！）

【综评】

这是一篇考场记叙文佳作，选材富有时代色彩，行文充分施展了闪转腾挪、欲擒故纵等技巧而使得文章妙趣横生。作者记叙了全家人乘凉时探讨“2019究竟是什么色彩”话题的情形，作者并不满足于记录每一个人的回答，而是通过必要的补叙，让读者了解每一个人回答的背景，这样便更能认可当事者的回答。作者的更为高明之处，是将自己的答案作为秘密，秘而不宣，从而巧妙设置了悬念，使得文章陡增情趣。文中一些细节的诙谐描述，也使得文章颇具看点。

佳作 12

2019的色彩

“哥哥，哥哥，快起床！你说好的，今天带我去逛庙会。”（开门见山。写作记叙文的开头招数之一。）揉着惺忪的睡眼，我睁眼就看到了枕头边的红包，马上记起来，那是昨夜看春晚时爸爸给的。（“红包”并非刻意，但是是贯穿全篇的“红”的第一“红”。）今年的红包比以往任何一年的红包都要大，（说到“今年”，这是作者点题意识的体现。）据爸爸说，他们单位的业绩一片红，（“业绩一片红”，“业绩”的表述可以多样，偏偏用“红”，看出作者的用心了。第二“红”！）老板一高兴，便将按往年惯例（“往年惯例”是一个不规范的表达，系隐性重复！“惯例”自然是以前的，包括“往年”。类似的常见病例还有“提前预定”“悬殊很大”“凯旋归来”等等。这在写作中要注意避免！）要等年后才发的年终奖提前发放了。

看着妹妹红扑扑的面孔，我赶忙穿好了衣服。（“红扑扑的面孔”，第三“红”！）吃完了早餐，我便带着妹妹出发啦。（简略的交代。可写，其实也可以不写！）

今天我要带妹妹去的是老北京春节期间最为热闹的庙会——厂甸庙会。爷爷曾告诉我，从正月初一开始，老北京们总是要去那里走走转转，看能否买到自己称心如意的东西或吃上想念许久的美食。厂甸庙会北起和平门，南至梁家园，西到南北柳巷，东至延寿寺街，以琉璃厂和新华街为中心地带。（这里的插叙，是对文章内容的充实，也是对叙事节奏的调整。写法高明！值得借鉴。）一路上，触目可及的不是红纸黑字的春联，就是红红的大灯笼。（“春联”与“灯笼”，还是“红”！）

到了新华街，果不其然，老人特别多，而且很多老人的穿着十分鲜艳，中国红满眼都是。卖东西的也特别好砍价，逢人便说：“图个吉利，开门红，这个价钱平时可不卖哟！”（“中国红”“开门红”，仍然是“红”！）

妹妹毕竟是小孩子，逛了一会儿，就嚷着要吃东西，我知道她最喜欢吃的是汤圆，于是便专门找了一家汤圆最大的店，看着妹妹吃得那个香，尤其是看着汤圆里红红的豆沙，我也禁不住要流口水了。（看，偏偏选了汤圆，其实就是因为“红红的豆沙”馅儿吧？）于是，我自己也要了一份。

这时候，突然听到外面传来一阵争吵声。咦？谁会在大年初一吵架呢？我们赶忙把汤圆吃完，出了店门，便发现是一个小男孩和妈妈在斗气。男孩的妈妈给小男孩选了一身天蓝色的羽绒服，可小男孩就是闹着要选红色的，妈妈说红色更适合女孩子，可小男孩就是不依不饶，嚷着说：“你看，那么多老爷爷都穿红色的！”最后，男孩妈妈拗不过，只好按照男孩的意思来。旁边的围观者也都笑了。（一段插曲，平地里起波澜！这也是记叙文写作的常见招数。）

这时，我才猛然发现，从早上开始，我就和红色结了缘。噢，我又记起今年是咱们共和国70华诞，而红色正是喜庆的颜色。中国红成为流行色，成为人们心中的最爱也是很正常的事。（点题。）如此看来，红色，不仅仅是新年第一天的色彩，也将是2019的色彩啊！有党中央的英明领导，有中国红的伴随，2019又是一个各行各业红红火火的年份啊！（升华主题。）

黄昏时分，沐浴着红红的晚霞，我和妹妹在红色攒动的人流中踏上了回家的路程。（收笔于“红红的晚霞”“红色攒动的人流”，生花妙笔啊！）

【综评】

这是一篇规范而精彩的考场记叙文。从文体要素看，本文具备了记叙文的全部要素，有时间，有地点，有人物，有事件。在事件的叙述中，也并非平铺直叙，简单地记流水账，而是有详略取舍，有波澜起伏，有细节描写。从主题上看，作者在紧扣“红”——层见错出的“红”，让文章内容渐渐厚重起来——选材的同时，更能有意识地从表面的红色上升到国家的颜色，从而使得文章的主题得以深化与升华，从中可以看出作者不俗的写作基本功。

典题 9 “三位名人说爱国情怀”（2019 年高考天津卷）

阅读下面的材料，根据要求写作。

不错，目前的中国，固然是江山破碎，国弊民穷，但谁能断言，中国没有一个光明的前途呢？不，决不会的，我们相信，中国一定有个可赞美的光明前途。

——方志敏

国家是大家的：爱国是个个人的本分。

——陶行知

若能作一朵小小的浪花奔腾，呼啸加入献身者的滚滚洪流中推动人类历史向前发展，我觉得这才是一生中最值得骄傲和自豪的事情。

——黄大年

以上材料触发了你怎样的思考和感悟？请据此写一篇文章。

要求：① 自选角度，自拟标题；② 文体不限（诗歌除外），文体特征明显；③ 不少于 800 字；④ 不得抄袭，不得套作。

【典题解析】

这也是一道任务驱动型作文题，属于“名人言论型”多材料综合立意的，主要考查考生对时代精神的理解以及理性思考的能力。

三则材料分别表达了对祖国光明前途的坚定信念，个人对国家、民族的责任，献身时代洪流、推动人类历史发展的人生观、价值观。可以用“爱国情怀”主题来统摄。三位不同时期的名人的英浩正气流芳千古，碧血丹心铮铮铁骨，启迪着考生理解爱国情怀的精神内涵，深入思考个人与国家、民族、人类的关系，坚定作为新时代青年接续奋斗、振兴中华的理想信念。审题时要注意理清材料间的逻辑关系。这是相互补充的三则材料，考生在辩证思考的同时还要形成纵深的历史维度，从革命先烈到当下知识群体，其间，体现了传承和担当的责任与使命意识，无私奉献和奋斗不息的民族精神。

以下立意是切题的：一寸赤心唯报国；奋斗以许国，奉献以报国；燃我青春，铸吾国魂；我以我血荐轩辕；奋斗薪火继往开来，爱国情怀泽被万代；擎起信念之灯，献身时代洪流；丹心忠魂，赤子情怀……

以下立意有偏颇，值得注意：做人应有更高追求——没审清材料主旨，过分强调个人的追求；不忘过去，珍惜当下——抓错了关键词，虽然看到了三则材料历史维度的纵向延展，但没紧扣爱国、奉献；不同时代，不同的追求——审到了时代变迁和追求变化，强调了变化，但变化的中心含义“报国”没凸显出来；追求使人生厚重——没审清材料主旨，强调了追求对个体的意义价值，忽略了国家这个强大的后盾。

佳作 13

我是一棵麦子

我是一棵麦子，一棵不起眼的，生长于清朝末年的麦子。（“麦子”视角，而且是不同时期的，串起了全篇，很艺术的一种结构方式！从积贫积弱、任人宰割的“清朝末年”写起，为祖国的“步步高”选择了一个很好的基点。）那时人民怨声载道，被西方列强压得喘不上气，直不起腰，抬不起头。（整句，起到了强化的效果。）但只有我明白，中国不会倒下，中国必将化作一条龙，屹立于世界的东方，因为我看到了林则徐那坚毅的目光。（物质贫乏，但是精神不倒。这正是祖国发展、壮大的不竭动力。）

我是一棵麦子，一棵不起眼的，生长于延安土地的麦子。灼热的太阳炙烤着大地，低矮的窑洞里闪动着战士们忙碌的身影。（“灼热的”与“低矮的”，画面感很强的文字。）终于，我在土地的滋养下萌发了，我看到了中国共产党在为中国的新生做着艰苦卓绝的奋斗。

我是一棵麦子，一棵不起眼的，生长于天安门不远处的麦子。那一天，举国同庆，天安门广场上奏起了响亮的国歌。人们纷纷走上大街，为新中国的成立呐喊欢呼。这一刻，我知道中国人民真正站起来了。一棵棵麦子也挺直了腰杆，为人们带来温暖，带来饱腹，带来希望。（写人，也状物。）

我是一棵麦子，一棵不起眼的，生长于改革开放时期的麦子。这时的人民越来越富足，麦子似乎已经不是人们生活中最重要的粮食了。但是我没有被抛弃，我被人们精心加工，制作成各种精美的食品，装点着平凡百姓家的餐桌。（与时俱进的“麦子”！）

我是一棵麦子，一棵不起眼的，生长于新时代的麦子。在信息化时代，农业生产已经开始衰退了，仿佛我已经失去了立足之地。但只有我知道，世间万物都是麦子，每一位先辈、每一位后辈都是麦子，他们化作中国发展的精神食粮，为中国的光明前途发挥着不可磨灭的重要作用。（从物质食粮转向精神食粮，看得出作者在构思、挖掘方面的精心。）

我是一棵麦子，那中国便是给予我养分的土地，中国便是滋润我的雨露，中国便是照耀我的太阳。陶行知曾说：“国家是大家的。爱国是个个人的本分。”我见证了中国的坎坷与辉煌，也懂得了中国这一路上的艰辛与磨难。在接受了祖国的浇灌与滋养之后，难道不应该给予回报吗？（落脚到报效祖国的层面，是对主题的揭示。）

爱国的品质，从中华文化流淌了五千年的长河中走出来，流出了黄面孔，流出了黄土地，流出了华夏大地的芸芸众生。愿每位新时代的中国人都能做一棵懂得回报祖国的麦子，勇于献身，投入到建设祖国的事业中去。（呼吁全体中国人献身建设祖国的事业，言近旨远。）

我是一棵麦子，一棵不起眼但又自豪的麦子。此时此刻，坐在考场上的我已经懂得，我要考取的不是功名，而是把父亲的期望颗粒归仓，把母亲的关怀充盈于心，将发展中国的志向激荡于怀！（“不是……而是……”升华了文章的主题。整饬的句式收束全文，有曲终奏雅的效果。）

【综评】

作者以第一人称“我”（麦子）的视角展开叙述和议论，每段开头的第一人称叙述视角循环往复，形成贯穿全文的线索，给读者新奇而亲切的感受。“麦子”见证了中华民族清朝覆亡、延安革命、新中国成立、改革开放富国、新时代强国五个重要的历史时期。

文章立足于从宏观的时代视角展开论述，让我们看到中华民族从鸦片战争时的山河破碎，到解放战争时的艰苦奋斗，再到新中国一步步走向辉煌的艰辛历程，内心的振奋之感油然而生，有“宏大叙事”的高屋建瓴，大气磅礴。

结尾将“麦子”从物质食粮转化成中国发展的精神食粮，借麦子的感恩引出每个华夏儿女都应当感恩祖国这一中心，揭示出个人幸福与国家富强之间密不可分的联系，由物及人、以小见大，立意深刻。

典题 10 “‘世纪宝宝’与2035年的18岁青年”（2018年高考全国卷Ⅰ）

阅读下面的材料，根据要求写作。

2000年　农历庚辰龙年，人类迈进新千年，中国千万“世纪宝宝”出生。

2008年　汶川大地震，北京奥运会。

2013年　“天宫一号”首次太空授课。

　　　　公路“村村通”接近完成；“精准扶贫”开始推动。

2017年　网民规模达7.72亿，互联网普及率超全球平均水平。

2018年　“世纪宝宝”一代长大成人。

……

2020年　全面建成小康社会。

2035年　基本实现社会主义现代化。

一代人有一代人的际遇和机缘、使命和挑战。你们与新世纪的中国一路同行、成长，和中国的新时代一起追梦、圆梦。以上材料触发了你怎样的联想和思考？请据此写一篇文章，想象它装进“时光瓶”留待2035年开启，给那时18岁的一代人阅读。

要求：选好角度，确定立意，明确文体，自拟标题，不要套作，不得抄袭，不得泄露个人信息；不少于800字。

【典题解析】

这个作文材料需要考生读懂中国故事背后的中国情怀、中国精神和中国道路，从历史和现实的维度认识当代中国，把握时代特征，思考个体与时代的关系。

要正确理解材料中的时间序列的价值。材料从2000年开始，这与考生实际年龄联系紧密，以此引导考生在关注中国记忆的同时也要思考自己的成长。其间，有成就，也有伤痛，实际上是提示考生关注精神成长，而非单纯的成就。从过去延伸到未来，启发考生思考未来的发展。

要正确理解“我”在命题中的价值，也就是要写出考生独特的个性观察和思考。

要正确认识2035年“那时18岁的一代人”这个要求。它明确了写作对象，赋予作文具体情境，同时还赋予文章一定的感召诉求，考生写作时当有一定的回应。

具体构思成文时，有“说我（考生自身）”“说你（2035年时18岁的青年）”“说我们”多个方向：“说我”重点讲“我”，立足当下，谈过去的经验，说现在的打算，从而引出对“你”的鼓励和告诫。“说你”重在讲“你”，先说“我”再说“你”，要讲好现在，更要展望未来，既感激过去的“他”，也肯定此刻的“我”，更呼唤未来的“你”。

“说我们”意味着“我”就是未来的“你”，因为同为追梦人，同样青春，时代不同，梦想一样，精神是相通的。

佳作 14

给 2035 年弟弟的一封信

亲爱的弟弟：

此刻，一岁的你也许正在酣睡。而我，正在 2018 年的高考考场上。(很有情境感的文字！)

这是 18 岁给予我的礼物，我必须伸开双手笑脸相迎，就像去年全家人迎接你的到来一样，也像 18 年前年轻的父母迎接我的降生一样。不同的是，2000 年出生的我被称为“世纪宝宝”，而你则是计划生育政策调整后的“改革宝宝”。(“世纪宝宝”与“改革宝宝”，都是很有时代感的称呼。)

等你从“时光胶囊”中取出这封信时，已是 2035 年，你也到了和我今天一样的年龄。18 岁的天空没有阴霾，而你的 18 岁，注定艳阳高照。(“没有阴霾”与“艳阳高照”，都是传递着正能量的说法！)

因为，按照 2050 年建成社会主义现代化国家的目标，2035 年正好是中间的“加油站”和关键点，你看到的是我国经济实力、科技实力的大幅跃升，是平等、法治的国家治理体系和治理能力的现代化，是社会文明的新高度，是青山绿水中的富裕生活，那是咱们的“美丽中国”。(用排比句描述“美丽中国”的样子。)

那时，你也许不会再像现在的我一样为明天的高考焦虑，也许高考已经成为一种测试而不再是进入高等学府的门槛——真羡慕你们这一代能享受均等教育的阳光普照的年轻人。(两个“也许……”句，其实表达了对高考的认识。)

请你记住，历史是层叠的过程，当我们注视当下时，必须给予过往的时代以应有的尊重。因为，我们所拥有的一切，是时代巨变的结果，更是前一代人拼搏打下的基础。(从未来转入过去，一个巧妙的过渡段！)

如果没有 2006 年取消延续了两千年的农业税，如果没有载人航天器的一次次遨游天际，如果没有令世界为之瞩目的“精准扶贫”工程，如果没有移动互联网的狂飙突进，如果没有“中国制造”和“一带一路”的实施……(五个“如果……”句，多角度地展示了新世纪建设的成就。)2035 年不过是时序中一个普通的标记，怎么会有你我看到的辉煌？

咱们的老家，曾经是一个不通公路的山村，父亲当年要翻过一座山头，花一个小时的时间步行到学校。他考上了大学，背井离乡到了城市定居，却与贫瘠的故乡挥手告别，留下了守着大山里的土特产卖不出去的乡亲。

那是父亲心中的痛，是一代人无奈的叹息。

现在，乡村公路修通了，产业扶贫进山了，土特产成了市场的热销品，几百年没有变样的山村几年之间成了旅游的热点，欢笑和着枝头果实的碰撞让曾经沉寂的山村充满了生机。

如果有一天你去那里旅游，别忘了，那是我们的故乡，我们根系深埋的土壤。（以老家为例，表现社会的发展变化。小切口，大世界！此乃以小见大的写法。）

你看到的现实，曾是我们奋斗的梦想。

2008年，那一年，我8岁，却记住了一个陌生的名字——汶川，也从此懂得了“国难兴邦”的内涵：近7万人的生命终于灾难，8000亿元的经济损失……

但是，在巨大的哀痛之后，就在你看到的地震废墟的旁边，一座座新的城市和村庄拔地而起，谁都拒绝不了万物的生长，谁也无法遏制一个民族崛起的力量。

所有的辉煌都伴随着苦难，所有的梦想都倾注着希望。

你看到这封信时，按照时下的划分，我已经是“油腻”中年男，但是，我可以明确地告诉你，我虽至中年，但绝不会“油腻”，因为，有梦想谁都不会“油腻”。（“有梦想谁都不会‘油腻’”，堪称金句！如果能够在一篇文章中经营出多句，引起读者的“惊艳”，那一定会让读者有很好的阅读满足。）

所以，2035年，你是早上八九点钟的太阳，我也将以年轻的笑容行走在路上。

米兰·昆德拉说过：“永远不要认为我们可以逃避，我们的每一步都决定着最后的结局，我们的脚步正在走向我们选择的终点。”（以名人名句揭示当下与未来的因果关系。）

我想说的是，梦想永远没有终点，过了2035年，还有2050年，那时，你已经成为社会的中坚力量，你的奋斗在路上，你的梦想也在路上。（展望，不只是题目中的2035年，更要放眼更远的未来的2050年。视野广阔！）

有梦想，谁都会健康成长；

有梦想，哪个时代都了不起。

共勉！（联系自我，拉近了写信人和读信人的距离。）

你18岁的哥哥

2018年6月7日

【综评】

这是一篇满分作文，很有特色。

首先，作者选择了自己刚满一岁的弟弟作为收信的对象，这就比泛泛而指的对象更有针对性。

其次，作者没有像一般考生那样先回顾过去，而是先展望未来，这个“未来”其实就是18岁的弟弟的“当下”，这就让读信的弟弟更有亲切感。

再次，文章在转入回顾过去前有一段十分精彩的过渡：“请你记住，历史是层叠的过程，当我们注视当下时，必须给予过往的时代以应有的尊重。因为，我们所拥有的一切，是时代巨变的结果，更是前一代人拼搏打下的基础。”这种尊重过往时代的高度不是一般的考生能达到的。

最后，最值得肯定的是文章通篇都充溢着民族自豪感、责任感和使命感，一个18岁的孩子有如此大的格局，如此地胸怀祖国放眼世界，真是民族之幸，国家之幸！

典题 11 “生活中的‘器’”（2018 年高考天津卷）

阅读下面材料，根据自己的体验和感悟，写一篇文章。

生活中有不同的“器”。器能盛纳万物，美的形制与好的内容相得益彰；器能助人成事，有利器方成匠心之作；有一种“器”叫器量，兼容并包，彰显才识气度；有一种“器”叫国之重器，肩负荣光，成就梦想……

要求：① 自选角度，自拟标题；② 文体不限（诗歌除外），文体特征明显；③ 不少于 800 字；④ 不得抄袭，不得套作。

【典题解析】

有道是：“想透，是写好的前提。”对这道材料作文题而言，尤其如此，因为“器”内蕴丰厚。

材料本身涉及“器”的形制和内容、物质与精神、功能及象征诸多层面。可以是实物的“器”，如礼器、装饰类器、实用类器等，既写“器”身，也写“器”神；可以是器量、才识、气度，说说如何“成器”；可以写写热词“大国重器”，写写担当大任、造福民生、保家卫国、提升大国形象的国之栋梁们，挖掘他们身上的担当意识、奋斗精神、家国情怀，指出他们对国家、民族发展的重大意义；还可以思索“器”与“道”的关系（《易经》：“形而上者谓之道，形而下者谓之器。”），挖掘其中的文化、历史、哲学意蕴……构思行文时，诸如“玉不琢，不成器”“工欲善其事，必先利其器”“君子不器”（有君子当心怀天下，不应该像某个器具一样只作用于某个方面的意思）之类的名句可以催生你的智慧。

佳作 15

“器”韵悠远

（文题简洁，富有诗意！）

最早把“器”跟文化挂上钩，是在我读初一的时候。（入题快捷。值得提倡的做法！）

历史书的同一页有两张照片：一张是司母戊鼎，一张是四羊方尊。我当时觉得这两件东西很笨重，也不好看。（欲扬先抑，作文技法之一。有很好的表达效果！）看课题是“商周文化”，我不由疑窦顿生：“这和文化有什么关系？”

“这两件是商代的礼器。”

老师很有学问，说司母戊鼎是商王祖庚或祖甲为祭祀其母而制作的，四羊方尊是用来祭神的，这两件是商周时期青铜文化的代表作。老师还拿出放大了的图片，一一解释说这是雷纹、这是盘龙、这是饕餮、这是卷角羊、这是夔纹……（运用专业术语，这是彰显文化积淀的好方法！）但当时的我一句也没听懂。

去年，我在国家博物馆看到了实物，为鼎的壮观、尊的精美所震撼。（从图片到实物，文脉贯通。）我上网查了很多资料，才多多少少对青铜器物背后的文化有了皮毛的了解。除青铜铸造工艺与技术层面之外，“器”上的纹饰实际上（“实际上”，很好的词语，让作者站到了与众不同的高度。）代表了先民们对祖先及神祇的虔诚礼敬之心。心诚则灵，如此方可得到神灵的庇佑，从而江山永固，乐享太平。

我不禁想到了“仪式感”这个词。（从“仪式感”的角度展开，别拓新宇的做法，也是一种行文的机智。）古人的仪式感是内外合一的，而今人的仪式感更多地成了形式。

一周前，我去叔叔家串门，发现他的书房里居然摆放着这两件礼器的缩仿品。看到我疑惑的目光，叔叔说，这两件可以称为“陈设器”，其中“礼”的意义淡化了，说白了就是摆设，就是装饰。陈设器，更多的是主人文化品位与心性趋向的外在反映，这两件器物与文化人的身份比较搭。（“陈设器”，又是专业术语！）叔叔家的客厅里还有一对青花瓷瓶，跟我在天津博物馆里看到的明清青花瓷瓶很像。叔叔说，这瓶其实也是摆设，是装饰。为什么人们对青花瓷瓶这么青睐？因为这里面寄托着对国家太平、生活平安的祈望。巴金说过，我们不是单靠吃米活着。（引用巴金散文名作《灯》中金句，借以阐释“精神”的价值。）有高雅的精神生活与追求，有对幸福快乐的向往，生活才有意义。

中午吃饭时，我发现叔叔家的盘子、碗碟居然也都是青花的。（从“读初一的时候”，到“去年”，到“一周前”，到“中午吃饭时”，明晰地交代了叙事的时序。）我说：“我明白了，这是实用器！”叔叔夸我聪明，说实用器其实也反映着主人的审美情趣及品位高下，吃饭、饮茶、赏玩……（“陈设器”“实用器”，都是专业术语！都是围绕“器”展开的。）其中所蕴含的文化很广、很深，有时需要用一生的时间去接近、了解、研究。（“接近、了解、研究”，语序恰当。）

我彻悟。“器”里乾坤大，我的心神被悠远的“器”韵环绕、包围，魂魄也随之摇荡、氤氲，渐至空灵迷幻！（“环绕、包围”“摇荡、氤氲”“空灵迷幻”，看得出作者语言上的追求。）

【综评】

这是一篇文化气息浓烈的散文，全篇内容充实，思路清晰，结构严谨：从初一历史课本中的两幅图落笔，借老师的讲析对“礼器”的概念和文化内涵做了具体呈现，并通过分享自己“亲睹”并查阅资料后的所悟将文化的深层意义具体化；然后以到叔叔家串门的经历引出“陈设器”和“实用器”两个概念，借叔叔之口揭示这两种“器”的文化意义，升华了作文的主题。语言也生动流畅。

典题 12 绿水青山图（2018年高考北京卷）

生态文明建设关乎中华民族的永续发展，优美生态环境是每一个中国人的期盼。

请你展开想象，以“绿水青山图”为题，写一篇记叙文，形象生动地展现人与自然和谐相处的美好图景。

要求：立意积极向上，叙事符合逻辑；时间、地点、人物、叙事人称自定；有细节、有描写；不少于700字；将题目抄在答题卡上。

【典题解析】

记叙文就得讲故事，故事就得有人物有事件；讲故事自然要有技巧，以引人入胜为妙；所讲故事还需有意义：这就是记叙文的实质。这个命题特殊之处在于“想象”，“想象”是虚，但是“虚”当以“实”出。何为“实”？立足现实是“实”，可以描写“自杀式”发展带来的雾霾、沙尘暴等环境恶化的现状与注重生态文明建设后的“绿水青山图”的美好图景，两相比照；具象化地写人叙事是“实”，可以是“世外桃源”式的古朴田园，可以是结合了高科技的生态循环系统……总之，环境优美，生灵受益，人与自然和谐相处，这是人人期冀的美好愿景。

下笔行文时，心中要有作文的具体“要求”：积极向上的立意，符合逻辑的叙事，恰当的时间、地点、人物、叙事人称，记叙文不可或缺的细节、描写，当然还有不少于700字的硬性指标。

佳作 16

绿水青山图

希梦站在那幅画前，顿感惊讶。（运用了悬念式开头，引人入胜！）

怕是任谁见到这幅画，都会为那满面的翠绿而震撼吧。蓝绿相间的山河，青翠逼人。不同于传统山水画的淡淡墨痕，这画中之绿，仿佛快要渗出，几道袅袅升起的炊烟更为此画添了几分生气……（运用对比写法，加上“满面的翠绿”“蓝绿相间”“青翠逼人”中频繁出现的主题词，让读者脑海中形成了“绿，仿佛快要渗出”的画面。高明的写法！）他从这幅画前走过，过了许久，仍有古今穿越之感。（说历史上的名画。）

离开博物馆，希梦四顾，他想：“我莫不是着了迷，魂在画中出不来了吧？”远处翠樾千重，抬头望去，只有碧天，一片清凉；近处四围都是建兰、茉莉，芗泽沁入衣裾。或有树丛中百灵鸟轻声歌唱，或有花丛中蝴蝶飞舞。老人在路边和孙儿游玩，旁边一孕妇见此情景，笑意从酒窝里漾出。马路上新能源汽车井然有序，自觉给行人让路……（说现实生活中的景物、个人、事如画。）汽车？王希孟的《千里江山图》里哪有这玩意儿？（艺术地点出所观赏的画作。）希梦如梦初醒，自己是站在博物馆前的人民大街上啊。

没错，希梦，有幸和北宋天才画家王希孟“重”了名，不过一字之差。（又是一个出彩点！看得出作者构思之精心。）但这也挺好，希梦总是想：自己的名字是“有希望的梦想”之意。况且他也痴迷于绘画，和历史上的绘画天才“重名”，总会使他觉得自己有一天也可能达到王希孟那样的成就，也能留下一幅绝世画作供众人欣赏。（为后文埋下伏笔。）

“嘿，希梦，想什么呢？”希梦的肩膀被人拍了一下，他回头一看，是摄影师若尘。（巧妙地引入又一个人物，让文章内容得以丰富。）“我刚拍了一组照片，看看？”希梦拿过相机。照片里，有游鱼在清澈的河水里嬉戏；有松鼠在山林间觅食；有下棋的老人在树下优哉游哉地乘凉；有孩子口渴之时尝到随手一摘的果子后的甜美的笑；有马路上一辆辆共享单车构成的风景线；还有小学生自觉将垃圾分类的美好瞬间……（再现现实生活中的美好图景，加强读者印象。）希梦觉得这些画面似曾相识，便问道：“你从哪儿拍来的？”若尘一乐：“嘿，这不就是咱身边的景儿、每天的事儿吗？走，我带你看看去。”

傍晚希梦回到家中，匆匆找出画笔和纸，他要把今天的所见所闻全部画下来。他觉得自己这幅画不会逊色于《千里江山图》。（历史上的名画，此为“实”。）名字呢，就叫《绿水青山图》。（又一幅画作即将问世，此为“虚”。）

【综评】

这是一篇满分作文。

文章古今呼应，人物形象鲜明。希梦走出博物馆后看到的风景和若尘拍摄的风景相互呼应，既有优美的自然风光，又有生活画面，显示出人与自然和谐共生的意境，把“绿水青山图”诠释得富有时代特色。文中出现了两幅画作：《千里江山图》优雅大气如白云，《绿水青山图》朴素清新如流水，白云衬托流水，更显流水清澈之美，一实一虚，虚实相生，成功地表现了生态环保的主题。

足见，精彩的构思下的故事表现力之强；足见，开阔的眼界与灵活的思维对记叙文写作之重要。

典题 13 “语言”（2018年高考江苏卷）

根据以下材料，选取角度，自拟题目，写一篇不少于800字的文章；文体不限，诗歌除外。

花解语，鸟自鸣，生活中处处有语言。

不同的语言打开不同的世界，音乐、雕塑、程序、基因……莫不如此。

语言丰富生活，语言演绎生命，语言传承文明。

【典题解析】

这则作文材料共三句话：第一句话以“花解语，鸟自鸣”立足，涉及植物、动物（飞禽）界，足见“生活中处处有语言”。第二句话列举了音乐、雕塑、程序、基因等诸多领域，说明不同的世界有不同的语言，“不同的语言打开不同的世界”，从艺术与科技等维度，展示了人类文明所构建的语言体系。考生们可以从中选取或受其启发另外选取某种“语言”落笔。第三句话“语言丰富生活，语言演绎生命，语言传承文明”从三个方面表述了语言的功用、意义和价值，其实是从三个层面引导考生展开联想，打开思路。

如此说来，面对此题，考生写作空间还是很大的，可以缩结关于语言的故事，以叙事写人取胜；可以审视语言的前世今生，比如方言的渐次消解等现象，阐述自己的见解；还可以选择其他的能够施展自己写作才华的题材去完成写作任务。

我们可以联系日常积累的与语言有关的名句、熟语来拓展思维，从而找到写作的切入点。比如：《论语》中的“君子不以言举人，不以人废言”，《左传》中的“言之无文，行而不远”，《庄子》中的“狗不以善吠为良，人不以善言为贤”，《荀子》中的“与人善言，暖于布帛；伤人之言，深于矛戟”，等等；杜甫的“为人性僻耽佳句，语不惊人死不休”，冯梦龙的“真人面前说不得假话”，席勒的“思考是我无限的国度，言语是我有翅的道具”，马卡连柯的“只有学会在脸色、姿态和声音的运用上能作出二十种风格韵调的时候，我就变成一个真正有本领的人了”，等等；俗谓的“沉默是金，雄辩是银”，“酒逢知己千杯少，话不投机半句多”，“见人说人话，见鬼说鬼话”，等等。由此，我们可谈语言的艺术，语言的技巧，语言的魅力，谈说与做，谈说中的真与非真，谈话中窥人……

特别要说清的是，虽然语言内涵非常丰富，诸如有声无声，有形无形，人类非人类，等等；但是，语言与说话不是同一概念，语言与声音也不是同一概念，搦管为文时要有必要的诠释、交代。

特别要强调的是，文章的展开必须围绕“语言”这个对象。立意在新颖度和深刻度方面要有所追求。

佳作 17

锵，锵，锵……

“锵，锵，锵……”（打铁声，贯穿全篇的声音，有串起全文的功效！）铁锤砸向铁具的声音，仿佛要将空气撕裂开来。（“将空气撕裂”，看得出语言的锤炼之功。）不用说，又是村里唯一的打铁匠在瞎捣鼓了。（“瞎捣鼓”，很接地气的话语。）

村里的大人都很尊敬打铁匠，村里的孩子却怕他怕得要命，因为他的脸上总有一层黑灰，看着挺吓人的。街坊都称打铁匠为老李，他住在我家对面的小瓦屋里，整日沉默寡言。小瓦屋颓败不堪，与周围的粉墙黛瓦显得格格不入。（环境描写，为描写人物服务。）老李常年穿着暗青色的衣服，外面围着一条长长的围裙，围裙被黑炭染得看不出先前的颜色。他的脸上和手上总是出现各种各样的伤口，都是被溅出的火花弄伤的。

“锵，锵，锵……”（再现，有反复咏叹的效果。）金属碰撞的声音再次响起。我问爷爷，打铁这么累，为什么打铁匠却心甘情愿地帮人打铁，还经常不收钱。爷爷叹了口气，说：“老李打铁打得好啊，他是个好人，不图回报。”（侧面描写的手法。）

清明到了，爷爷去很远的地方上坟，要到晚上才回来。我一个人无聊，便跑到池塘边抓小鱼玩。由于蹲得太久，我站起来时头发晕，脚下不稳，竟掉进水里。我呛了好几口水，半晕半醒时隐隐感到一双布满老茧的手将我拽上了岸。是打铁匠老李救了我！（横生枝节，正是优秀记叙文的路数，让故事情节丰富，让人物形象丰满。）

老李带我到小瓦屋里取暖，一个半身高的火炉散发着热气，我有些不适应，很难想象老李一年四季窝在这里打铁是什么滋味。我不时偷看老李，心里对他的恐惧烟消云散，小声对他说了声谢谢。（从“怕他怕得要命”到“对他的恐惧烟消云散”，是作者心理的变化，更是对老李认识的转变。）他那双浑浊的眼睛里布满了血丝，眼皮耷拉着，看起来很累。“娃儿，就在这边烘干了衣服再走吧。”沙哑的声音响起，老李正坐在一条木板凳上，腿边伫着一把大铁锤，黑色的木柱上还放着一把正在被锻造的铁刀，此时发出猩红的光。（精彩的细节！）

“打铁很苦吧？”我望着老李脸上的伤口问道。

“是挺苦的，但受得住。”他点了点头。（简洁的回答，个性在其中彰显。）

“为什么你打铁经常不收钱呢？”我问出了心里的疑惑。

“打铁是祖祖辈辈传下来的手艺，我想为大家服务，没有把它当成赚钱的工具。”老李感叹说，“现在，打铁的人越来越少了。年轻人吃不了这种苦，都跑到大城市里谋生去了，打铁这一门手艺，快要失传了。”老李摸了摸铁锤，喃喃自语：“伙计，只要我还干得动，就不会放弃你的。”（深情的表达，非常感人的笔墨！）

“锵，锵，锵……”老李熟稔地挥着铁锤，在空中画出一道优美的弧线，而后重重地砸在铁刀上，一下又一下。“锵，锵，锵……”你听到了吗？这是打铁匠和他的伙计在向祖辈们致敬。（最终，作者读懂了老李！）

【综评】

文章以打铁声开篇，并且贯穿全篇，从而形成一种特有的回旋的节奏和旋律。这种辨识度和特色性极高的声音恰似打铁匠特有的语言，具有别具一格的点题效果。考生饱蘸情感笔墨，以生动的外貌描写、精彩的环境描写和流畅的语言描写，将打铁匠老李的形象刻画得入木三分，字里行间浓郁的感情很容易感染读者，包括阅卷老师这样特殊的读者。

佳作 18

拜谒贝多芬

（让人一见钟情的文题。好标题！）

受所供职的杂志社文艺总监派遣，我专程前往维也纳拜谒乐坛巨擘贝多芬。时间是 1826 年底。（虽然是“穿越体”，也有必要的交代，可以让叙事合理化。）

枣红色的马虽然名为“的卢”，但远没有罗贯中笔下刘备坐骑的数丈檀溪一跃而过的潇洒，它拉着马车，在刺骨的寒风里，只是款款前行。（为马冠名“的卢”，很艺术地“秀”了一下关于《三国演义》的积淀。）这，倒是方便我沿途欣赏哥特式建筑、青石板巷道之类的风景，只是我内心比较焦急：据说，贝多芬健康状况堪忧。（看出了此行的重要性和紧迫感。）

说实在的，我对这位创作高产且高质的作曲家充满了好奇，尤其是一生与病痛为伴的他在刚过而立之年就耳聋加剧了，居然还有 9 部交响曲、1 部歌剧、32 首钢琴奏鸣曲、5 首钢琴协奏曲等海量的创作行世。（确实让人“好奇”！）

坐在马车上，我想：有这么多的作品问世而且广有影响的他，是不是也像鲁热那样出手奇快呢？（艺术地引出鲁热，一方面让文章内容变得丰厚，另一方面其实也是在写主角贝多芬。）

鲁热是谁？你也许不熟悉这个茨威格眼中的“一夜之间的天才”。但是，你一定熟悉《马赛曲》。对！就是法国国歌：“前进，前进，祖国的儿郎，光荣的时刻已经来临……”好友、斯特拉斯堡市长迪特里希让鲁热为即将奔赴战场与普鲁士作战的莱茵将士谱写一首战歌，他在中央大道126号那间简朴的房子里彻夜不眠。军号的吹奏声、炮车的辚辚声、民众为宣战而发出的欢呼声让他捕捉到了那趋于狂热的节奏，那是国民的脉搏。（一段精炼的文字，一段厚重的历史。从中可以看出作者的日常阅读之功。）

历史记住了这个日子——1792年4月26日，同时记住了天性谦逊平和的鲁热。只因为那激越的爱国音符。（这正是音乐语言的神通。）

终于，马车停在了贝多芬的寓所前。

保健医生希望我不要打扰贝多芬，但是贝多芬很热情地欢迎我的到访。他甚至还从藤椅上欠了欠身。（动人的细节！情景宛现。）

我们的交谈从亨德尔说起。（再次宕开一笔，让文章内容越发丰厚，同时还是在写主角贝多芬。）因为贝多芬曾经说过：“亨德尔是有史以来最伟大的作曲家，我极愿跪在他的墓前。”不是同行相轻吗？怎么会有此盛赞，而且心悦诚服？（交代了为什么是亨德尔。）

贝多芬娓娓道来：

当年，年过半百的亨德尔中风导致右半身瘫痪，詹金斯大夫宣判了他的“死刑”：“再不可能继续创作了！”对一个热爱音乐创作的巨匠而言，不能创作可不就是生不如死！但是，亨德尔不顾医生在滚烫的温泉水中不能超过3小时的告诫，每天泡上9个小时，愣是恢复了活力。他用痊愈的右手写出了清唱剧《扫罗》和小夜曲《诗人的冥想》等佳作。随后更有闭关24天创下的《弥赛亚》的辉煌：在伦敦上演时，英王乔治二世亲临剧院，当第二部分终曲《哈里路亚》奏响时，国王激动得站起来听完了全曲。（又是一段厚重的历史。）

从此，《哈里路亚》要站着听作为一条不成文的规定一直延续到今天。只因为那一声声“哈里路亚”传递了对上帝的敬畏。（这就是音乐语言的魅力！）

正是在亨德尔的激励下，贝多芬才走出了耳聋带来的暴躁、孤僻以致绝望而企图自杀的困境，成为葛里帕查盛誉的“前辈大师不朽的光荣的继承人，亨德尔、巴赫、海顿、莫扎特的伟大艺术的扩大者”。（彰显了亨德尔对贝多芬的影响。）

告别贝多芬，回味着三位艺术家的人生，是他们用各具特质的音乐语言为我们打开了一个个美妙的世界，让生活丰富，让生命精彩，让文明承传。（点题文字，必不可少。特别是对考场作文而言。）

三个月后，惊闻贝多芬与世长辞！（呼应开篇的“贝多芬健康状况堪忧”。）

【综评】

这是时师的一篇下水作文。

因为一直欣赏吴伯箫的名篇《猎户》的结构精妙，我有意借此示例记叙类文章的一线贯穿多处插叙式结构。在构思时，从材料的第二句列举的“音乐”想起曾经读过的奥地利作家茨威格的著作《人类群星闪耀时》中写到的亨德尔、鲁热两个音乐奇才，又因为在《亨德尔的复活》篇前有贝多芬对他的盛赞之词，考虑到亨德尔晚年失明与贝多芬壮年失聪，于是有了这篇穿越体的佳作。

典题 14 “中华名句”（2017年高考全国卷Ⅱ）

阅读下面的材料，根据要求写作。

① 天行健，君子以自强不息。（《周易》）

② 露从今夜白，月是故乡明。（杜甫）

③ 何须浅碧深红色，自是花中第一流。（李清照）

④ 受光于庭户见一堂，受光于天下照四方。（魏源）

⑤ 必须敢于正视，这才可望敢想，敢说，敢作，敢当。（鲁迅）

⑥ 数风流人物，还看今朝。（毛泽东）

中国文化博大精深，无数名句化育后世。读了上面六句，你有怎样的感触与思考？请以其中两三句为基础确定立意，并合理引用，写一篇文章。要求自选角度，明确文体，自拟标题；不要套作，不得抄袭；不少于800字。

【典题解析】

作文要求以六个名句中的两三句为基础确定立意并合理引用，所以，首先应该明确每个名句的内蕴——①句的自强不息，②句的故乡之思，③句的看重内在美抑或人当自信，⑤句的正视自己，⑥句的自信自强，似乎不难看出；④句可从人因所处位置不同而视野、格局不同从而实现的理想价值也不同入手，也可以解读为人要志在四方。然后选出两三个在内蕴上有内在逻辑关联的名句确定某个立意，可从句子之间内蕴的共同点、因果关系等着墨（诸如①⑥句的自信自强，①④⑥句的实现理想需要视野、自强、自信，②③④⑤句内在的关联等）。总而言之，有机地建立起关联，并能够“合理引用”，才是彰显功力的关节。

佳作 19

如你在远方

（借用了作家许达然的散文标题，有意蕴！）

我是一只羊，终日无所事事、平平淡淡地生活着。（写“不变”。）你的到来，打破了我们原有的平静。（说“变”。因为“变”，就有了故事。）听带你来的士卒唤你苏武，你是因为得罪了匈奴的单于才被发配到北海来的。（引出故事的主人公，交代主人公的来历。）不过我对这些事情并不感兴趣，只是知道以后有人管理我们这个羊群了。

我发现，你来到这里后一直闷闷不乐，总是目不转睛地望着一个方向。我不知道你为何会望向那个地方，心想，或许是那个地方风景更美吧。从你自言自语中，我知道了那个地方叫长安，那是你的故乡，原来你不是本地人。（侧面表达苏武对故国故乡的眷念。）我很纳闷，既然你如此思念家乡，为什么不回去看看呢？当时的我，又怎知你的身不由己。

后来，你还是经常自言自语。仔细听来，好像是什么“屈节辱命，虽生，何面目以归汉”之类的话，我不知道你经历了什么，但听到你的话，竟有一种异样的情绪在蔓延。

你向我和我的兄弟姐妹们诉说你的经历。你说你生活在一个繁华强盛的汉朝，年轻时，因为父亲职位的关系而被任用，后逐渐升到移中厩监。当时，北方的少数民族匈奴不断壮大，汉王朝采取了和亲的政策来巩固民族关系。面对匈奴单于的有意示好，汉王朝统治者想趁机和解，便派你和其他几位使臣出使匈奴。你本以为这次出使会很顺利，可谁知匈奴单于表面上打着“汉天子我丈人行也”的旗号，背地里却扣留了你们。（补充交代苏武持节出使的情形。）听到这儿，我才明白了你来匈奴的前因后果。我不禁为你感到悲伤，也很好奇你是怎样应对单于的。

你说虞常谋反，兵变失败，牵连到你。单于派人召唤你审讯，你不愿背弃自己的国家，想要拔剑自刎，单于的手下救了你，还三番五次劝你投降，可你宁死也要坚持自己的气节，忠于自己的国家。（作者巧妙地“秀”出自己掌握的历史知识，表明积淀不俗。）我顿时很钦佩你，你有着“宁为玉碎，不为瓦全”的民族大义，有着“受光于庭户见一堂，受光于天下照四方”的雄伟胸襟和志向，如此气节与抱负，放眼望去，天下有几人欤？（扣到名句上说。以名句来凝练苏武的境界。）

后来，单于将你囚禁在一个大地窖中，断绝供应，不给吃喝。我很担心，怕你会熬不过去，可事实证明，你比我想象中要坚强。天下雪，你嚼着雪，同旃毛一起吞下去充饥。匈奴人把你移送到北海边没有人的地方，让你管理我们，没有粮食供应，你只能掘野鼠所储存的果实来吃。在这荒无人烟的地方，你“杖汉节牧羊，卧起操持”十九年，全然将生死置之度外。（写北海生活之艰辛。）我不由得有些伤感，能在如此逆境中坚贞不屈地生存着，何等不易！“天行健，君子以自强不息。”我虽为羊，可内心早已被你自强不息的精神所打动：世间真君子就该如你一般。（还是扣到名句上说。）

我知道，后来，你终于如愿以偿，回到长安。十九年的辛酸早已磨白（“磨白”？用词不很恰当。“漂白”，如何？）了你的鬓发，但我知道，你没有后悔过，因为你无愧于自己，无愧于正义，无愧于国家。（三个“无愧于……”，充分揭示了苏武的爱国之举的意义。）

【综评】

本文有两大亮点特别值得关注。

一是视角独特。苏武牧羊的故事广为人知，其间有爱国情怀、民族大义、志向与胸襟、自强不息等，但是作者愣是从习见的素材中写出了新意，以“羊”的叙事视角让“僵尸”级材料具有了鲜活的生命，让人耳目一新。

二是文体新鲜。当众多的考生驾驭着议论文的时候，作者选择了记叙文体，围绕中心选材，不断抛出自己掌握的材料，在记叙的过程中穿插了议论性文字以画龙点睛，于详略之间见功夫。

典题 15 “高考”（2017 年高考全国卷Ⅲ）

阅读下面的材料，根据要求写作。

今年是我国恢复高考 40 周年。40 年来，高考为国选材，推动了教育改革与社会进步，取得了举世瞩目的成就。40 年来，高考激扬梦想，凝聚着几代青年的集体记忆与个人情感，饱含着无数家庭的泪珠汗水与笑语欢声。想当年，1977 的高考标志着一个时代的拐点；看今天，你正与全国千万考生一起，奋战在 2017 的高考考场上……

请以“我看高考”或“我的高考”为副标题，写一篇文章。要求自选角度，明确文体，自拟标题；不要套作，不得抄袭；不少于 800 字。

【典题解析】

这个材料有两个走向：

“我看高考”指向议论类文章，可以谈高考的前世今生，谈高考的利弊得失；主要立意方向可以是高考与教育（高考推动了教育改革，促进了教育发展，也催生了教育乱象），高考与国家、社会（“为国选材”的高考对国家的长远发展、社会的进步有着重大意义），高考与时代（高考的轨迹有着鲜明的时代印记，其内容与形式都在不断地变化着，体现出与时俱进的特色），等等。

“我的高考”指向记叙类文章，可以写自己备考的岁岁年年、酸甜苦辣；立意方向可以是高考经历（可以着眼于考生自身，也可以写老师、亲人，还可以批判“唯高考论”），对高考的回顾与憧憬（既可以写过往，也可以写期许），等等。

无论选择哪个走向行文，都应该紧扣“高考”说发展、成就、集体记忆、个人情感、欢声笑语、汗水泪珠以及其他与高考有关的现象、思考。能否巧妙地确定“主标题”，能否联系个人、社会、国家，有无自己的认识、思考、分析以及判断、辨别，观点是否鲜明，表达是否有特色，特征是否了然，结构是否完整，选材是否新颖等都是落笔时要注意的方面。

佳作 20

迈向明天

——我的高考

俞敏洪说：“人生这场戏的最终结局，就是一个又一个选择叠加起来的总和。”（从名人名言落墨，有豁人耳目之效。）而如今，我正站在高考的拐点上，做出另一个重要的人生选择。“过去驻足不去，未来不来。”回望过去所做的选择，我的高考，是过去所做选择的累积。

我的高考，用忍耐打磨一块寒铁，铸成利剑，指向晨曦。（个性化的语言，很有表现力！也是使结构明晰的独立段落。）

我曾无数次幻想过高考后的恣意，也曾无数次幻想过大学生活的畅快，还曾无数次想过放弃，随时间的洪流漂泊到不知何处的岸上。而抬头看向窗外，或寒风凛冽，或春暖花开。讲台上老师依旧不厌其烦地讲解，台下同窗或困倦，或疲惫却仍旧奋笔疾书。我按下心中烦闷的不快，按下对于未来的无限幻想，重新投入到题海中去。

厚积薄发，忍耐为不二法门；而通往明天的路上，多少个日复一日，都将成为我迈向未来的坚实步伐。

我的高考，是生命中不可缺席的盛宴，浪里淘沙，雕刻灵魂。

余秋雨说：“我们不赞美苦难，但我们不惧怕苦难。”苦涩，是高考这场盛宴中最值得品咂的真味。求学十载，阅尽无限风光；春风十里，畅饮人间美酒。（整饬的语言，煞是优美！）高三之前，我的人生快意恣肆，毫无悬念。我想追寻的一切，似乎唾手可得。一切只是时间问题。

然而，八月的摸底考给我的当头棒喝，让我彻底从云霄跌入谷底。惶惶如丧家之犬的我，不得不认真看向自己：我，到底有几分成色？

无数个中夜挑灯，我重拾“清风半夜鸣蝉”的悠扬；无数次大起大落、悲欢之余，我顿悟“一蓑烟雨任平生”的洒脱。（整齐的句式，古诗词的引用，让文章既有文采，也有文化。）我须感谢高考，是它打磨了粗糙的我，用这强风疾雨告诫我，用这起起落落特意雕刻我，砍去我身上那些无来由的自负，让我学会收敛我不可一世的眼光，审读脆弱的内心。

我的高考，用关爱凝聚成盾，为我遮蔽风雨，迎我勇往直前。（三部分文字都以“我的高考”引起，旨在使结构明晰，更使内容厚重。）

老师的教诲犹在耳畔，父母的叮嘱还在回响，同窗的祝福未曾退却。（还是整饬的句式。看得出作者的积淀，还有精心构思。）此刻我在高考考场上，这无硝烟的战场上，望着窗外阳光明媚，或许这些祝福和叮咛都化为此刻的光灿，聚作盾矛助我攻坚克难，凝为动力推我奋起向上。那些失声痛哭时的安慰，迷糊做梦时的敲打，得意忘形时的警告，疑惑不解时的醍醐，都如同沙漠绿洲，雪中热炭。（贴切的比喻，凸显出高考路上助力的可贵。）而我也因这样的爱与关怀，迈入新的旅程入口，带着无畏与勇敢，迎战未来不知何处的挑战。

不论风雨，都有何妨吟啸的魄力和底气，有搏击风浪的信心和信念。

日月不淹，春秋代序，（引用屈原诗句。）而周梦蝶有诗云：“我是‘现在’的臣仆，也是帝皇。”此刻，我的高考，是我把握的现在，也是迈向未来的咽喉。它终将成为飞鸿雪泥上的指爪，留为现在选择的印记。（化用苏东坡诗句。）而成长过后，我的高考，会化为血肉，成就那个专属于我的明天。

【综评】

本文特征鲜明：

一是文章标题与首尾段呼应勾连，结构浑然一体。文章内容表达有感染力，裁剪适度，既有横向的片段截取，又有纵向的典例点缀。叙写“我的成长”笔力集中，抒发“我的感悟”情感充沛。内容可谓丰厚。

二是散文化的笔调。作者将优美灵动的语言把玩得非常娴熟，文章体现了考生优秀的语言文字功底和良好的文学素养。以“我的高考”为副标题的文章，容易平铺直叙，缺少亮点。本文的语言表达是很有表现力的，华丽，精心。

三是借助一定的结构形式，巧妙统筹丰富的内容，大气而不显杂乱。评价性的句子，既能使文章结构分明，又能升华文章的主题，记叙文中适当运用可锦上添花。

典题 16 共和国，我为你拍照（2017 年高考北京卷）

按要求作答。不少于 700 字。将题目抄在答题卡上。

2049 年，我们的共和国将迎来百年华诞。届时假如请你拍摄一幅或几幅照片来展现中华民族伟大复兴的辉煌成就，你将选择怎样的画面？

请展开想象，以“共和国，我为你拍照”为题，写一篇记叙文。

要求：想象合理，有叙述，有描写，可以写宏大的画面，也可以写小的场景，以小见大。

【典题解析】

有一部《航拍中国》的纪录片，跳出了人类的狭窄视野，从高处展示中华大地的大、美、奇、变，从多个维度展现中华大地——960 万平方公里的领土，300 万平方公里的领海。这，给我们的写作以深深的启示。给 2049 年的共和国拍照，无疑是要展示中国共产党所提出的“两个一百年”口号中的第二个“一百年”，即在中华人民共和国成立一百年时建成富强、民主、文明、和谐的社会主义现代化国家。只要围绕“展现中华民族伟大复兴的辉煌成就”这一主旨，明晰记叙文文体特征，合理想象，在叙述的同时注重场面描写，就符合要求。至于是选取“一带一路”“全面建成小康社会”“中国制造”“环境保护”“雄安新区”“双创”等中国热词，还是着眼于科技、文化、经济、建筑、生态等领域，都行。需要注意的是，大画面要有大气魄，小场景要有小动人。

佳作 21

共和国，我为你拍照

2049 年，共和国百年诞辰之际，正如梁启超先生心中有一个“少年中国”一样，我也愿用几幅照片展示我心中的幸福中国。（一个长句，统领下文。）

第一幅照片我想拍医院，准确地说应该是产房。（这是写“生”。）

一张床上躺着一个女人，不，现在她是一位母亲了。她眼角挂着疲倦，但眼神却透露着兴奋，夹杂着温柔，满头都是大汗，侧着头看着她的孩子。（细节，动人！）站在床头最前面的是孩子的父亲，他看着孩子母亲有些心疼，嘴角上扬，但眼神有些许惊愕，双手似乎想伸出去抱抱孩子但又有些畏缩，手就这样悬着。（神态描写，动作描写，记叙文中的“标配”。）站在床中间的是孩子的爷爷奶奶、外公外婆，他们欢喜得把皱纹都挤了起来。床尾站着的是医生，看着眼前的一幕，虽然他已极少遇到意外，但他不禁也笑了起来。而孩子也在笑，不知是否因为他的名字叫“国庆”。(巧妙点题。)

第二幅照片我想拍养老院。(这是写“老”。)

一扇半掩的门，门缝正对的是一扇窗，窗旁有三个人。坐着的是一位发已灰白的老人，眼神炯炯，透着点点求知欲望；左边一人，后背微弓，一手扶着椅背，一手指着屏幕似乎在说着什么；右边一人只露了半边身子，只能看见穿着白大褂，似乎是医务人员。(近景。笔触细腻！)透过窗子，能看见对面的小山丘，小山丘上有篮球场、网球场……远一点有健身场地，再远一点隐约还有一片湖，湖边有三五成群的老人在钓着鱼……(远景。颐养天年的好地方！)

第三幅照片我想拍西部，要航拍，拍全景。(前两幅照片是小处着眼，第三幅照片是大处着手。这些，表现出作者的选材剪裁的用心。)

一望无际的森林，一眼看不到尽头。这里是哪儿？它的名字叫西部大森林。什么？当然，它曾经的名字叫戈壁滩。真的？我也觉得是假的，可它就是发生了。这一整块，依旧是镶嵌型的，不同的是，以前是黄色的背景上镶嵌点绿色，而现在是绿色中镶嵌着黄色。它的边沿是农田，农田边是一圈圈许多年前的防护林，曾经半死不活的防护林现在早已枝繁叶茂，再也不会有人说防护林水土不服了，再也不会有人骂它荒唐了。(沧海桑田，反映出祖国建设的日新月异。)

一百岁的共和国，不禁让人耳畔响起悠悠传唱千年(在“千年”前加上“数”，或者说成“两千多年”，似乎更为恰当。)的“使老有所终，壮有所用，幼有所长……”，大同中华的理想终实现于幸福中国。(“幸福中国”，点睛之笔！)

【综评】

本文的最大亮点在于画面美，材料新，思想深。

文章不仅扣住为共和国拍照的材料，而且从中挖掘出“幸福中国”的主题，从这个角度可以看出思想的深度。另外，贴切丰富的材料体现了作者积累的功力，“幸福中国”的观点更彰显了其高于同龄人的眼界，实在难得。谋篇布局上，能看得出训练过的痕迹，但又不失为一篇有个性化创造的佳作。

典题 17 “重读长辈这部书”（2017年高考天津卷）

请根据下面的材料，写一篇文章。

我们在长辈的环绕下成长，自以为了解他们，其实每一位长辈都是一部厚书，一旦重新打开，就会读到人生的事理，读到传统的积淀，读到时代的印记，还可以读出我们自己，读出我们成长时他们的成长与成熟，读出我们和他们之间认知上的共识或分歧……

十八岁的我们已经长大，今天的重读，是成年个体之间平等的心灵对话、灵魂触摸，是通往理性认知的幽径。

请结合自己的生活阅历深入思考，围绕“重读长辈这部书”写一篇作文。

要求：① 自选角度，自拟标题；② 文体不限（诗歌除外），文体特征鲜明；③ 不少于800字；④ 不得抄袭，不得套作。

【典题解析】

要写好这篇作文，首先必须准确地解读“重读”的含意。“重读”意味着以前读过，只是以前的“读”可能失之于肤浅，或者感性，甚至是误读；而今的“重读”应该是平等的心灵对话、灵魂的触摸、理性的认知，会带来思想的碰撞。对“长辈”的外延也要明确，包括父辈的父母、舅姑、叔姨等，祖辈的祖父母、外祖父母等。有了这样的界定，选材范围会宽许多。然后就是找到恰当的切入点。材料对“重读”有六个方面的提示（三个“读到”三个“读出”），那么下笔之初就要深入思考：读到的“人生的事理”是什么？“传统的积淀”有哪些？“时代的印记”又包括哪些内容？读出的“我们自己”是何时的自己、怎样的自己？长辈们的“成长与成熟”表现在哪些方面？我们与长辈们之间在认知上的共识或分歧在哪里，抑或有哪些分歧又如何达成共识？材料中的省略号则意味着还可以从其他角度去读长辈这部书。在一篇文章中不可能八面出击，最好选择自己感受最深切、理解最独到，最能展示自己写作才情的方面（包括文体的选择）去写。

佳作 22

父辈是个“多面体”

——微信群聊天记录

（很有时代色彩的另类文体。）

【微信群】叛逆追风美少年

【成员】创客007、佐罗侠、海河超人、就是不服（微信成员的用名与微信群名很匹配。）

【聊天记录】

创客007：各位兄弟，今天咱们聊一聊关于长辈的话题。（直入主题。这是作文特别是考试作文的必需。）

佐罗侠：好老套的话题。不过，就要高考了，大家就拿这个话题练练手吧。

海河超人：我开个头。我觉得首先得给“长辈”确定范围，到底谈哪个或哪些长辈，这是必须考虑清楚的，否则就有些盲目了。（给“长辈”确定范围，明智之举！）

就是不服：我服了你了，那就先说说各自的父亲吧。我爸在我心里就是个神，他多才多艺，画画、写字、唱歌、跳舞，样样精通。我始终想不明白，他什么时候学会了这么多本领啊。真是神了！

创客007：其实也没什么，他们上学的时候没有太大的压力，所以才能全面发展。哪像咱们，除了看书、做作业，别的什么都别想了。（在比照中，对现实不无针砭讽喻之意。）

佐罗侠：有道理。我爸的本领也不小，他都五十岁了，轮滑玩儿得那个溜，在银河广场上一出场，掌声一片；他的单杠、双杠，那动作比国家队的运动员也差不了多少。他天天上班，工作也挺忙，还能抽出时间锻炼，想想也挺不容易的。（两个父亲的形象，在后辈的心目中都很正面，甚至有点高大。）

海河超人：长辈有自己的追求，有自己的兴趣爱好，并且能坚持下来，这就是毅力，我们除了敬佩之外，还得考虑如何向他们学习。（点明“毅力”，表明学习之心，切入主题！）

就是不服：父亲是一部书，一部内涵丰富的书。

创客007：还有哪些内涵。你能说说吗？

就是不服：我得想想。

创客007：关键时刻掉链子。（很形象的语言。）我发现，他们那一辈人好折腾。我爸爸从年轻的时候就折腾，到现在还在折腾。他年轻的时候在一个效益还算不错的单位工作，结果他主动辞职了，非要自己单干。他先是卖装饰镜，赚了不少；有了资金后，就贷款开了个家电门市部，也赚了不少；感觉腰有些粗了，又跟人合作开了个电器商城。他天天那个忙啊，没法说。好不容易搭建好了各种关系，干得顺风顺水，你们猜怎么着？他正琢磨着要进军什么IT市场。是不是有些异想天开？（从“折腾”入手，谈父亲的创业史，个中实质上是赞赏的情感。）

海河超人：生命不息，折腾不止。这种“折腾”精神，其实是一种不满足于现状的精神，是一种不断进取的精神。为你老爸点赞！（点明“进取”，还是对长辈的认同。）

就是不服：我服了。咱们的父辈还真不简单！

佐罗侠：实际上，他们每个人都是多面体，比如他们很看重亲情、友情，他们很讲诚信，他们很有正义感，他们勇于担当……（拓展文章的内容，丰富文章的主题。）

海河超人：长辈这部书需要我们不止一次地读，我们尤其要思考，如何把他们的优良品质传承下来。这样，几十年后咱们才会无愧无悔。

创客007：今天就聊到这儿，下次继续。拜！（很有现场感。）

【综评】

作者以微信群聊天的形式，表达对自己长辈的重读与思考，这是一种很大胆的选择。聊天的话题是明确的，聊天的进程是清晰的，全文呈现出的聊天内容完整、有逻辑性。

本文重点谈了长辈的生活情趣及不断进取的精神两个方面，这对现在的很多青年人来说，是值得认真思考的两个问题。

考生先点明话题，然后重点谈长辈两个方面的特点，最后落实到“我们”应该怎么办上，看似随意，实则经过了巧妙布局。

另外，语言表达符合“聊天”的情境，聊天的参与者有不同性格，发言有主有次，展开有详有略，因此文章曲折有致，读来有趣。

佳作23

读你千遍也不厌倦

（引用歌词为题，醒目！）

“读你千遍也不厌倦，读你的感觉像三月。”

其实，这歌词用在妈妈身上再合适不过了。每次翻读妈妈这本书，总会让人有如饮醇浆、如沐春风的感觉。（两个“如……”，形象地表达了妈妈给人的温暖的感觉。）

第一章：“都是亲人，何必锱铢必较？”

（主体部分分三章展开，是橘瓣式结构，让内容丰厚，使层次明晰。）

父亲兄弟姐妹四个，和很多大家庭一样，在财产及养老问题上总会有大大小小的矛盾。但这些矛盾往往在刚刚萌芽的时候就被化解了，一家人总能保持着和睦与和谐。这其中（“这其中”的表述有隐性重复的问题，可以换成“这当中”“个中”之类的。）妈妈可以说是居功至伟。（“居功至伟”，是高度概括，也是高度礼赞。）

关于奶奶的赡养问题，二叔说，他那里房子小，没有地方；三婶说，她和三叔忙着照顾店里的生意，没有时间；姑姑说，表哥正读高三，需要安静的环境。妈妈说，那就到我家吧。爸爸妈妈工作也很忙，就托人请了个很称心的保姆，一直照料到奶奶离开这个世界。（在比照之中，凸显人物的品质。）奶奶留下的房子，妈妈说，二叔最困难也最需要这个房子，就给他吧。

有人说，妈妈太傻，光做吃亏的事。妈妈说：“都是亲人，何必锱铢必较？”

第二章：“这样做，是对他们的尊重！”

社区搞募捐之类的慈善活动，妈妈就像打了鸡血一样积极响应。家里有暂时不用的厨具、日常用品，她要清洗得锃光瓦亮才送到居委会；我们三个不再穿的衣服，她总要洗净熨平，甚至衣扣掉了、拉链坏了，她都要缝好、修好才投进募捐箱里。（以异乎寻常的举止，表现异乎寻常的品质！）

有一回我开玩笑地嘲笑她“有洁癖”。她很严肃地说：“无论什么时候，都要想想那些有需要的人。这样做，是对他们的尊重！”

妈妈的话，直到我上了高中，在政治课上听了老师对尊重的分析后才真正理解、明白。

第三章：“多干点儿工作不吃亏！”

（三个小标题都用人物的语言，很有概括力，也很有表现力。）

妈妈是大夫，加班是常事，有时下班刚进家门，接到电话后又急匆匆地开车上路。有时是新来的病号需要会诊，有时是其他大夫临时有事需要替班。只要身体允许，妈妈从没说过“不”字。在单位，她也没有闲着的时候。有一次我去医院，找了半天才在病房里见到她。当时她正帮护士们处理一个手术后病人的护理问题，而这并不属于她的职责范围。

妈妈常说：“多干点工作不吃亏！这样自己很充实、很快乐。”（不同寻常的人生境界！）

“读你千遍也不厌倦。”每次翻读妈妈这本书，总是被感动。（点题之笔。）我常常想：是什么让妈妈如此豁达，如此博爱，如此具有奉献精神？这不是选择题，不是论述题，而是一道实践题，是一个需要用一生去思考、力行的宏大课题。（引发读者的思考，有“言已尽而意无穷”的况味。可谓曲终奏雅。）

【综评】

用歌词做题目很新颖，也很吸引人。文章的三个小标题，是妈妈曾说过的话，起到了很好的提纲挈领的作用。豁达、博爱、奉献精神，这是妈妈这本书的三个关键词。关于妈妈的几件事都很生活化，没有平时的观察与积累是很难在紧张的考场上提取再现的。以歌词开篇，很自然地引出读妈妈这本书让人有如沐春风之感，巧妙点题；结尾再次引用歌词，首尾呼应，并提出妈妈为何能有精彩言行的问题，表达了要做妈妈那样的人的良好愿望。

典题 18 “车来车往”（2017年高考江苏卷）

根据以下材料，选取角度，自拟题目，写一篇不少于800字的文章；文体不限，诗歌除外。

生活中离不开车。车，种类繁多，形态各异。车来车往，见证着时代的发展，承载了世间的真情；车来车往，折射出观念的变迁，蕴含着人生的哲理。

【典题解析】

这道作文题贴近生活实际，是“接地气”的，有烟火气、生活味，更有历史、人生的纵深感，给考生提供了比较大的施展空间。因为，车是人类文明的缩影。

从文体的角度观照，似乎做成记叙文容易一些。可以从自行车、轻骑、摩托车、电瓶车、小汽车、无人驾驶汽车的演变做成一篇家族发展史，也可以从公共汽车、普通火车、动车、高铁的演变做成一篇国家交通史。这正体现了材料所说的“车来车往，见证着时代的发展，承载了世间的真情”。而“车来车往，折射出观念的变迁，蕴含着人生的哲理”又似乎更多地指向了议论文，可以从车子演绎出“绿色出行”（尽量少开车）、“车有车路，马有马道”、“车到山前必有路”等道理，也可以由车子为人生提速的角度逆向思维，倡导“优雅慢生活”的观念。甚至，也可以从“车”说开去，把“车”置换为其他物件。甚至，还可以不说“车”，转而说说步行。这样，会让文章更具新意。

当然，如果你能够驾驭，甚至也可以写成说明文、抒情散文，或者小小说之类的。

佳作24

绿皮火车的成长道路

我，是一辆绿皮火车。（让绿皮火车来自述，好别致的叙写角度！）

我是20世纪的产物，我第一次出现在人们眼前时，他们的眼里充满着喜悦的光芒，就连妇女们怀中的婴儿也睁大了眼睛，伸着小手想触摸我那锃亮的皮肤。（曾经的辉煌。）

我在每日的奔波中不断成长，我的嗓音由起初的清脆变成雄浑，连我吐出的烟雾也变得浓厚。我为人们送去便捷，为亲人们送去团聚，为朋友们送去欢声笑语……

我依旧在成长，冷风的抚摸使我原来锃亮的皮肤裂开了道道缝隙，阳光的热烈又使我的皮肤块块脱落，我腹上的编号早已看不清楚，脱落的皮肤下生出片片锈斑，时代的进步又让我的快车兄弟们不断涌现……（渐渐地，为时代的大潮所冲击。）

我，是一个资深的怀乡病患者，我过山腰，过河流，过田野，过桥梁，我一路往西，一路向北，向母亲泪眼婆娑的年关前走，向父亲风湿病的膝盖前走，我在成长的路上探求着自己的价值。（虽然不能跟上时代的步伐，但是仍然在发挥着自身的作用。）

我像你一样，外表寒酸；像你一样，风里来，雨里去。我在自己的轨道上喘着粗气，随时准备接受快车兄弟们鄙视的眼光。我对红灯毕恭毕敬，对绿灯心存感激，我在直道上志得意满，又在弯道上甩动自己笨重破旧的身躯，痛苦摇摆，喘着粗气。（艰难的处境，也是心境。）

我会因自己慢慢落后于时代的脚步而感到沮丧，会因快车兄弟们鄙视的目光而感到神伤，我却依旧走在成长的道路上，这些困惑着我的事都可以在我奔跑时随清风远扬，随水流激荡。我明白，困惑又有何用？不如清醒地做好自己，为人们贡献自己！（摆正位置，摆平心态。）

我在成长的路上与大地亲吻，与花草言谈，与山峰拥抱，与浓雾私语，与树木对望。我们充满欢笑，我以鸣笛示意，他们以怀抱回应。（很有生活气息的文字，自得其乐。）

我会在年夜送农民工兄弟回到故乡；我会在风雨中送走外出打工的孩子，并迎来他们父母希冀又担心的目光；我在大雪纷飞的夜里到达了终点站，却不会让自己停止奔波，我依旧在自己的奔波中成长。

你知道我的种种不好，我慢，身价低廉，随时准备给快车们让出轨道，但你却同样知道，我一定会到达你的那一站。（虽然卑微，也有尊严。）

我在成长的路上不断奔波，不断前行，不断追求。永无止境，永无终点。我，是一辆永驶成长之路的绿皮火车。（曲终奏雅，传递的是正能量！）

【综评】

这是一篇考场满分作文，主要有以下几个特色：

精彩开篇，气度不凡。这是一篇拟人化的散文，可以说文采飞扬，气度不凡。文章以“我，是一辆绿皮火车”开篇，精彩独到，为下文深入展开创造了格局，且取喻有心，含义深刻，一下子便把阅卷老师的心给抓住了。

描写细腻，颇具情怀。将火车拟人化，娓娓动情，叙写一路成长。四季风物，人世真情，齐奔笔端，交汇融情，一派天朗气清，美美与共，令人悦目，温暖人心。

紧扣立意，语言精美。选取独特的第一人称角度，紧扣立意，新颖独特，演绎成长的欢笑泪水。炼字精准，长短句交错，多用修辞格，语言精美，颇具功底。

佳作25

安步当车

一代伟人毛泽东诗云："神女应无恙，当惊世界殊。"（引用领袖诗句，统摄下文。开篇不俗！）

是啊！改革开放近四十年，中国社会的变化堪称翻天覆地。仅以衣食住行的行而言，撇开水中的轮船、空中的飞机不论，就是陆地上的车子，就有自行车、轻骑、摩托车、小汽车（大公交车）、电瓶车、共享单车、火车—动车—高铁等，无人驾驶汽车都快进入人们的生活了，还有成长过程中的学步车，游乐场中的碰碰车、过山车，行业内的救护车、消防车、执法车……形形色色。（化大为小，小中见大。好技法！）

然而，纵然你风情万种，我依然情有独钟。我还是喜欢安步当车。（兜兜转转，回到话题原点。于车来车往中，凸显了步行的特别。）

战国时期的齐宣王被贤士颜斶的巧舌如簧弄得啼笑皆非时，只好让步："好了，我不会怠慢你的，以后你仍然可以过着荣华富贵的生活。"哪知道，颜斶并不领情，当即辞别齐宣王说："谢谢大王的厚爱。我本是布衣粗食惯了的人；安步可以当车，晚食可以当肉，我还是回家自食其力吧！"颜斶的豁达自适的人生态度让人景仰。"莫听穿林打叶声，何妨吟啸且徐行。"东坡居士潇洒倜傥的名士风范让人艳羡。（两个关于"安步当车"的掌故，详略有致。）

我本凡人，到不了颜斶、苏轼那样的境界，但是，"虽不能至，然心向往之"。我对他们那种境界一直神往。

"快"是我们这个社会很多人的追求，"多快好省地建设社会主义""大干快上""跑步进入共产主义"之类的表述，我们并不陌生。普通火车提速，动车来了；动车提速，高铁来了。我们总是嫌慢不怕快。

殊不知，慢节拍的生活才是真正的奢侈品。（一个"殊不知"，让"慢节拍的生活"在总是追求快捷的时代成为"真正的奢侈品"的观念得到强调。）慢慢运动，慢慢旅游，慢慢阅读，慢慢思考，慢慢吃饭……其间自有一番情趣。当人们汲汲于名利，忙得恨不能把时间全部用来奋斗的时候，我们还是可以追求优雅慢生活的。

清晨，鸟语花香，穿行于花木繁茂的小径，空气清新，身心舒畅。

黄昏，风和日丽，漫步于店铺密布的小街，随进随出，眼福大饱。（整饬的句式，优美的文字。）

王维在辋川别墅一心礼佛，张岱在西湖边悠然寻梦，木心在低吟："从前的日色变得慢/车，马，邮件都慢/一生只够爱一个人。"梁雁翎在放歌："慢慢地陪着你走，慢慢地知道结果。"就是爱也无须匆忙。（排比句，表现力很强的文字。）

于是，当我读到梭罗的"我的人生有闲暇的余地。有时在夏季的一个清晨我像往常一样沐浴之后，坐在阳光融融的门前，从红日东升直坐到艳阳当头的正午，坐在这一片松林、山核桃树和漆树的林中，坐在远离尘嚣的孤寂和静谧中沉思默想"这样的文字的时候，"于我心有戚戚焉"的感觉油然而生。

《慢的崇拜》的著者凯若·哈娜说得好："慢是对所有事物新的、平衡的权力。"（引用。很有"独立之精神，自由之思想"的文字。）

在这个只恨不快的社会，在这个汽车塞道的时代，让我慢慢地走，慢慢地成长！（重申"慢生活"的理念。）

"在路上，行走的姿态，永远！不管永远有多远。"（一言以蔽之，文采与哲理兼具的文字。有曲终奏雅的意味。）

【综评】

这是时师的一篇下水作文，旨在演示散文的写作路径。

散文写作之要，在于"四文"——文胆（主题），文脉（结构），文化（内涵），文采（语言）。本文在"四文"方面是有所追求的。

先说文胆（主题）。篇末的"在路上，行走的姿态，永远！不管永远有多远"语多警策，发人深省。时师不仅表明了安步当车的生活状态，而且赋予"行走的姿态"以成长的内蕴，升华了主题。

次说文脉（结构）。时师在展示了形形色色的车子后，道出"喜欢安步当车"的主旨；随后以贤士颜斶、名士苏轼进一步强化主旨；接着抑快扬慢，倡导人们"追求优雅慢生活"，并且放眼古今，让王维、张岱、木心、梁雁翎为自己助阵；再引述梭罗、凯若·哈娜的话语为自己张本；最后水到渠成地升华了主题。

三说文化（内涵）。文中上下数千年，博涉中与外，文化气息浓郁。"安步当车"的典故，毛泽东、苏轼、木心、梁雁翎、梭罗、凯若·哈娜、《史记》和《孟子》等名家、名曲、名著中诗文的引用，水陆空交通方式的展示，"优雅慢生活"的理念……凡此种种，都是文化，让文章富有内涵。

后说文采（语言）。直接引用的文字本身固然是文采斐然的；时师的文字也多可圈可点——"纵然你风情万种，我依然情有独钟。""清晨，鸟语花香，穿行于花木繁茂的小径，空气清新，身心舒畅。黄昏，风和日丽，漫步于店铺密布的小街，随进随出，眼福大饱。""王维在辋川别墅一心礼佛，张岱在西湖边悠然寻梦，木心在低吟……梁雁翎在放歌……”“在路上，行走的姿态，永远！不管永远有多远。”这些，或理性，或华美；或整饬，或错综：读来让人齿颊留香。

佳作 26

私家车咏叹调

（“咏叹调”，意味着文章内容的丰厚。）

闺蜜买小汽车了！

邻居买小汽车了！

单位同事也开着小汽车进进出出了，而且不是三个五个！（以一组短句开篇，有造势的功效。）

安静再也安静不了了，因为这些太刺激人了！（女主人公名为“安静”，意味深长。）说到底，汽车不只是个汽车，背后还有个面子。

不由分说地，安静去驾校报了名，同时给丈夫古悦也报了。虽然古悦不太愿意。（男主人公名为“古悦”，也很有意味。）

随后的几个月，学驾驶成为安静生活的主要内容，古悦只是隔三岔五地去应个景。

教练可没有什么好脸色，似乎在他们的眼里，学员都是笨蛋。挨教训是家常便饭。难怪人们总说“学驾驶是耐挫教育的好机会”呢。（学驾驶的人的深刻感悟！）但是，随着家里的香烟渐次转移到驾校教练的手上，家里的美酒多次进入了驾校教练的肚里，教练的热情高了，安静的进步快了。（虽然负面，但是也是社会现实。）移库考，场地考，路考，一帆风顺。（文字简省，惜墨如金！）安静拿到了驾照。而古悦在两年期快满的时候，不管不顾地打了退堂鼓。

驾照到手了，买不买车就迫在眉睫了。

古悦觉得没必要，家就紧挨着两个人的单位嘛。安静拉着古悦看了一家又一家汽车门店，从一个又一个营销经理那里领教了什么是巧舌如簧、口若悬河。但是，考虑到安全系数、价位、油耗、停车便利性等因素，她硬是控制住了对 SUV 的欲望，最终订购了一款“帕萨特”。（虽然“没必要”，还是买：扣前文的“说到底，汽车不只是个汽车，背后还有个面子”。）

谁知道，“帕萨特”愣是非常抢手。左等，右盼，约定中的一个月过去了，没有货；承诺中的五十天过去了，还是没有货。（平地起波澜！）

安静忍无可忍，给店家打了电话，责问店主。营销经理随即登门带来了果篮，带来了鲜花，带来了歉意。其诚恳让你有火也发不出来了。

终于，六十六天的煎熬之后，“帕萨特”进了门。（“一个月”“五十天”“六十六天”：一方面是内心焦灼的表现，同时给人以生活的真实感。）提车那天，安静给“帕萨特”披红挂彩，接近家门时，可着劲儿，把喇叭按了一次又一次，还用眼睛的余光极力照顾了周围邻居的目光，又不顾临近午饭时间，开到单位转了几圈才回家。当晚，她又约上闺蜜好好地聚了一顿。（细节描写。兼顾了开篇时的闺蜜、邻居、单位同事等对象。）

安静再也不安静了！有事没事，她要开车出去兜一兜。去高速拉速度，载着家人去一日游，自驾和驴友去远途。（新买车的热乎劲儿，人同此心。）

路上的车子越来越多了！车难开，车更难停。油越烧越多，对环境的污染越来越严重。长期开车使得颈椎不适，行走功能退化……安静与医院打交道的频率越来越高。很多情况下都是开车惹的祸。（问题来了！）

路上的行人越来越多了！其中就有古悦的身影。古悦后来也没有再学开车，他偶尔坐坐安静的车，更多的时候是安步当车。于是，他活得简约，健康。

慢慢地，安静也不是那么眼热汽车了，毕竟汽车已经深入寻常百姓家。（改变，让情节有了曲折。）

【综评】

这是时师当年应邀而作的下水作文，发表在《扬子晚报》2017年6月8日的A6版。

当年负责江苏高考语文阅卷的时任南京师范大学文学院院长骆冬青教授对本文如斯评价：一篇注重立意的叙事文章，所写意思显豁，即购买轿车前后的生活与心理悖反。笔墨集中在主旨上，叙述时颇有一点调侃，一点幽默，一点高调。这显示了一种成熟，一种文字驾驭能力。

时师以为：

作为一篇应试的小小说，它要完成人物形象的塑造，要注意故事情节的展开，要体现出比较鲜明的主题，其实不是很简单的事。

本篇的安静从追风、虚荣到返璞归真，古悦守旧、活得简单，两个形象因对比而给读者以清晰的印象。

从情节的设计看，时师安排了学不学车，买不买车，开不开车几个环节，而且环环相扣，展开有序。

从我的情感倾向看，文章倡导的是包括绿色出行在内的简约生活理念。

至于可能会有的整体头重脚轻、结尾直奔主题之讥，实际上是囿于考试作文对字数的限制与考试阅卷的特殊机制，似乎也是可以理解的白璧之瑕。

佳作 27

真情轮转

（岁月如流，往事悠悠。车轮转悠，真情永恒。）

1979，28 型“凤凰”自行车

（小标题：时间 + 对象。新颖，明朗。）

我是 1979 年来到这个主人家的。（叙事视角新颖、别致。运用了拟人手法。）主人是个村官，经常要去公社开会，步行来去需要近三个小时，很耽误事情。于是，主人咬牙拿出家里有限的积蓄，还找供销社主任批了一张计划券，把我“请”回了家。（好有时代感的叙事！一部自行车而已，居然要“咬牙……”，要“计划券”，不可想象吧？）从此，我驮着主人在村里、社里来来去去，大大提高了工作效率。

记忆里最深刻的印象是，主人每个星期会驮着小主人在家里和三十里开外的一所高中之间走一趟，因为小主人在这所高中备战高考。一路上，主人和小主人有说不完的话，常常是小主人说给主人听，正值壮年的主人似乎因为看到小主人的似锦前程，会猫下挺直的腰杆把我蹬得飞快。（细节，传神！）冬去夏来，村里飞出了“凤凰”，小主人金榜题名，成为“文革”后村里的第一个大学生。

1999，“力帆”摩托车

随着“凤凰”落架，“木兰”退役，我成为小主人的代步工具了，时间是 1999 年。（对“凤凰”自行车、“木兰”小轻骑的表述也是很艺术的。）小主人为我付出了近万元的代价，但没有托人的麻烦，付了款就直接把我骑回家的。（“近万元”和“没有托人”，侧写了社会的发展。）

小主人跟我做得最经常的事情就是载着小小主人上学、放学，还有星期天赶舞蹈、二胡、跆拳道等培训班。（教育生态的反映。）

小小主人奋力扬帆，从小学里的“校园之星”，到初中里的年级学霸，一路高歌猛进，还在全国性的作文大赛中获得了一等奖的殊荣，与此同时，还先后拿到了舞蹈、二胡、跆拳道等等级证书，然后，顺理成章地考进了当地最好的高中，还进入了实验班。我自然被主人家视为功臣，因为我确实为他们节省了不少时间。（摩托车，与时俱进的功臣。）

2009，“朗逸”汽车

花无百日红，“力帆”操劳十年后再也无力扬帆了，我——“朗逸”——成了当年的小主人家的新座驾。（时代不断进步，汽车登场了。）

让我困惑的是，小主人似乎不待见我，在驾校折腾了一圈后，就不愿意受教练的折磨，铩羽而归。女主人成为我真正的主人了。

话说这位女主人真威猛：第一次上高速公路，就是独自驾着我，带着小主人和小小主人一家三口到泰山还愿，只为曾经许下的高考愿望奇迹般地实现了；第一次开着我走夜路，就是到上海去接大学放假的小小主人，虽然在途中有过惊但是幸而无险；第一次一家三代的远途自驾游，就是凭着导航，随性而行，把老人乐开了花……（几个“第一次”，端的“威猛”！）

转眼间，我也快服役十年了。想到“凤凰”落架，“木兰”花谢，“力帆”风光不再，我知道我也有不硬“朗”飘“逸”的那一天；但是，我乐意让无人驾驶汽车早日接替我，我乐意把我的前任们所承载的亲情接过来，传下去，传给无人驾驶汽车。（瞻“前”顾“后”，不忘传承，尽心，豁达！）

车轮转悠，真情永恒！（点题。强化主题。）

【综评】

这也是时师的一篇下水作文，是以片段组合式结构而成的记叙文，所截取的三个片段有浓烈的时代印痕，内容比较丰厚，选材很有特色。

用“凤凰”“力帆”“朗逸”第一人称作为叙事的视角，是拟人手法，还有变化，这，颇有新意。

“凤凰”“力帆”“朗逸”（包括一笔带过的“木兰”）既是家庭的“车”的流变，也各有一定的寓意，看得出我的用心。

“真情轮转”的文题很有韵味，既有车轮的转换之意，也有车轮中承载的人间真情、天伦之欢，主题显豁。

典题 19 “话长话短”（2016年高考江苏卷）

根据以下材料，选取角度，自拟题目，写一篇不少于800字的文章；文体不限，诗歌除外。

俗话说，有话则长，无话则短。有人却说，有话则短，无话则长——别人已说的我不必再说，别人无话可说处我也许有话要说。有时这是个性的彰显，有时则是创新意识的闪现。

【典题解析】

这个材料由三个句子构成，第一句话和第二句话是材料的主体，这两句话看似对立，“有话则长”对“有话则短”，“无话则短”对“无话则长”，放在一起，其实是在引发考生对说话进行辩证的思考：该长则长，该短则短，或人长我短，人短我长。由此，考生可围绕说话谈“说话的长与短”“说话的学问”“说话的技巧”等等。材料的第三句话实际上是对第二句话的评说：别人有话则长，我偏有话则短，别人无话则短，我偏无话则长，这不是个性又是什么？另外，说第二句话的人其实偷换了句子的主语，第一句话的主语只有一个，那就是说话者“我”，而第二句话已经变成了两个主语，（别人）有话，（我）则短，（别人）无话，（我）则长。这不正是说话者创新意识的闪现吗？个中，实际上引出了两个话题，那就是“个性”与“创新”。考生在谈“个性”或“创新”时可以完全撇开前面的材料而思接千里。

考生只要从说话艺术、彰显个性、矢志创新三个话题中任选一个即可成文。如果兼顾甚至三顾，自然极好，只是要理顺互相的逻辑关系。

如果想得高分，选材、构思、语言功夫而外，辩证思维很重要。如果你谈说话艺术，就不能不谈到说话的对象、场合、目的、分寸等；如果你谈个性，还要分析个性的利弊，最好不要忘了共性；如果你谈创新，就不能不谈到继承。

佳作 28

无人处，赏西湖

（这标题，很有先声夺人的效果。）

西湖多姿，引游人如织前往，都踏着前人的路。

同一种风景不同人赏。虽有不同的心，但最终都奔着同一种美而去。或华丽或清秀的言辞皆被前人道尽，再添一笔反而多余。（众人的行迹与心态。）其中道理，张岱领悟得通透。“雾凇沆砀，天与云、与山、与水，上下一白”，他独自前往湖心亭。天地间空空荡荡唯余这干净到底的白。（张岱的特别之处。）此时人们大概都在围炉谈天，吟一句烂熟于心的“坐看青竹变琼枝”吧。千古雪景，但凡聚神于只草片树，多少都有些琼楼玉宇的富贵味道，难免起腻。张岱摇头一笑：那般平常的雪赏它作甚？环顾四周，但见“湖上影子，惟长堤一痕、湖心亭一点、与余舟一芥、舟中人两三粒而已”。无人处，少了人间口舌纷争，仅余这一片孤独与壮阔。此番清净博大若无人赞叹岂不可惜？（处处着意于对比，让主旨在对比中凸显。）《湖心亭看雪》应运而生，张岱遗世独立的形象同时与之长存。

昔日冬景与我无缘，却也有幸见识不曾被描摹文饰过多的雨景。（笔锋转到“我”的经历。）那是七月夏，荷香未浓。安恬步于湖边，耳边是游人不住的赞叹。到嘴边的欣喜被我生生咽回：我的赞美在久负盛名的西湖这里并无意义。于是沉默无言。

天色略灰，大团大团的灰云聚集，色近于黑。灰云缝隙里有犹疑不定的洁白日光，远处水天一色。不多久，风渐急，有了隐约雷声。雨丝轻柔，片刻间便成了大粒的雨点，砸在雨伞上错落有声，在那潋滟倏忽间潜入了水中。（写景。笔触细腻，层次井然。）不一会，湖边只散落着三两游人，雨帘密集，伞下各成天地，而这天地里只余我一人。难以名状的孤独将我缓缓笼罩。这天地浩大的孤独从四面八方冲着我这伞下的一方小空间奔腾而来。隔着重重水帘，我看到深色的湖水托起远处的黛色小山，顶着黑色小塔，塔上顶着灰白色的苍穹。水天相接处细如裙带的堤岸消失于虚无，水天合一。这婉约里的壮阔就如在裁剪旧衣中翻出的新款式，让人欣喜于这“新”来得如此突然，爱不释手。（触景生情。）

我叹惋无人欣赏西湖的孤独，却又庆幸这无人铸就了孤独。正如张岱笔下的遗世，若是人人可赏可言，那西湖也就不再成就张岱了。（古今勾连着展开。）

西湖的多姿温婉被谁第一个看去？（问得好！有味道。）那第一人鞋底初踏上湖畔时留下的青苔早已被溢美之词冲刷殆尽了吧。而我不愿重复相似的多余，只愿独赏滂沱雨声，一如张岱饮尽一杯寒冬。

张岱的船夫给他一字评价——“痴”。万千雪景，他只取一瓢，清高独立。如此我也算痴人了。（还是在古今的勾连中叙写。）缱绻温婉中，我只钟情于旧中的一点新。

我们都曾悄然闯入西湖的无人之境。（把张岱与“我”缩结到一起，巧妙地收束全文。）

【综评】

这是一篇阅卷专家组评定的标杆文，特色鲜明。

古今相衬，构思巧妙机智。开篇即言不同人都踏着前人的路，与结尾闯入西湖无人之境遥相呼应，凸显了“不走寻常路”这一主题。考生选用古代张岱在冬季赏西湖雪景，与自己在夏季赏西湖雨景的材料，一古一今，一冬一夏，一雪一雨，都是从一种“无人”的角度来赏景，且赏到了别具一格的新景。

选材新颖，表达诗意唯美。本文于似抒情又似叙述中将观点明确表达出来。面对西湖这一人人尽知的美景，作者另辟蹊径，描摹一个孤独、温婉的别样西湖，可谓是旧材新用，别具特色。本文以张岱为一引路人，步步指引着读者进入考生自己描写的西湖世界。

景物描写，使人如临其境。对于雨中西湖的描写，语言细腻生动，自然流畅。视线的角度由上至下，却又自下而上地描写细节，“水帘”“深湖”“黛山”“苍穹”终究是将西湖难以名状的“孤独”景色描写得淋漓尽致，让读者品味到了无人时赏西湖，赏的是什么，感的是什么。

佳作 29

亲承謦欬记略

（以一个相对冷僻的词语为题，契合文章内容，还给人有文化的感觉！）

几位欧美文学专业的研究生对欧·亨利之所以声名赫赫歧见纷出，于是拜谒皋城文学院杨教授成为他们共同的愿望。（交代故事的由来。）

杨教授何许人也？满头白发、一脸和蔼是他的外表，他可是资深的外国文学专家，博士生导师，在欧美文学研究领域拥有相当的话语权。（介绍文章的主人公，有外表，更有内在。）对于研究生们的争鸣不已，他给予了充分肯定，认为这是真正做学问应有的状态。（学者风范的体现。）对于研究生们所争议的欧·亨利，他以深厚的学养，从作品出发，进行了专业的引领。（巧妙地引出下文。）

首先，欧·亨利拥有文学评论界广为赞誉的“欧·亨利式结尾”，这是他独步天下的标志性创造。（从大家比较熟悉的“欧·亨利式结尾”说起。）犹如中国曲艺中的“抖包袱”艺术，他的小说往往在故事的发展中对重要的情节严守秘密，只在个别的地方做简要的说明，做好铺垫，等到结尾时才将“包袱”抖出来，使情节跳出人们潜意识里预设的结局，峰回路转，令人错愕，错愕之余，又不得不承认其合理性，戏剧性的转变让读者不得不对作者的安排拍案叫绝。大家耳熟能详的《警察与赞美诗》《麦琪的礼物》《最后一片叶子》是这样的，相对陌生的《一千元》《十月与六月》《布莱克·比尔藏身记》等佳构也无不如此。（从“相对陌生的……”可以窥见杨教授的“专业”。）

其次，欧·亨利擅长在选材上做文章。（选材是“写什么”的问题，这个方面欧·亨利也有异乎寻常的地方。）读过他的短篇小说的人肯定对《卖冤仇》印象深刻：这是一个关于没落子弟表现豪杰气概的离奇故事。落魄的律师戈里走投无路，暴发户加维收购了他的祖传房产，还“购买”了他与科尔特伦上校结下的世仇，在加维谋杀科尔特伦的现场，戈里挺身而出，替科尔特伦挨了加维的子弹。（确实匪夷所思！）真是“亏他想得出来”！还有他的“彼得斯”骗子系列，《彼得斯的感应功》《剪狼毛》《爱猪之心》《骗子的良心》诸篇，真是各有各的精彩。

再次，欧·亨利是个讲故事的高手。（三个角度的阐释，让人信服。）《命运之路》里诗人戴雅的死是一个必然的结局，通往这个结局的却是三个迥异的路径，大家熟悉的日本影片《罗生门》兴许就是得到这个作品启发的；《多情女的面包》讲的是因爱成灾的尴尬故事；《忙碌经纪人的婚姻大事》讲的是经纪人马克斯韦尔忙得忘记了已经结婚还向妻子莱斯利求婚的荒唐故事；《圣罗萨里奥的两位朋友》讲的是银行行长金曼和巴克利应对刻板财务检查的智慧故事……这些故事让人回味久长。（一个个精彩的故事。欧·亨利就是欧·亨利！）

最后，精神矍铄的杨教授强调：欧·亨利写作不以任何作家为楷模，创作时也不考虑什么规矩，可以说是随心所欲。所以，他的作品颇有无迹可寻的况味。正是他的独树一帜，为他赢得了与莫泊桑、契诃夫比肩的“世界三大短篇小说巨匠”的美名。（概而言之：欧·亨利之所以是欧·亨利，源于他的独树一帜。）

一言以蔽之，创新乃欧·亨利的成功利器。（单独成段，强调欧·亨利的“创新”。）

满眼睿智的杨教授一个多小时的侃侃而道，让亲承謦欬的几个后学醍醐灌顶，如坐春风。（点题。）

哦，差点忘了说一声：我就是在场的后学之一。（补充交代一笔，让故事的真实性得到确认。高明的一笔！）

【综评】

这是一篇访谈录性质的文章。

作者围绕“创新乃欧·亨利的成功利器”这个中心，从“欧·亨利式结尾”、在选材上做文章、讲故事的高手等方面展开，内容丰厚。全篇都是欧·亨利的作品，可以看出作者对欧·亨利著作不俗的积淀。

文章的开篇和收束相呼应，表现出作者谋篇布局的意识与技巧。

看来，文无定法，但是，法还是有的。

典题20 “漫漫旅途中的行囊”（2016年高考山东卷）

阅读下面的材料，根据自己的感悟和联想，写一篇不少于800字的文章。

行囊已经备好，开始一段新的旅程。路途漫漫，翻检行囊会发现，有的东西很快用到了，有的暂时用不上，有的想用而未曾准备，有的会一直伴随我们走向远方……

要求：① 选准角度，自定立意；② 自拟题目；③ 除诗歌外，文体不限；④ 文体特征鲜明。

【典题解析】

这是极富思辨性的材料。考生在“有用”和“无用”、“长用”和“短用”、“有备”和“无备”、“准备好的却没有用到”和“没有准备的却需要用到”等二元概念的解构分析中，展现自己的价值取向、情感体验。

材料中的“行囊”可以理解为人生的积淀，包括学识、技能、力量、情感、精神等。“旅程”可以理解为成长历程，包括一个人、一个团体、一个民族、一个国家。“行囊”里的东西肯定是一个人成长必备的东西。

写作时可以综合整个材料的含意来写，强调人生成长需要备好的各种物质和精神品质。也可以选择其中的一个角度来写，比如：“有的东西很快用到了”指能给你指明方向、带来力量的东西，让你在旅程中受用无穷；“有的暂时用不上”重在“暂时”，指总会对人生旅程起到作用的成长要素；“有的想用而未曾准备”适宜从反面立意，反思某些因素在人生旅程中的重要性，只是因为准备不充分、积淀不深厚而让人生产生了遗憾；“有的会一直伴随我们走向远方”是很有诗意的表达，也很有深意，可以是物质层面的，更应该是精神层面的某些优秀品质、情怀情操。

佳作30

书到用时方恨少

（是引用名句，也是文章主旨的表达。）

终于来到了这一天，高考。（入题快捷，干净利落！）

当试卷发下来后，本该焦躁的内心竟然有些平静，值得庆幸的是，很多题一眼就看出了它的答案，果然多年的积累是有用的。（扣“有的东西很快用到了”。）

做着做着我似乎有些飘飘然，欣喜于有学过的知识可以用上，总算没有白上这么多年学。我好像看到了胜利女神在向我招手，她身后洒满阳光，温和的笑意挂在她弯弯的嘴角上，我……停！这是在高考！我居然在幻想。（绘情绘景，真实感强。）

赶紧将思绪拉回，我听到寂静的考场中只有“沙沙”的写字声，我再次让自己陷入题目中。

我有些不屑，许多知识被老师逼着记下，却发现根本没有考，我有些郁闷，连带着下笔写字的力度也重了几分。（扣“有的暂时用不上”。）

当考试还剩五十分钟时，（启动“倒计时”模式，营造出急鼓繁弦的感觉。）我决定写作文，不知是否是我过于“轻敌”，连续读了几遍竟然没有读懂题目，心中顿时警铃大作，这时才感到脑中积累的素材如此之少。想写“陈寅恪不慕学位，一心向学”？不行。想写“刘文典之后再无狂徒”，却发现与材料无关。想写“钱钟书为专心写作而拒客”？更是没有关系。（扣“有的想用而未曾准备”。）

此时，我的手心已是满满的汗水，我终于体会到“热锅上的蚂蚁”是何种心情了，距离考试结束只有三十分钟了，（继续制造紧张的气氛。）我的大脑却依旧一片空白，这该如何是好！

这一刻，耳边“沙沙”的写字声似乎成了“催命符”。我不禁再次感叹“书到用时方恨少”，若是平时再多背几个人物素材就不会像现在这般狼狈不堪了。（点明主题。）

一滴汗水从我的鼻间凝聚，我听见它“吧嗒”一声掉落在我的手背上，烫得我的手火辣辣的疼。似乎苍蝇也看出我的窘迫，趾高气扬地飞舞在我面前，嗡嗡地嘲笑着我的样子。（精彩的细节。）

这时，距离考试结束还有十五分钟。（让紧张的气氛蔓延开来。）

我急躁不安，作文还一动没动，又发现选择题还未涂。只好先放下这让人头痛的作文。

涂好卡后我突然想到，这个材料不就是告诉我们，虽然有些东西暂时用不到，但仍要提前做好准备，更不用说那些会用到的东西了。这是告诉我们要做好一切准备，免得像我现在这样啊！（再次点题。）

正当我要提笔时，传来了一声晴天之雷，考试结束了！

看着空荡荡的作文，我又叹了一声：“书到用时方恨少啊！”（全篇有如考场实况转播，让人透不过气来！最后仍然没忘点题。）

【综评】

本文是题材时新的记叙文，仿佛考场的实况转播一般，特色鲜明。

构思巧妙，匠心独运。标题拟得巧，题目“书到用时方恨少”直接扣住材料中的

“用”这个字。在正文中，全文也紧紧扣住了“准备旅行之用”这一中心，巧妙地把原材料中的四个“有的”全部放入文中，凸显了中心，这显示了考生不同一般的构思能力。

波澜起伏，抓住人心。在叙事上，全文波澜起伏，作者巧妙运用了表明时间的语句：“当试卷发下来后”“当考试还剩五十分钟时”“距离考试结束只有三十分钟了”“距离考试结束还有十五分钟”“考试结束了”……随着时间的一步步推移，我们时刻为作者揪着一颗心，他（她）到底能不能顺利完成这篇高考作文呢？当我们看到文章最后那句“书到用时方恨少啊”，一定会露出会心的微笑，为考生的机智和随机应变点赞。

典题21 神奇的书签（2016年高考北京卷）

书签，与书相伴，形式多样。设想你有这样一枚神奇的书签：它能与你交流，还能助你实现读书的愿望……你与它之间会发生什么故事呢？

请展开想象，以“神奇的书签”为题，写一篇记叙文。

要求：表现爱读书、读好书的主题；有细节，有描写。（不少于700字。将题目抄在答题卡上。）

【典题解析】

书签本是寻常物，如何赋予其“神奇”的特性呢？这，自然离不开想象力。必须借助于不寻常的故事，来揭示“神奇”之所以为“神奇”。

但是，“神奇”还不是文章的中心，还必须“表现爱读书、读好书的主题”，否则，你的文章就不是最理想的状态。这是题目“要求”中明确的规定，毕竟，“文以意为上”。

作为一篇记叙文，还必须“有细节，有描写”，这样才能更加有看点。

佳作31

神奇的书签

六月的天气闷热、烦躁，一场大雨扫去了空气中的尘埃，夜间凉风习习，伴着泥土的清香，窗外夜色漆黑，屋内的我却辗转难眠。（以景物描写开篇，让文章多了几分文学色彩。）

“你睡不着吗？那我来和你聊聊天吧！”书签说道。（书签会说话，还是聊天这种高层级的说话。倒是“神奇”。）这枚书签是叶子的形状，儿时玩耍间偶然拾得，伴我至今。（交代书签的来历。很有必要的一笔！）

“我们能聊些什么呢？”我含糊地回答道。

“你还记得路遥先生的《人生》吗？”（切入读书主题了。）

“记得。那时我还在读中学，像高加林一样向往繁华的城市生活，对未来有着无限的憧憬。”

“那时的你还很浮躁，总是想着一蹴而就，不明白理想和现实的差距。路遥先生着力塑造了高加林这一人物形象，他身上既体现了现代青年那种不断向命运挑战、自信坚毅的品质，又同时具有辛勤、朴实的传统美德。但他心气很高，有着远大的理想和抱负。而现实与他心中的理想总是相差极远。正是这样的反差构成了他复杂的性格特征。”（巧妙地表达了作者对《人生》的熟悉程度。）

“是啊！人是一个复杂的动物，人生也充满着矛盾。这本书让我从一个无惧世事的孩子瞬间成长为一个独立的个体。不再幻想不切实际的事情，脚踏实地地过好眼前的生活，开始认识社会，开始思考自己的人生。

“亚里士多德曾经说过：‘人生最终的价值在于觉醒和思考的能力，而不只在于生存。’（请出亚里士多德，助阵作者的议论。）当我们从少年成长为青年，我们需要对自己负责，我们要有勇气做出选择，在选择之后勤于思考与领悟，掌握属于自己的人生。人生其实是矛盾与选择的综合体，无关对错，关键在于我们能否有勇气在矛盾中做出选择，并且勇敢地承担一切后果。”

“没错，你的确懂得思考人生了。前两天我带你看王安忆的《长恨歌》，看完了吗？有何感受？”（又是一部当代著名的长篇小说，可以约略知道作者的阅读取向。）

我停顿了片刻，点头道：“看完了，文字很细腻，像是散文，却是小说。（独特的阅读心得！）我很惊叹于王琦瑶这样的女性。她对于生活确实有着常人所没有的热爱与坚守，即便是在动乱社会，她依然能够过好自己的小日子；她对于自己的未来有着明确的目标，生活中偶尔为小目标妥协，但始终执着地坚守着大目标。

“一个女孩的选择很有限，但这也是选择，选择了城市，选择了物质，选择了时尚与繁华，就要承担精神的寂寞和时代变迁的调整，王琦瑶勇敢地承担了一切。原来成长便意味着承担。”

这时我听见书签些微地动了动身子，（细节描写，让情景更加真实。）长叹了一声：“书会带给你意想不到的成长。”（点睛之笔。）

窗外响起了青蛙的叫声，点缀了这漆黑的夜。（呼应开篇的景物描写。）

【综评】

文章非常切题。文章从描绘六月的晚上“我”睡不着开始，这样的开头很吸引人，接下来就看故事是否精彩，书签是否神奇了。我与书签的对话是文章的主体，书签开始说话，这是神奇之一；书签居然还懂得了那么多书中的道理，这是神奇之二。作者借助想象，通过呈现两本书中主人公的人生轨迹，体现出“读书使我成长”的主题。而这一主题，正是神奇的书签带给我的。

文章结构堪称严谨，以景开始，以景结束，首尾照应，全篇浑然一体。

佳作32

神奇的书签

“主人，快醒醒，咱们今天一块去见诸葛先生，好吗？”一大早，我在迷迷糊糊中就被我夹在《三国演义》中的那枚小小的书签叫醒。（书签人格化了。扣住了“神奇”做文章。）这枚书签可精美了，上面印有京剧《空城计》的剧照呢！我是一个地地道道的“三国迷”。最仰慕的三国人物就是诸葛先生了，他舌战群儒、草船借箭、火烧赤壁……无不让我佩服得五体投地。（为故事的展开找到合适的逻辑。）

平时起床总是磨磨蹭蹭的我，听了书签的话，大喜过望，立即告别了周公，迅速从床上跳起来，三下五除二就洗漱完毕，然后急不可待地背上书包，急切地问书签怎么出发。（“磨磨蹭蹭”“大喜过望”“三下五除二”“急不可待”：作者词汇量挺大。）

书签让我闭上眼睛，过了几分钟，才让我睁开眼睛。（再扣“神奇”，出行方式的非同寻常。）等我睁开眼睛时，看到前方不远处有一块巨大的石碑，上面刻有“卧龙岗”三个大字。我兴奋得差点蹦了起来，连忙要书签带我去见诸葛先生。不料，书签却冲我摆了摆手，说：“不行，你忘记‘三顾茅庐’的故事了吗？咱们需要表现出诚意才行。”（曲笔。让故事起了波澜，让文章更加耐看。）

我一听，赶紧从书包里掏出便笺，工工整整地写了一封求见信。书签接过信，突然就从我眼前消失了。过了许久，才见书签从天而降，笑呵呵地说：“诸葛先生看了你的信之后，被你的诚意打动，同意马上接见咱们。”

正说着，只见一群人簇拥着一位羽扇纶巾的老者来到近前。我定睛一看，那不正是我仰慕已久的诸葛先生吗？我连忙用古人的礼节上前施礼。在寒暄之后，我便迫不及待地开始向诸葛先生请教：“诸葛先生神机妙算、料事如神，我也想有您那样的聪明智慧，有什么可以立竿见影的妙诀吗？”诸葛先生笑容可掬，语重心长：“孩子，我哪里是什么神机妙算，只不过自己平时注重学习积累罢了。（扣读书主题。）就是赤壁大战中的东风，也不是我借来的，我设坛作法，只不过是让士兵以为我们真的有神助，以振作士气罢了。我多年前就注意观察记录天气变化，依据这些经验，我准确判断会有东风刮起，所以，就选择了那天与曹军决战……”这时，书签插嘴道：“这就是人们常说的‘机会常青睐有准备的人’吧？”诸葛先生连连颔首称是。（三者对话，情景逼真。）

“还不快醒醒，你不是要和你爸去看《斩马谡》吗？”妈妈的声音在耳边响起，我睁眼一看，原本夹在《三国演义》里的那张印有京剧《空城计》剧照的书签掉在了床前，我连忙捡起，小心翼翼地把书签重新插到了书中。（原来是个梦，内容还挺丰富的。此，足见构思之功。）然后，洗了洗脸，就和爸爸一道向剧场飞奔而去……（始终扣住《三国演义》做文章，妙笔！）

【综评】

本文凭借着丰富的想象力，描写了一个梦境：神奇的书签帮助“我”了却了一睹诸葛先生真容的心愿。

尤为值得称道的是，行文处处扣住《三国演义》展开：书签夹在《三国演义》中，书签上面印有京剧《空城计》的剧照，“我”和爸爸去看《斩马谡》……字里行间表现出“我”对古典名著《三国演义》的挚爱，从而表现出了“爱读书、读好书”的主题。

典题22 “我的青春阅读”（2016年高考天津卷）

请根据下面的材料，写一篇文章。

在阅读方式多元化的今天，你可以通过手机、电脑等电子设备，在宽广无垠的网络空间中汲取知识；你可以借助多媒体技术，“悦读”有形有色、有声有像的中外名著；你也可以继续手捧传统的纸质书本，享受在墨海书香中与古圣今贤对话的乐趣……

当代青年渴求新知，眼界开阔、个性鲜明，在阅读方式的选择上不拘一格。请围绕自己的阅读方式，结合个人的体验和思考，谈谈“我的青春阅读”。

要求：① 自选角度，自拟标题；② 文体不限（诗歌除外），文体特征鲜明；③ 不少于800字；④ 不得抄袭，不得套作。

【典题解析】

这是一道材料作文其表、话题作文其里的命题，有着比较鲜明的“任务驱动型”作文的色彩：“我”指的是包括考生在内的“当代青年”，“青春阅读”是说要围绕年轻人的“阅读方式”展开行文，省略号意味着材料列举的三种方式而外也在行文范围内，导语中的“围绕自己的阅读方式，结合个人的体验和思考”则意味着要写出自己的特有经历和独到认识。这些，都是对写作切入点的具体“规定”和“提示”。

具体写作时，可以只及一点，写写你钟情某种阅读方式的前因后果及其操作要领等；也可以兼及两种甚至两种以上，在比较优劣中表达自己的思考。可以具体叙写如何选择恰当的阅读方式，以高效率地获取更多更有价值的信息来充实、提高自己；也可以结合自己的阅读经历，与读者分享深度阅读、快乐阅读的体会与收获；还可以针对有些年轻人阅读过于功利化、娱乐化、浅表化等现象，在分析原因、指出危害的基础上，提出精神阅读、心灵阅读、深度阅读等方面的建议。

佳作33

才 子

（标准的小说标题！很能吸引读者的关注。）

每天坐地铁上学，经常碰到“才子”。（入题快捷。）

我不知道他的名字，因为他读的书多，谈吐不凡，所以我就叫他“才子”。他也不反驳，默认了。（才子的自我感觉很好。这，为下文的情节发展埋下伏笔。）看校服，他读的是市重点，比我们学校名气大。（继续铺垫。）同路的时候，才子总要说起刚读过的书。

“真不错。杜河南这个人是个雅士，收藏了很多书，并希望子孙继承下去。这样的书香门第，现在很难找到了。”

杜河南是谁，我不知道。所以只好讪讪地哼哈着。

“《唐语林》，宋朝王 tǎng 著。”才子怕我尴尬，忙善解人意地报出了书名。

我滑开手机搜索。

“应该是王 dǎng（谠）吧？”

“不，风流倜傥的‘傥’，错不了的。”才子自信地说。

我不再言语。回家上网，下载了《唐语林》的 PDF 版，确是“王谠”，才子错了。而且，他所说的杜河南其人，也不是什么雅士，而是浮奢谄媚之人，他藏书只是为了装点门面，圣贤的教诲他一句也没听进去。（一个有趣的情节，暴露了才子的“底子”。）

“我昨天读了周国平的《守望的距离》，真不错！”

才子的兴趣转到了当代。

“‘人生就是一个从一而终的女人，你不妨尽自己的力量打扮她，引导她，但是，不管她终于成了什么样子，你好歹得爱她。’这比喻，绝了！我就想不出来。看起来，以后这周老师的书得多看看，长知识长文采呀。写作文用上点，老师敢不给高分吗？”（典型的功利性阅读。）

说这话的时候，才子的眼睛直放光。（细节描写。）

“会不会被判抄袭呢？”

“不可能。老师哪有工夫去查到底是谁说的。放心！听我的。没错儿！”

我只好点头称是。

前两天，刚上地铁，才子就迫不及待地开讲：“你知道‘白银时代’吗？”

“王小波的小说。读过。”

“不对。是俄罗斯诗歌史上的一个重要时期，分为先期和后期的象征主义……”然后才子还提到了阿克梅主义、意象主义、未来主义等等，他舌灿莲花，听得我目瞪口呆。（看来，才子还是有几把刷子的，确实学问不小！）

“我最喜欢叶赛宁，他像时空中的一颗彗星，从地球闪过，留给人间一片灿烂的诗篇，感动了一代又一代的男男女女……”

看起来才子这次真动感情了。在高考前这么紧张的当口儿，还能读这些跟考试关系不大的书，才子还真不简单。

人无完人，以前对他的“误解”，还是擦除吧。（作者的心地包容、宽广！）

【综评】

这是一篇小小说。在文体的选择上占据了制高点。

作者通过三个场景，对“才子”的三种阅读状况进行了“展示”。前两种阅读，或不求甚解，或功利性太强，作者通过对才子的描写以及“我”的心理活动予以否定；第三种阅读，因为喜欢，所以动了真情，作者对此是肯定的。

作者的叙述干脆利落，一点也不拖泥带水；细节描写生动真实，传神地表现了人物的性格。文章中提到了《唐语林》《守望的距离》以及“白银时代”，很巧妙地彰显了作者平时的阅读优势。确实，没有平日的积累，是很难在紧张的考场上写出如此精美的文字的。

典题 23　假如我与心中的英雄生活一天（2015 年高考北京卷作文题 1）

在中华民族发展的历史长河中，从古至今有无数英雄人物：岳飞、林则徐、邓世昌、赵一曼、张自忠、黄继光、邓稼先……他们为了祖国，为了正义，不畏艰险，不怕牺牲；他们也不乏儿女情长，有普通人一样的对美好生活的眷恋。中华英雄令人钦敬，是一代又一代华夏儿女的榜样。

请以“假如我与心中的英雄生活一天”为题，写一篇记叙文。

要求：自选一位中华英雄，展开想象，叙述你和他（她）在一起的故事，写出英雄人物的风貌和你的情感。

将题目抄写在答题卡上。不少于 700 字。

【典题解析】

面对这道试题，有几个要点需要特别注意：一是所写对象必须是英雄人物，是“为了祖国……”的真正的英雄人物，只能写一位而非群像，也不能只是空泛地去谈“心中的英雄”。二是要求写出“你的情感”，这也是整篇文章需要体现出来的核心。可以从好奇、崇敬、敬佩等角度入手。三是必须是记叙文，而且是命题的，只是要记得把题目抄写到答题卡上去。

在行文中，要明确自己想要写的英雄的特点，在文章中进行集中描述；要运用熟悉的细节描写等方法，将英雄形象刻画得更加具体，体现英雄人物的风貌；要展开合理想象，详写自己怎样度过与心中的英雄生活的一天，有没有什么困惑需要心中的英雄解答，有没有什么话想对英雄说，等等。可以写自己与英雄就某一个话题的对谈，可以写英雄给“我”讲述的故事，凸显他们曾经为国家做出的贡献，表现他们的爱国情怀；也可以写英雄的平凡生活，凸显英雄人物在生活中“云淡风轻、生活化、有趣”等特点，让英雄的形象在文章中变得立体。

佳作 34

假如我与心中的英雄生活一天

站在时光隧道的入口处，我要去寻找我心中的英雄。纵然有时空的阻隔，我也一定要找到他！（不顾阻隔，只因为热望。）

我毅然决然地走进了时光隧道，（“时光隧道”，好创意，找到了一个合理的渠道。）在一阵又一阵的眩晕过去之后，我如愿（梦想成真了。）来到了清朝——中华民族的最后一个封建帝制朝代。而他，我心中的英雄，此刻正在虎门要塞主持着销烟。是的，他就是林则徐——中国近代第一位睁眼看世界的人。（此中有敬意！）他的身躯，是那样的高大伟岸；他的目光，是那样的凌厉，有着让人不敢直视的威严。（肖像描写。）我慢慢地向他走近，一步，一步……而他只是专注地盯着那一方方石灰池。池子里堆砌着的正是那毁了我们无数强兵猛将的罪魁祸首——鸦片！

我已经离他很近了，可是他依然没有注意到我，不只是他，所有人都没有注意到我的到来。噢！我明白了！原来他们都看不见我！（合理的说辞，表现了行文的智慧。）这样也好，毕竟我只是想和我心中的英雄生活一天。

这一天，是1839年的6月3日。这一天。我目睹了他亲手将这腐蚀了中华民族肌体的毒物销毁的整个过程。这一天，睁眼看世界的中华男儿们等得太久了。（三个“这一天”，赋予了其非同寻常的意义。）面对着翻腾而起的阵阵白烟，我感到了作为一个中国人的尊严。

夕阳渐渐落下，夜幕低垂，林先生还静静站在海滩边，凝望着远处。“唉——”一声长长的叹息传入我耳中。他在叹息什么？难道他不应该为今天销烟的顺利进行而高兴吗？我默默地跟在他的身后。海风吹起他的衣角，宽大的官服显得他更加瘦削，夜幕下的背影更显凄凉。“看来，我大清，还是有希望的……嗯，不仅要禁烟，海防也要治理一下啊……”（心理描写。）听着他一会儿有些欣喜一会儿有些担忧地喃喃自语，我的心莫名地痛了一下。据我所知，1840年6月28日，也就是为期二十二天的虎门销烟结束后的一年零三天，英舰封锁珠江海口，第一次鸦片战争爆发。英军先攻粤闽未逞，改攻浙江，陷定海，再北侵大沽。道光帝惊恐求和，归咎于林先生在广东“办理不善”。同年9月，林先生被革职，留粤备查问。（调动作者的历史知识积累，对于人物形象的塑造是重要的一笔。）我不知道如果他知道自己的命运后还会不会如此地壮志踌躇。当然，我能做的，只是默默地看着他，看着他一点点走向已布好的历史轨迹。（历史，有时候就是如此地吊诡！）

猛然间，时光机传出了提示音，原来预设的一天时间即将用尽，眼前的林先生越来越远，渐渐变成了一抹虚像。（写虚像。）熟悉的眩晕感将我拉回现实。不过，走出时光机的我依然还能清晰地记得海边那个坚毅的背影。（写实景。）

【综评】

林则徐是人们熟悉的历史人物、民族英雄，但是作者似乎更加了解那段历史和这个人物，借助于特征鲜明的肖像描写（身躯高大伟岸，目光凌厉……）、细致入微的心理描写等手段，将一位不计较个人得失、将个人安危置之度外、一心为国的民族英雄塑造得非常丰满。文章既讲述了林则徐虎门销烟第一天的情形，还利用“我”现代人的身份将虎门销烟后的情形交代出来，弥补了仅仅记录一天的不足，虚实相生，笔法多变，极大地丰富了人物形象。

“纵然有时空的阻隔，我也一定要找到他”“林则徐——中国近代第一位睁眼看世界的人”“走出时光机的我依然还能清晰地记得海边那个坚毅的背影”：作者的敬仰之情尽在其中矣。

典题24 深入灵魂的热爱（2015年高考北京卷作文题2）

《说起梅花》表达了作者对梅花“深入灵魂的热爱”。在你的生活中，哪一种物使你产生了“深入灵魂的热爱”，这样的热爱为什么能深入你的灵魂？

请以“深入灵魂的热爱”为题作文。

要求：自选一物（植物、动物或器物。梅花除外），可议论，可叙述，可抒情，文体不限。

将题目抄写在答题卡上。不少于700字。

【典题解析】

本题选材范围非常广：植物，可以选取中国古典文学中常见的花中四君子“梅兰竹菊”（梅除外！），也可以选取自己比较熟悉的其他植物，从植物本身的特点入手叙写；动物，可以选取生活中的宠物，也可以选择自己比较熟悉的其他动物；器物的范围比较广，可以选取生活用品中自己比较熟悉的，最好是有特殊来历、精彩故事的，例如乐器、球类等。

但是，要脱颖而出，需要注意两点：一是“物”的选择，要人无我有，人有我熟，出奇方能制胜；二是要明确此“物”本身的特点，蕴含的文化内涵、情感内涵等，写出此“物”与“我”的关联，描述自己对于此“物”的热爱，更需要在文章中着重表现这种热爱深入灵魂的原因。

佳作35

深入灵魂的热爱

每一次心动，因为你在我身边；每一次冲动，你给我的能量大到无限！之所以如此，是因为我对你有深入灵魂的热爱。

——题记

有这样一种精灵，让我从心灵深处热爱。它，清瘦冷清，盘桓于夕阳的葬礼；它，象征着黑暗，却召唤着黎明。（又是“葬礼”，又是“黑暗”的，设置悬念，引人入胜。）

它就是鸦，一种冷静而又智慧的鸟儿。（原来是鸦！怎么会是鸦呢？读者一定会产生阅读期待的。）鸦自言：“我是灾难的象征。”（主旨句。）

世间有不少鸟儿：那些有着婉转歌喉的鸟儿，那些有着艳丽羽毛的鸟儿，那些碌碌无为的鸟儿……鸦说：“我没有鲜艳夺目的外表，因为我敢于将世间的丑恶暴露——那些隐藏在繁华后的空虚，那些充实的空白，给人以最真实的痛！我没有婉转的歌喉，因为我在为死亡唱着赞歌，那些撕心裂肺的号叫，已将我的声带震破。”（衬托的写法，于比照中强化特点。）

鸦扇动着翅膀，飞上了树梢。鸦叫道：“我是灾难的前兆。”（主旨句重现。有结构方面的效用。）

有这样一种精灵，让我从心灵深处热爱。它是懦弱者眼中的灾亡，是胆小者心中的怪灵。它用黑色的神秘展示着魅力，深深地刺痛清醒者的心脏。（揭示鸦的非比寻常之处！）

“呼啦啦——”鸦鸣叫着，就像是华小栓坟前的那只鲁迅笔下的鸦。

其实，鲁迅先生不也是一只“鸦”吗？（真是独具慧眼。）面对麻木的国人，他不停地呐喊——以他那冷峻的面孔和清瘦的身躯。他的文字，似一把尖锐的匕首，刺痛着每一个国人的神经，撩拨起星星之火。鲁迅先生是清醒的智者，他笔下的种种不可思议的黑暗，又是黎明的号召。他是斗士，是勇士，是敢于正视现实而又与之顽强抗争的战士！鸦转过脖子，看着我说：“我是灾难的前兆。”（主旨句。强化主题。）

我笑。（“笑”表明了理解、默契。）

我想，我已经明白了鸦的魅力，既然上帝安排了它的出现，就一定赋予了它光荣的使命。鸦的魅力在于它的哲学：教会你在虚伪面前如何做一个明白的清醒者，一如鲁迅先生。（鸦的魅力所在，显示了作者思想之深刻。）

夕阳西下，鸦盘桓于枝头，主持着夕阳的葬礼……（典型的场景，特别的形象。）

望着鸦，我心潮澎湃，情不自禁地放声吟唱：“每一次心动，因为你在我身边；每一次冲动，你给我的能量大到无限！怎能抑制我心燃烧的火焰？不能够停下的感觉，在我转身奔向你的一瞬间，狂热的激情指数早已达到了顶点。把时间放一边，注视着我双眼。这沸腾的世界，别想再把我左右。我要选择现在的自由，让你知道我是谁。就在幸运降临的时候，就在这一天，我要你看到骄傲的心，尽情绽放，魅力无限！”（诗化的语言。）

鸦从我的思绪中飞走了，风吹过后，只留下伟大者的行迹。（意味深长的文字。）

【综评】

有人以“亏他想得出来”来概括构思之妙，本文就是这样的妙构。

作者选择的用来阐释“魅力”的写作对象是那样地独特，竟然扭住了乌鸦——这一传统文化中的不祥之鸟——来做文章，赋予了“鸦”以全新的理解，一改“鸦”在人们心目中的传统形象，读来引人深思。其思想之成熟、深刻，让人击节而叹。

文章中“我是灾难的象征”“我是灾难的前兆”之类的文句反复出现，既是出于结构的考虑，更是主题的强化。

行文语言借鉴了鲁迅先生的冷峻风格，“夕阳西下，鸦盘桓于枝头，主持着夕阳的葬礼……”“鸦从我的思绪中飞走了，风吹过后，只留下伟大者的行迹”等语言意蕴丰富。

典题 25 “当代风采人物评选”（2015 年高考全国卷Ⅱ）

阅读下面的材料，根据要求写一篇不少于 800 字的文章。

当代风采人物评选活动已产生最后三名候选人：大李，笃学敏思，矢志创新，为破解生命科学之谜做出重大贡献，率领团队一举跻身国际学术最前沿。老王，爱岗敬业，练就一手绝活，变普通技术为完美艺术，走出一条从职高生到焊接大师的“大国工匠”之路。小刘，酷爱摄影，跋山涉水捕捉世间美景，他的博客赢得网友一片赞叹：“你带我们品味大千世界。”“你帮我们留住美丽乡愁。”

这三人中，你认为谁更具风采？请综合材料内容及含意作文，体现你的思考、权衡与选择。

要求选好角度，确定立意，明确文体，自拟标题；不要套作，不得抄袭。

【典题解析】

这个材料向我们展示了三种人（科学的典型、技能的典型、艺术的典型）的生活方式，反映出主流价值观，引导学生思考虽然迥异然而都很精彩的精神境界。

在大李的身上，我们可以挖掘到“积累”“思考”“远大志向”“创新”等成功要素，如果你认为大李最具风采，那么你可以持论：我认为最具风采的人物是能够在某个领域做出重大突破的创新型人才，他具有远大的志向并愿意不断努力，在长期的积累中不断思考，做出某个领域的创新。

老王的特点在于爱岗敬业，如果你认为老王最具风采，那么你可以持论：我认为最具风采的人物是在平凡的岗位上做出不平凡贡献的普通人，他爱岗敬业，将自己的技能发挥到极致。

小刘不是某一领域内最优秀的人，他更多地象征着一种精神追求，如果你认为小刘最具风采，那么你可以持论：我认为最具风采的人物是能够给人们带来精神食粮的艺术家，他用自己之所长，丰富了人们的内心世界。

材料中的“谁更具风采”意味着必须对三个人物进行比较，在比较中阐明你的理由。理由即他们各自的成就，成功的原因，以及对他们的贡献、价值、意义的评判。

应该说，选择谁更具风采都可以，关键是要自圆其说，说出理由，说出道理，让人信服。

佳作 36

职业选择谁说了算?

（设问，引人入胜的标题！）

彼什兴致勃勃地坐在职业分析电脑前。“请输入个人信息。”屏幕发出指令。彼什输入了自己的身份证代码。

屏幕发出一束蓝色的光，将彼什的头像扫描一遍。屏幕发出指令：“请按‘确认’。”几秒钟后。打印机输出一张纸条：“根据你的血型、星座、属相、性格、气质综合分析，你适合的职业是高级技工。”（高科技！信还是不信？）

彼什倒吸了一口气，（细节描写。）无精打采地（神态描写。）走出电脑室，碰到彼得：“彼得，你适合的职业是什么？”“国际金融规划师。”“可是，”彼什说，“你想过这辈子最喜欢做的是什么工作吗？”彼得耸耸肩：“想有什么用，电脑分析不是最准确的吗？”（伏笔。）

彼什摇摇头，忐忑不安地回到家里。“彼什，职业分析的结果是什么啊？”爸爸关心地问。彼什耷拉着脑袋说：“高级技工。”妈妈高兴地说：“好啊，好啊！你外公就是高级技工。”“可是，我不喜欢当技工啊！我想当科学家，去破解生命科学之谜呀！”彼什说。爸爸皱了皱眉头说：“喜不喜欢不是个人说了算，是电脑说了算的。只有选择电脑决定的职业，才能在各自的领域做出出色的成绩。”（又一伏笔。）

是的，彼什的爸爸是物理学家，妈妈是律师，都是业界很有名望的人物。他们之前职业的选择不也是由电脑分析决定的吗？爸爸拍拍彼什的肩膀说：“电脑是不会有错的，你得知道，如果你不按照职业分析电脑的决定填写志愿的话，没有一所学校会录取你的。儿子，你还是开开心心地去当你的高级技工吧！”

职业分析电脑果然没有错，（真的没有错吗？）彼什从科技高级技术学校毕业之后，当上了俄罗斯某航天公司的高级技工，他爱岗敬业，勤奋执着，求真务实，追求变普通技术为完美艺术。在二十多年的时间里，他含辛茹苦，积劳成疾，终于走出一条从职高生到焊接大师的创新之路，成为火箭发动机焊接技术方面的领军人物。在焊接行业中，彼什占尽所有（“所有”？绝对化了吧！）先机，独揽了科技创新的风采。为此，公司为彼什举办了一个盛大的庆功宴会，人们都向他举杯祝贺。

彼什独揽了科技创新的风采，但离他的梦想却越来越远。身心疲惫的他，突然抛下大厅里为他庆贺、纵情狂欢的人们，开车偷偷溜进母校的电脑室，重新输入自己的信息。（神来之笔！）几秒钟后，分析结果是：“彼什，根据你的血型、星座、属相、性格、气质综合分析，你最适合的职业是科学家。”（情节陡转。呼应前文的一再伏笔，足见构思之功。）

面对这份迟到的、天差地别的职业分析结果，彼什啼笑皆非，其心情无以名状。

【综评】

这是一篇科幻小说，人物形象鲜明、丰满。小说的主人公彼什虽然从事的是自己并不喜欢的职业，但是他爱岗敬业，勤奋执着，求真务实，追求完美，最终成为火箭发动机焊接技术方面的领军人物，独揽了科技创新的风采。

作者精于构思，想象奇特。文章一波三折，特别是出人意料的结尾非常精彩，第二次“职业分析”，打破“电脑才是最准确的”的迷信，增强文章的讽刺效果，告诫人们只有把“职业选择”的主动权掌控在自己手中，才能主宰自己的人生，为美好的梦想展示自己的风采，为人类社会的发展做出更大的贡献。

标题一语双关，表面是电脑说了算，实际上是自己说了算。对芸芸众生颇多启迪。

典题 26 “泉水与喷泉”（2015 年高考湖北卷）

阅读下面的材料，按要求作文。

泉水在地下蓄积。一旦有机会，它便骄傲地涌出地面，成为众人瞩目的喷泉，继而汇成溪流，奔向远方。但人们对地下的泉水鲜有关注，其实，正是因为有地下那些默默不语的泉水的不断聚集，才有地上那一股股清泉的不停喷涌。

请根据你对材料的理解和感悟，自选一个角度，写一篇不少于 800 字的文章，文体自定，标题自拟。

要求：立意明确，不要套作，不得抄袭。

【典题解析】

这道材料作文立意可以分“三步走”：题目里面两个事物看似在分高下，那么第一步就是做选择。泉水和喷泉，选择哪个？最好是选择泉水。第二步就是论关系，即泉水和喷泉的关系，这里有很大的发挥空间，这种立意也是最稳妥的。当然，任何文章如果不落脚在人的身上，那是不妥当的。所以第三步就是谈态度。喷泉好，有的人愿意做喷泉；泉水也好，也有的人愿意做泉水。

这个材料有四个立意角度。从“泉水”看，可以抓住“蓄积”“默默不语”，谈厚积薄发，在积淀中升华自我、成就自我。从“喷泉”看，可以抓住“骄傲”“奔向远方”，谈把握机会绽放自我，心存感激知恩图报。从“人们”看，可以抓住“众人瞩目”“鲜有关注”，谈关注弱势群体、平凡之人，在关注、赞叹美的呈现时，要记住那些默默的坚守、贡献者。从材料整体分析，可以谈做人当如泉水，委婉谦逊，温润不争；但是时机成熟时，要像喷泉般果敢自信地展示风采。

佳作 37

待蒲公英开满山坡

（诗化的语言，让读者充满了阅读期待。）

当清风轻拂过大地的时候，漫山遍野的蒲公英开始搭载风之列车，启程了。（蒲公英线开始了它的故事。）

一座小木屋前，一位双眸清澈的青年轻轻关上门，身背满载着梦想的画板，出发了。（青年画家线也开始了他的故事。）

没走多久，一条小溪闯入了他的视野。被风吹皱的水面上泛着粼粼的波光，水底五颜六色的石子清晰可见，水流不紧不慢地流淌在属于自己的地盘上。岸边的野花散发出芳香，沾染了小溪的些许湿气，迎面飘来。（写景文字。美景怡人，令人情不自禁。）如此赏心悦目的景色可不容错过，青年将所有的喜爱与赞美之情倾注笔尖，一笔一笔描绘出这美丽的风景。（画自然美景。）

画完后，他收拾好画板，久久伫立在小溪前，终于恋恋不舍地迈开脚步，继续踏上他的旅程，他相信只要一点点积累每一处风景，每一处美好，每一次灵感，最终一定能成为一位出色的画家。

蒲公英随风而飘，飞过山川，越过峡谷，定居在一个美丽的山坡，然后，将身体埋入土壤，开始一点点汲取养分，等待最后的盛开。（蒲公英的故事在发展。）

青年路过一个繁华的街市，映入眼帘的是人们在各种店铺前精心挑选着物品，人人神采各异，表情丰富，甚至有人不时用上手脚比画着。店铺老板的叫卖声，买东西的人的赞美声，小孩子玩闹时的欢笑声……周围的一切都淹没在各种声音里。这样热闹非凡的景象让青年陶醉了，他迫不及待地拿起画板，勾勒出这个街市的繁华以及人们的喜悦。（画人间百态。）

青年一路走一路画，在画板上描绘出他所见到的美好。有繁花盛开、新叶初栽，有江河万里、层林尽染，有江畔听涛、品茗吟诗的人，有踏雪赏梅、围炉夜话的人，这些都被他用画笔一一记录了下来，同时他也积累了不少经验。（画世间种种，这是个积累的过程。青年画家的故事也在展开。）

蒲公英每一天都不放弃努力，不停积蓄养分。当初夏的清风吹过大地时，它们为了这美丽的盛开，用上积蓄的养分，全力展现出了它们的风采。那么久的积累，终于在这宁静的初夏显示出了作用。放眼望去，人们能看到的便是这蒲公英的海洋，这是积蓄给予的辉煌。（“蒲公英的海洋”是蒲公英的辉煌，这辉煌来自积蓄。）

最后，青年去拜访了一位赫赫有名的画家，画家带着他去了一片长满蒲公英的山坡，青年被眼前的景色惊呆了，心中燃起一股熟悉的感动，仿佛这种景色在多年前便早已深深印在他的脑海里。他不由自主地拿起画笔，画下这风景，画中，每一朵蒲公英仿佛都燃烧着一种不可言说的热望。（两条线在此交汇。构思之功！）画家凝望着画，就像在听着一首平静的曲子，所有的情感伴随着曲调流淌而出，在耳畔交织成一个柔美的世界。然后，世界重归平静，声音重新勾勒天地五行。画家想，或许眼前的青年才是一位真正杰出的人，青年将会拥有灿烂的未来。（青年画家成功可期。）

待离离蒲公英开满山坡，待一个人所有的努力汇集成一水汪洋，待机会来临，所有的微茫与平凡都会迸发出光彩。（卒章显志。）

【综评】

读完全文，不难看出，作者是在两条线上展开故事：一是蒲公英“随风而飘，飞过山川，越过峡谷，定居在一个美丽的山坡”，不停积蓄养分，假以时日，形成了“蒲公英的海洋”；一是青年画家“身背满载着梦想的画板，出发”，画自然美景，画人间百态，拜访“赫赫有名的画家”，被名画家看好——“会拥有一片灿烂的未来”。两条线先分后合，共同演绎了一个主题：只要你肯不懈地努力，“待机会来临，所有的微茫与平凡都会迸发出光彩”。

典题27 “智慧”（2015年高考江苏卷）

根据以下材料，选取角度，自拟题目，写一篇不少于800字的文章；文体不限，诗歌除外。

智慧是一种经验，一种能力，一种境界……

如同大自然一样，智慧也有其自身的景象。

【典题解析】

这道题实际上是围绕“智慧”展开的话题作文，前半句强调智慧的不可捉摸性，是看不见但可以感受得到的东西；后半句强调智慧的可“视”性。前者无形，后者有形。

材料中的三个关键词之间有着逻辑上的关联：经验可以积淀为智慧，而智慧则可以增强人的能力，提升人的境界。它既揭示了生活的事理，又提示了思辨的角度，引领着考生关注现实生活中的人与事，琢磨为人处世中的情与理，思虑社会发展中的利与弊。既广接“地气”，又关注“理性”，考查考生的智慧。

考生要吃透“智慧”的深刻内涵，在对“大”与“小”、“先”与“后”、“轻”与“重”、“快”与“慢”等的权衡中彰显出智慧的光华，从而表现出智慧“它自己的样子”。可以抓住前面三个“一种”当中的任何一个做阐述；也可以抓住这三个“一种”，把文章分为三段，每段一个分论点加以说明；还可以写记叙文，譬如可以写一个很有智慧的人，通过他的小智慧战胜了生活的困难。反正都是要围绕智慧做文章。要出彩，主要看考生的选材、构思和语言上的功底。

如果能够关注到“如同大自然一样……”，考虑到大自然是默默无闻地为人类的生存、发展做贡献，从而在“谦虚、低调地获得知识和智慧”“智慧用低调的、谦虚的方式造福人类”层面做文章，主题就升华了。

佳作38

王大爷的早餐店

我住在一个有些年头的小区里。住在老小区的好处就是——你知道小区里哪个店铺里的东西好。

我知道王大爷卖的早饭最好吃！（旨在激起读者一探究竟的愿望。）

王大爷的小店里总是（“总是”，表明人气很旺，经久不衰。）挤了很多人。远远地只能看到雾气把小屋子填得满满的，溢到外面来。也分不清朦胧中哪些是人，哪些是桌。

“王大爷！老样子来一份！”

进门的人大多要喊这么一句，就像打招呼一样点一份早饭，然后就坐下来跟经常碰面的“早饭友”开心地交谈。等到王大爷把东西稳稳地放在他面前，他就开始边吹边吃，满脸幸福的样子。（说明顾客是满意的。日常生活中的“小确幸”！）不消几分钟，他就要向在座的告别——“你们慢吃”，再给王大爷来个预订：“我明儿还来啊，您忙！”（看来，有的是回头客！）然后快步走了——去上班。

王大爷性格特别好，讲话和气还很爱聊天，笑眯眯的，我甚至觉得他的皱纹都特别可爱！他的店面小，装修也比不上别处的快餐店，桌椅因长年的油灰显得发黑，墙也因水汽好些地方脱了墙皮。（硬件其实并不怎么样。反衬了软件之好。）但是不知道为什么大家都爱在这儿吃粥吃茶叶蛋。好像有了王大爷在，早饭就该好吃，卫生就能保证似的。事实也的确如此！（继“好像”之后，来一个“的确”，补充得好。）

吃客们有周末不肯做饭的，也跑来吃早饭。这时就少不了王大爷爽朗的笑声了。

“王大爷，店面不租大点我们要站外面吃饭啦！”（波澜起。）

“哈哈，我给你们搬个小凳坐外边吃！哈哈……钱全给你们做粥吃了，哪有闲钱啊？”

对，王大爷的粥里头有肉，价格还不贵哩！难怪，难怪！

“那你提个五毛一块的价，我们还能不来啊？”

“不行不行，都是好多年在这吃的老邻居了！我老王别的不敢说，良心还是有的啊。多亏你们养着我哩！哈哈，我老头子亏得有你们陪着解解闷呢。”（对话中满溢着温馨。）

“那大妈呢？”我这个心直口快的傻孩子没忍住就问了出来。我发现周围似乎过分地安静，我也看到王大爷似乎笑容僵了下来。（再起波澜。）

“你大妈啊，陪着我呢！可不就是她派你们来陪陪我嘛。我这就够啦！有吃有喝，有人说话，干啥不满足？想这想那，争来争去的人还没我快活哩。小妮子你知道不，人要会知足！你往后长大了还像他们来我这小店陪大爷讲话，我也知足啊，哈哈，你说我这傻不傻？”

我听了，眼睛忍不住眨巴了两下，多亏店里雾气重！“这粥真烫！”我大声地说，“我以后得等粥冷点再喝！”（细节动人，情景逼真。）

周围的人都笑了，王大爷也笑了，这种没有任何做作的笑声真好听。

王大爷，你一点也不傻，你就是心里敞亮才过得好啊！（聪慧的王大爷。）我不管长多大，都会时常来看你的，陪你说说话，就像这些陪你的人一样！我心里想。

周末的早上总是让人放松的，阵阵谈笑声从街角这家小小的早餐店里传出……（点题。呼应开头，让文章显得完整。）

【综评】

这篇记叙文写了小区里一位卖早餐的老人。老人多年来独力支撑着一间简陋的早餐铺子，全心全意地为邻居们服务。后半部分忽然点出这位老汉早已失去老伴，贫寒而又孤寂；但是他没有消沉，而是用精心制作早餐赢得了邻居们的欢声笑语和质朴真情，他活得有滋有味。这种“圆通”和“豁达”，乃是“活”用小经验、小能力而展示出来的小智慧，富于启示，全文也就不着痕迹地与“智慧”水乳交融了。

典题 28 “范儿”（2015 年高考天津卷）

近年来社会上流行一个词——“范儿”，并派生出“中国范儿”“文艺范儿”“潮范儿”“有范儿”等一系列词语。“范儿”多指好的“风格”“做派”，近似于“有气质”“有情调”“有品位”的意思。一个民族有一个民族的“范儿”，一个时代有一个时代的“范儿”，不同职业有不同职业的“范儿”，一个人也可能有一个人的“范儿”……

请根据上面的材料，结合你的生活体验与思考写一篇文章。

要求：① 自选角度，自拟标题；② 文体不限（诗歌除外），文体特征鲜明；③ 不少于 800 字；④ 不得抄袭，不得套作。

【典题解析】

从材料看，“范儿”多指好的“风格”“做派”，我们可以理解为“特色”。“一个民族有一个民族的‘范儿’”——民族的“风格”。所以中国的特色或者传统的内容都可以写；与传统文化相关的内容当然也可以写——比如京剧、书法、国画、儒学、老规矩……“一个时代有一个时代的‘范儿’”——时代的“风格”。那么，时代的风格是什么？就是我们所处时代的主流价值观，更直接地说，也就是社会主义核心价值观。要从“富强、民主、文明、和谐，自由、平等、公正、法治，爱国、敬业、诚信、友善”中找到你擅长的内容。“不同职业有不同职业的‘范儿’”——职业的“风格”。警察的“范儿”是惩恶扬善，医生的“范儿”是救死扶伤，教师的“范儿”是教书育人，学生的“范儿”是努力学习……可以写你对某个行业的理解和思考，也可以记录你与某个职业的从业者之间发生的事情。“一个人也可能有一个人的‘范儿’”——个人的“风格”。纵观历史长河，每个时代的杰出人物都具有独特的人格魅力，孔子的仁爱，东方朔的诙谐，诸葛亮的智慧，唐太宗的纳谏，苏东坡的豁达，鲁迅的呐喊，徐志摩的柔情，张奚若的耿直，钟南山的担当……

当然，你也可以写属于 90 后的“范儿”，属于某个城市的居民的“范儿”，属于航模爱好者的“范儿”，属于某种极为小众的群体的“范儿”——记录下你的体验、你的收获、你的所得，总结某个群体的特点，只要积极向上、充满正能量即可。

这个材料的写作主要比拼的是对个性化选材的提炼和升华，须知：一切没有具体材料细节支撑的“高远立意”，都只是泛泛而道，徒劳无益。

佳作 39

范 儿

范小帅（很有意味的一个名字。）其人，时尚前卫，用朋友的话说：“倍儿有‘范儿’！”范小帅颇为自得，表示：“想成为‘范儿爷’就要追逐潮流，打破世俗，释放自我！”朋友闻言纷纷赞同。

新学期伊始，学校将校服分发到学生手中，范小帅看着将校服套到身上的邻居兼同学王小凯，不屑地撇了撇嘴角。“土包子！”范小帅心想，“这么普通的校服也愿意穿，真是没格调！”（设置了一个比照的对象，让人物形象在比照中变得鲜明。）

次日，王小凯上学路上偶遇范小帅，震惊地瞪大了双眼：“你……你怎么把校服涂成这样！会被批评的！我……我这里还有一件校服，要不你先换——”

“用不着！”范小帅暗骂王小凯扫兴，“这叫‘范儿’，你懂吗！”

一路上，范小帅收获了无数惊奇的目光，进入学校后，更是成了焦点，一声声“画得真漂亮”使他沉浸于满足感中，众人的称赞也使他从被班主任责令整改的愤怒中走了出来。（校服事件。）

一年下来，有的同学对“范儿爷”很是佩服，而对王小凯的印象仅限于听话老实。

一日，范小帅将几个好哥们儿拉进厕所，掏出一包香烟分给众人。他“身先士卒”，点燃了香烟，开始吞云吐雾，动作甚是熟练。“真有‘范儿’啊！”哥们儿纷纷效仿，将烟夹在指间。

“我们还是学生，怎么可以吸烟呢？老师们不是常说‘吸烟有害健康’吗？”身边传来了嗤笑声：“王小凯，你不试试怎么知道烟有多好？”王小凯始终未放下掩面的手，匆匆跑了出去。（细节描写。）他的身后传来了鄙夷的评论：“没‘范儿’。”（吸烟事件。）

“三模”考试，王小凯名列前茅。范母指着王小凯家的窗户批评范小帅：“你看看人家！这么晚还在努力学习！你呢？就知道玩手机！”范小帅感觉很没面子，心想：“凭什么我不能释放自己？”随即夺门而出。（学习事件。）

走在大街上，他隐隐感觉到自己与王小凯之间似乎有什么差距，但这种感觉很快被不忿所掩盖，他掏了掏口袋，找了个网吧钻了进去。天黑后也不愿回家，他在小区的树荫下闲坐。一帮妇女儿童正在一起聊天。一个小孩指着范小帅喊道：“那个哥哥会打双节棍！我要像那个哥哥一样！”（聊天事件。文章因事件连连而情节丰富。）

妈妈抱住孩子，柔声道：“可别学那个小混混！要学咱小区的王小凯哥哥，性格好又懂事，有股冲劲儿，那才是真正的有‘范儿’！”（点明什么是真正的“范儿”。）

【综评】

这是一篇小小说。通过对一正一反两个人物形象的描写，提出了青春期叛逆少年如何走出“范儿”的误区的话题，鲜明地表达了作者对“什么是真正的‘范儿’”的看法。

作者善于驾驭笔墨：借助涂画校服、聚众抽烟、考后挨批、街道游荡四个主要画面详写范小帅的畸形“范儿”，略写王小凯的真正“范儿”。详略有致。

文章叙述活泼，描写细腻，结尾以孩子妈妈的话点明主旨，这些都深得小小说写作的精髓。

典题 29 “多途径感知自然”（2015 年高考广东卷）

阅读下面的文字，根据要求作文。

看天光云影，能测阴晴雨雪，但难逾目力所及；打开电视，可知全球天气，却少了静观云卷云舒的乐趣。

漫步林间，常看草长莺飞、枝叶枯荣，但未必能细说花鸟之名、树木之性；轻点鼠标，可知生物的纲目属种、迁徙演化，却无法嗅到花果清香、丛林气息。

从不同的途径去感知自然，自然似乎很“近”，又似乎很“远”。

要求：① 自选角度，确定立意，自拟标题，文体不限。② 不要脱离材料内容及含意的范围。③ 不少于 800 字。④ 不得套作，不得抄袭。

【典题解析】

“感知自然”这个动宾短语包括两个部分。一是“感知”，包含“感”与“知”，前者是观察、感受、体验、观赏，偏重于“感性”；后者是认识、得知、获取、知觉，偏重于“理性”。也就是说要写“感知自然”，不能是“保护自然”“开发自然”“研究自然”“破坏自然”等。二是“自然”，这里的“自然”，不是科学研究的对象，而是我们的“感知对象”，甚至是“审美对象”。

立意有三重维度：第一重是围绕“感知自然”中的“感受自然”展开，可以谈论感受自然的原因、意义、具体方式，也可以辩证看待“感受自然”的局限。第二重是围绕“感知自然”中的“认知自然”展开，可以谈论认知自然的意义与局限。第三重则是辩证立意，即认识到“感受”与“认知”两种途径的优点与局限，并将两种途径结合起来讨论。想获得自然之规律，譬如天气规律，花鸟树木的物理性质，生物的纲目属种、迁徙演化，那就要采取“认知”的方式；要想在自然中获得真切的体验、心灵的慰藉、诗意的乐趣，那就要采取“感受”的方式。这两种方式不同但不对立，目的不同，感知方式也就不同，而很多情况下，我们既需要用理性的方式去认识自然，也需要用感性的方式去感受自然。

具体写作时，既可以写成“现实评论”类的文章，例如围绕当今社会某种“感知自然的途径”，进行评论；也可以写成“寓意启发”类的文章，即提炼出一个普遍的观点，然后运用多种方法去证明。在文体选择上，既可以围绕“感知自然的途径”进行议论，也可以抒发感情，还可以叙写与“感知自然”相关的典型事件，夹叙夹议。

佳作 40

带您去看花海

（语言富有诗情画意。）

昨日之时，您教我草长莺飞，细雨朦胧。

今日之时，我教您细数花名，测天看云。（下笔就是对句，有先声夺人之效，也是对全篇的领起。）

仍记得小时候，父母外出，外婆您总是在乡下带着我忙农活。正当夏时，天气炎热，忽然一场大雨，您放下农活，笑眯眯地翻过我趴在床板上的身子，说："囡囡，热了吧？走，外婆带你凉快去。"我一个激灵，鱼跃而起。外婆打着把破旧的伞，肩上骑着小小的我便出了门。（语言地道！动作感强。）外婆所说的"纳凉好去处"竟是村里的一片莲藕地。地是小方的浅池塘，有一间破木屋，我们进去时已湿了身，外婆顺手摘了片荷叶搭在我的头上，浅浅的荷香，仿佛我就是荷花欲开时刚醒来的花仙子，（写细节！）我离荷塘多么多么近啊！（说"近"。）大雨冲刷了盛夏的暑气，连人身上的毛孔都是清凉的，溢着花香的。（细致入微的感受。）

荷花淡淡开，在风雨中舒展姿态，绿色的裙摆随风扬起。（写景。）我偎依在您怀里，用糯糯的声音问道："外婆，为什么下雨了就会凉快？为什么荷花只在夏天开？为什么……""哎哟，可问怕外婆了！外婆哪里知道些什么，外婆只管晓得看看天，就知道明天下不下雨。""那后天呢，大后天呢？"我追着问，您捏了捏我的小脸，说："那要等囡囡长大后才能教外婆了。"（对话，情景生动，宛在眼前。）我心中略有惆怅，这片荷塘已离我有些远了。（道"远"。）

是啊，长大了，我会了。我会牵着您去散步，瞧见路边开得正烂漫的小野花，我可以指着它，告诉你："外婆，那是覆盆子，有清热解毒之用……那是金钱草，因为它的叶子圆圆的像铜钱……"您笑而不语，脸上尽是自豪。您突然看看天，我知道您想看清天上的云是怎样的状况。但您眯着眼，总是看不清，觉得天更远更远了，自嘲地说道："哎！老了，眼睛不中用了。"我拍拍您的手背，翻了翻手机里近几天的天气预报，说："外婆，明天又是晴天呢，这个星期都不会下雨。我们去看荷花吧，我可以告诉您荷花有哪些药用价值哦。"我扬了扬手机，天空就在这里，自然也在这里，不远。我们可以离那片荷塘更近。（反复说起"远""近"。）

很感谢您，带我去看荷赏雨，让我亲近自然，获得感性认识；现在，我带您去看荷花成片，给您数数荷花的药效，让我们理性认识自然，不必遗憾。（明确题旨。）

我们，去看花海成片，细数花名。（回应开头，点题。）

【综评】

这是一篇智慧的散文。作者主张亲近自然，获得感性认识；同时也理性认识自然，不必遗憾。于字里行间，读者随处可以欣赏到“远”“近”“细数花名”“测天看云”“看看天”之类的主题词，这是作者在不断地点题，揭旨。

这是一篇优美的散文。人情美——祖孙的爱意氤氲，天伦之乐，美不胜收。画面美——童年随外婆去莲藕地的场景，长大后带着外婆散步的情景。文字美——开篇的对句（有统摄全文的功效），对夏天雨后的惬意的描写，等等。

典题 30 “要不要给动物园的动物喂食物”（2014 年高考全国卷Ⅱ）

阅读下面的材料，根据要求写一篇不少于 800 字的文章。

不少人因为喜欢动物而给它们喂食，某自然保护区的公路边却有如下警示：给野生动物喂食，易使它们丧失觅食能力。不听警告执意喂食者，将依法惩处。

要求：选好角度，确定立意，明确文体，自拟标题；不要脱离材料内容及含意的范围作文，不要套作，不得抄袭。

【典题解析】

这是一则给考生提供了很大的发挥空间的材料。

自然保护区是材料中的一方，其警示实际上是在制定规则，强调规则。游人是材料中的另一方，他们罔顾警示实际上是在蔑视规则，破坏规则。野生动物是材料中的又一方，是绝对的弱势群体，它们能不能顺利地存活下去，既取决于它们自身觅食能力的强弱，也受到游人对它们关心的方式与程度的影响。

毋庸置疑，主体方是游人。结合材料，发散开去，我们有很多的写作角度。不要给野生动物喂食，使之保有觅食能力，其实是对动物的爱护；对孩子（学生）真正地放手，使之养成独立生存的能力，其实是对孩子（学生）真正的爱护。违背警示而给动物喂食是违反自然规律的行为，是缺乏法治意识的行为，也是不道德的行为。考生可以写要尊重规律，强化法治意识，遵守道德规范，做文明的旅游人。

当然，我们也可以反弹琵琶，材料中说，“因为喜欢动物而给它们喂食”，反之，喂食不是出于喜欢，而是天性，是本能，是责任；材料中说，“喂食，易使它们丧失觅食能力”，我们可以思考不喂食的危害更大，倡言“喂食，增强生存能力”，呼吁家长和社会要保障儿童生存的基本物质条件和发展的精神帮助。

还可以站在动物的角度来立意，以动物的口吻告诉人们喂食的危害，这样会让作文富有新意。

佳作 41

“喂食”遐想

（说实在的，这个题目不理想。）

我坐在考场上，（营造现场感。有举重若轻的感觉。）读到“因喜欢而喂食”的文字，（扣住材料去展开“遐想”。）便想起了这样一幅画面：

一位老人在给小女孩喂食。老人穿着乡下老人常穿的青布衣服，小女孩穿着连衣裙。我猜想，老人就是奶奶，小女孩就是孙女了。

小孙女趴在奶奶的腿上，张着乖巧的小嘴，接受奶奶的喂食。奶奶一脸的慈祥，孙女一脸的天真。（活脱脱的一幅含饴弄孙图！）祖孙俩带着乡土味，安闲地依偎，安闲地喂食。

这场景看起来平淡无奇，却拨动着我的心弦，紧紧地缠绕着我的思绪。

喂食是全人类的本能，但它只给予纯朴善良的人们以特殊的意味。

我小的时候，奶奶和我是这样的吗？奶奶小时候，跟她的奶奶也是这样的吗？这么一代一代地追溯，第一位给孙子喂食的奶奶也是这样的吗？（三个追问，把人们的思绪拉远，其实是想表达“喂食是全人类的本能”的意思吧！）

画面中的祖孙二人居住在一个虽不繁华却有些喧嚣的小县城，也正因为县城不是宁静的乡间，祖孙二人更加透出乡土的气息，才让家住县城的我这样瞩目。（自己对这个画面有特别深刻的印象的缘由。必要的补充交代！）

然而，这座小城毕竟正在走向繁华。这里没有泥土，却有水泥；没有山歌，却有嘈杂；没有渡船，却有汽车；没有如银的月光，却有飞扬的烟尘；没有土鸡蛋，却有洋奶粉……我不知道，祖孙二人会不会蒙上城市的烟尘。（两相比照，忧虑深广！）

前一段时间，我看见工商局的人在执行公务，强制商场管理员将问题奶粉下架销毁，说是洋奶粉出现了问题；毒奶粉事件发生以后，我看见那些胆战心惊的奶奶，冒着严寒，大清早就在医院门口排着长队，说是等号给孙子孙女体检；我还听说一位奶奶因为用问题奶粉给孙子喂食，被儿媳妇打骂、撵回了乡下老家……（种种恶相，现实确实让人忧虑！）

看着眼前带着乡土味，安闲依偎，安闲喂食的祖孙二人，我感到害怕——她们的善良与纯朴会被这城市的烟尘玷污吗？

喂食是一种本能，蕴含的是母爱，是亲情，是信任，是依托。可是，这样的喂食，却因科学的进步、时代的变迁而消失。也太难为现在那些喂食的奶奶、姥姥和母亲了，她们不得不把这城市的烟尘一起喂下。这样，谁又能接受呢？她们的苦衷，谁又能理解呢？（议论，以拓展文章的境界。）

看见眼前带着乡土味，安闲依偎，安闲喂食的祖孙二人，我也感到羡慕。（一而再、再而三地提起这个画面，足见有意，足见用心。）看见她们，我便想到了生我养我的乡下老家，想到山影、树梢、吊脚楼、如银的月光、白塔上的烟囱，还有爷爷讲不完的故事，奶奶喂食用的白米、白面……（多么美好的联想啊！）

思绪已经被考试结束的铃声打断，但我不得不再发一声感叹：

演绎喂食的祖孙呀，你们从何而来？又将去向何处呢？（连续发问。问得有水平！）

【综评】

这是一篇满分作文，也是采用全国卷的贵州省作为“一类文上”的标杆作文。

全文超凡脱俗，独辟蹊径。由“因喜欢而喂食”展开联想，切合题意，中心突出，内容充实，情感真挚，内容项计25分。

作者举重若轻，驾驭自如。文中祖孙喂食的画面与奶奶冒着严寒排队等画面形成强烈的时代对比，从而针砭了当今人心不古、人性诡异，充满邪恶、狠毒、欺诈、背信的社会现实，符合文体特征，结构严谨，语言流畅，表达项计25分。

整篇文章见解新颖，材料新鲜，构思精巧，推理想象有独到之处，有个性色彩，文章结尾的反问具有振聋发聩的力量，发展等级计10分。

一言以蔽之，善于思考，善于联想，善于表达，善于创新，文章就能出类拔萃。

典题31 “山羊过独木桥”（2014年高考全国卷Ⅰ）

阅读下面的材料，根据要求写一篇不少于800字的文章。

“山羊过独木桥”是为民学校传统的团体比赛项目。规则是，双方队员两两对决，同时相向而行，走上仅容一人通行的低矮独木桥，能突破对方阻拦成功过桥者获胜，最后以全队通过人数多少决定胜负。因此习惯上，双方相遇时，会像山羊抵角一样，尽力使对方落下桥，自己通过。不过，今年预赛中出现了新情况：有一组比赛，双方选手相遇时，互相抱住，转身换位，全都顺利过了桥。这种做法当场就引发了观众、运动员和裁判员的激烈争论。

事后，相关的思考还在继续。

要求：选好角度，确定立意，明确文体，自拟标题；不要脱离材料内容及含意的范围作文，不要套作，不得抄袭。

【典题解析】

这个材料贴近学生的生活实际，审题可能展开的方向比较明确。

就“新情况”臧否而论，可以否定这样的做法，因为“凡事有规则，世人须遵守”。队员不按规则游戏，裁判无法正常裁定，游戏就没有办法进行下去；公民不按规则行事，社会可能一片混乱。考生可写规则的重要性，规则制约、规范着我们的行为，社会有规则才会有和谐。也可以肯定这样的做法，因为大家都墨守成规，不知变通，社会就不能发展。竞争不是你死我活，完全能够共赢共生。身处分工越来越细密的现代社会，合作显得更加重要。

当然，还可以把规则意识与变通思维结合起来做文章，强调规则自然应该遵守，因时间、因地点、因对象、因目的等而适度变通也是可取的。

总之，考生在想清楚的前提下，只能选择其中一个角度去施展自己的才情。记叙则追求生动，议论则凸显理性。

佳作42

双 赢

（言简而意明，正是文学作品命题的一种境界。）

苏觉看到李明的第一眼，就无由地敌视他，他相信李明也是如此。（伏笔。为后文的展开张本。）

作为应试的“唯二”幸存者，他们也理应相互敌视，因为这个公司只招一名员工。（“唯二”与“只招一名”，矛盾尖锐，有“山雨欲来风满楼”之势。）

苏觉刻苦求学，颇有悟性，他也自视优秀。但几个月来不断被诸多公司拒绝，使他把这份工作当成了救命稻草，他必须胜过李明。但李明出身丹青世家，且功底深厚。（势均力敌，胜负难决。）

最后的对决已经到来，这次设计的主题是“爱”。爱？苏觉不屑地想：“我是个孤儿，何谈爱？”（设问，反问，句式灵活。）不过，他可以用暖色渲染出温暖与爱意。想到这里，他抬头挑衅地看了李明一眼，鹿死谁手还不一定呢！苏觉转身进了工作室，一天时间还真有点紧迫呢。

苏觉画完后已是黄昏时分，他摸摸肚子，准备先去吃饭。他把画布遮好，风吹起一角，只能看到橙黄的暖色调，很温暖。他走出去，看到李明还坐在那里，悠闲自得，好像他的画也杀青了。李明对苏觉笑了笑，（“笑了笑”，此中大有意味，为最后的结局做铺垫。）苏觉莫名其妙地望着李明的背影，他突然想到那个胖经理说过的话：“听过‘山羊过独木桥’的故事吗？你们现在就站在独木桥两边，狭路相逢，胜者可只有一个。”（巧妙地扣材料。）

苏觉回来的时候，已经月上中天了。他着魔般地又进了那个工作室，李明已经走了。他先是警醒地望了望四周，做贼似地向李明那幅画走去。（“警醒地望了望”“做贼似的”，细节生动。）那黑色的遮布有一种魔力，吸引着他，他慢慢地揭开一角，遮布之后是一幅完整的画。他望着那幅画，陷入沉思，总以为有点违背“爱”的主题。冥思苦想之后，他踌躇满志地添上了几笔，然后迅速逃走，连门都忘记关了，更不用说查看一下自己的画。（必要的交代，也很符合情理！）

第二天，是公布结果的时候了，苏觉有些心不在焉。当听到自己和李明破例都被录取之时，他惊讶地跳了起来，李明更是惊讶万分。他俩颤着声音问胖经理为何有如此结局。

胖经理领着他们进入了工作室。抓起画布，他们都沉默了。

苏觉的画上多了一只猫，更像家了，也更完整了；李明画的虎上落了一只蝴蝶，更温馨、更有意境了。（成全他人的同时，也是在成全自己。）原来，李明知道苏觉应聘屡屡失败，决定放弃竞争，因而画了一只与“爱”这一主题相距甚远的老虎。在苏觉出去后，他掀开苏觉的画，发现虽色调温馨，但只有静物，便又给苏觉的画添上了一只小猫。苏觉回来后，看了李明的画，知道李明无意与自己竞争，顿觉惭愧万分，灵感一现，便在李明画的虎身上，添了一只蝴蝶。（揭晓谜底。何等温馨的结局！）

【综评】

这是一篇主张变通、表达双赢主题的小小说，出自河南省考生之手，判分59分。

故事曲折，曲终奏雅。叙写一波三折，特别是刻画苏觉形象时采用了欲扬先抑的手法，补叙的情节让他形象陡变，富有艺术韵味。

契合材料，主旨鲜明。所供材料中是选手相拥换位共过独木桥，所作小说中是苏觉、李明相互帮助实现双赢。故事因材料引发，又从一个向度演绎了材料。

内容丰实，形象突出。人物命名有寄寓，“苏觉”寓意是“速觉”，“李明”寓意是“理明”，与小说所述两人行为相契合，构思巧妙，细节动人，形象毕具。两个人物，一明一暗，一主一辅，对比衬托，张弛有度，显得很有章法！

典题 32 “自由与不自由”（2014 年高考上海卷）

根据以下材料，自选角度，自拟题目，写一篇不少于 800 字的文章（不要写成诗歌）。

你可以选择穿越沙漠的道路和方式，所以你是自由的；你必须穿越这片沙漠，所以你又是不自由的。

【典题解析】

人生在世，总是要争取自由，但又无法从心所欲。人一定处在受约束、有条件的环境下，因为自由是相对的，不自由是绝对的。有些是可以自由选择的，有些则是无法选择的。恰如卢梭所说：“人生而自由，但又无往不在枷锁之中。”

材料中的“沙漠”是一种隐喻，具有象征意义，我们可以将其转化为生活实际与感受，比如只有解决什么问题、克服什么困难，才能突破自我、获得自由。

下笔之时，首先需要明确写作对象，小可以谈个体，大可以谈国家所面临的困境，思考通往彼岸的路径。比如，我们处在一个价值重建的起点，理论上我们有着无数可以选择的道路和方式。我们身处改革大潮之中，却又被历史责任裹挟着。我们必须跨越这个重建价值秩序的“沙漠”。你文章的高下与你关心现实、思考社会的程度直接关联着。自由的时候你会如何处事？不自由的时候你将如何度过？这些，都是很有价值的思考，也是文章可以展开的角度。

佳作 43

高墙外

雨应该会掠过广阔的河面，抑或是穿过葱葱郁郁的大丛林。

雨应该摇曳着碧绿的草原，抑或是跨进了繁华都市的腹心。（两个整齐的文句，既彰显了作者在文字上的追求，又让下文的生发有了依据。）

而我只看见雨逗留在穷巷僻弄，在屋檐里泛滥着汩汩的水声，或在屋角旁边的阴沟里哗哗地流动。（这是现实状况，与前文的想象构成鲜明的对比。）这是我注定了的生长地，根本没得选择，也无法逃离，不自由。因为此时我的枝干太过于脆嫩，我的枝叶太过于柔弱。

我做了一个梦。梦境里有一只蝴蝶。（借梦说事，拓展了文章的表达空间。）

阳光透过雨渍抛出的晶莹水珠，折射着绚烂的色彩，涂满了蝴蝶的翅膀，于是蝴蝶在这纯净的空气里熠熠发光。蝴蝶翩翩起舞，它开始靠近我，它要亲吻我的脸颊。

我太高兴了，高兴得差点闪了腰。我屏住呼吸，想静静地等候大地精灵对我的青睐。

梦是在半夜里被敲碎的，发出清脆的声音，和玻璃一样。

我醒来，感觉到冷。（回到现实。体现了清晰的文脉。）

一片黯然浮于眼眸，此刻雨停了，只留下阴沟里的水流声窸窸窣窣。月亮似乎在矫情地躲躲藏藏。不知是什么原因，我跟月亮的感情很不好。我只觉得那月亮的白光冷森森的，把凹凸不平的地面幻化为一片模糊虚伪的光滑，引人去上当；我只觉得那月亮温情而柔和，把黑暗里潜藏着的一切丑陋幻化为神秘的美，叫人忘了提防。（传达的是独特的感觉！文学作品中特别需要张扬的就是个性化的表达。）

我想继续做梦。

梦却没有来。

原来连梦境也不自由。（连用短句，而且独立成段，有强烈的表现力。）

我心里明白蝴蝶是不会来的，因为我生活在如此不起眼的角落，因为我身上没有任何值得它留恋的东西，我注定要在这里终老，枝叶任由岁月捶打。

可我喜欢外面的世界。（任何时候，任何情况下，都要心存希望！这是阳光心态。）太阳在召唤我，那湛蓝而辽远的天空中，他绽出了一团炽烈耀眼的火光，使恢恢天宇下的无数生命为之喧哗。在他的鼓励下，我选择了攀爬。沿着圮圮的残垣，绕着残损的瓦砾，我知道，我要借助于这些外力走向顶端。只有到了顶端，我才能看到广阔的河面、蓊郁的丛林、碧绿的草原、繁华的城市……

攀爬时，我身上的雨珠再也撑不住了，噗嗤一声，将冷脸笑成了花面；我竟然能清楚地听到一首歌，这首歌肯定是从云端唱到了山麓，从山麓唱到了低低的山村，唱入篱落，唱入一只小鸭的黄蹼，唱入软溶溶的春泥。（诗化的语言，让人美不胜收！）

我努力地向上攀爬，即使无法选择扎根在哪儿，但是我能选择我应该何去何从。

我不甘于永远蜗居在墙角边，禁锢在这无聊无趣的一隅，（“蜗居”“禁锢”，很有表现力的词汇！）我要通过自己的生存方式，自由地看到高墙外的精彩。

我再次睡去，期待又一次遇见那只蝴蝶。（再度提起“蝴蝶”，显示出作者的结构意识。）

【综评】

古今中外有太多的文学作品写到了“梦”，不少是直接以“梦”命名的，如《红楼梦》《仲夏夜之梦》。这篇优美的记叙性散文也是用“梦”来缩结的。

“我”是一株被高墙限制了自由的植物，对于自己的生长地“根本没得选择，也无法逃离”，虽然向往自由，但是由于“此时我的枝干太过于脆嫩，我的枝叶太过于柔弱”，只能寄希望于“梦”，于是“我”梦见了蝴蝶。蝴蝶代表着自由，因为蝴蝶可以不受高墙的束缚，可以自由自在地飞翔。“我”向往自由，“我”知道，等到长高时，到了高墙的顶端，就可以看到外面的世界，所以“我”得借助外力发展自己，壮大自己。这，在内涵上与作文材料的主旨是契合的。

全文用植物和蝴蝶作为意象来表情达意，意境优美；行文多用对句、短句，语言生动。结尾“即使无法……，但是我能……”“禁锢在……，自由地……”两句，形象地表明了自由的相对性，有画龙点睛之效。

典题33 “青春不朽”（2014年高考江苏卷）

根据以下材料，选取角度，自拟题目，写一篇不少于800字的文章；文体不限，除诗歌外。

有人说，没有什么是不朽的，只有青春是不朽的。

也有人说，青年人不相信有朝一日会老去，这种感觉其实是天真的，我们自欺欺人地抱有一种像自然一样长存不朽的信念。

【典题解析】

这是一道关注学生成长的作文题。正值青春期的考生一定“有话说”：有事可叙，有理可议，有情可抒。

作文题提供了两则观点迥异的材料，第一句话来自法国作家、法兰西学院院士（人们心目中的“不朽者”）让·克里斯托夫·吕芬，中心意思是青春是不朽的。第二句话来自英国作家威廉·赫兹里特的散文《论青春的不朽之感》，命题者所截取的文句的中心意思是没有什么是不朽的（包括青春），认为青春不朽是天真的自欺欺人的想法。

这组言论类材料，属于彼此对立型，强调思辨。既然是“思辨”，就得“明理”，“明理”的文章不论长短，都不能“多中心”，只能有一个“核心含义”。因此，我们不能面面俱到，而应择其一点去炫示自己的写作才情。譬如我们可以抓住第一句叙写青春不朽的故事，抒发青春不朽的情思，思考怎样才能让青春真正的不朽（不妨借鉴古人的“立德”“立言”“立功”等说法）。也可以根据第二句围绕“如何珍惜青春”展开。还可以将二者结合起来，辩证地观照青春：要追求青春不朽，就要好好珍惜青春，经营青春，让青春绽放出绚丽的花朵。

当你选定了你所擅长的文体后，就要带着强烈的“文体意识”去经营你的“不少于800字的文章”，要有清醒的“亮点意识”，亮出你的利器，让读者包括阅卷老师这样特殊的读者，眼前能够一“亮”再“亮”。

佳作44

朽叶的栀子花

（非常吸睛的标题！美丽芳香的栀子花却是朽叶的。）

小城深处有条老巷。明晃晃黄醺醺的光蔓延一路，点亮了一个城市的古老温情。（开篇就营造了温馨的氛围。）

巷尾的板车，此起彼伏的吆喝，一路的葱蒜，噼噼啪啪的煎油声，勾着所有途经的味蕾，而女人的店也在其中。（简省的文字，丰富的内蕴。）

女人是卖锅贴的。煎到外酥里嫩，香气四溢，搁到蓝印花的小碟中，浇一层香醋，撒一圈葱花，待到轻咬一口，却是意料之外的香甜之感，隐隐间又有些青春独有的青涩。（“青春”，点题。）

在旁人眼里，女人不过是个有些瘦削的老太太，可我只想用“女人”这个含着少女的甜蜜和妇人的成熟的代称。（别致的称呼。）女人爱美，每次见她，总是抹了脂粉搽了口红，似乎想留下青春的最后一点尾巴。女人爱笑，笑起来眼角会轻轻颤颤，不招不摇，温婉而妥帖。（传神的细节。）煎锅贴时，她总是打扮得一丝不苟，有点“盛装端热油”的味道，远远看去竟像是从《蒹葭》里走出的那位如水女子。

我迷惑于女人身上青春娇美端方的气息，沉迷于女人手下青涩而有些甜蜜的锅贴。恰巧，女人是我同学的祖母，一经询问，方知锅贴里藏着栀子和苹果混合的酱料。而女人原是那个十里洋场的大户之女，几经辗转方暂栖于这个闭塞的小城，操持着祖业，依然优雅地活着。（内容多么丰富的故事啊！“优雅”一词表现力强。）

一时间，我心中充溢着难以言说的震惊和恍然。震惊于加花酱的匠心，恍然于女人身上的不朽之气。（“不朽”，还是点题。）一个会在锅贴里加花酱的女子，岂会敌不过时光的蹉跎？当岁月爬上她的鬓角，风霜侵蚀她的容颜，她依然爱着美，爱着生活，像年轻时一样雅致而细腻，如此，岂会老去？

时常去女人的小摊，站在一边我不语，女人亦不言。我呆呆看她熟练地翻煎，温婉地浅笑，不卑不亢地招呼，沉溺于女人那一汪如碧水般的不朽之气里。夕阳西下，女人美得如一幅古仕女图。（好美的图画。）

我时常迷惑于青春与不朽。以为青春必是光洁明艳，不朽必是巍巍如高山之巅，仰不可攀。然而，看到女人身上混杂着与年龄不符的青春之气，我方有些体悟。有时候，心的柔软与细腻远胜过形貌。没有人活在保鲜膜中，没有人会永葆青春，但做一个心思细腻、热爱生活的人，时光永远会厚爱你几分；而如此，何尝不是另一种静水流深的不朽？（这段议论性文字，升华了全篇的境界。）

想起女人，就想起一枝搁在蓝印花碟中的带露栀子花。（具象化的语言，是记叙类文字的妙招。）或许叶子些许腐朽，但花瓣仍是一如既往的柔软。（回应文章标题，足见作者在结构上的精心。）

【综评】

看着满溢着思辨色彩（芳香的“栀子花”偏偏是“朽叶的”）又充满了诗情画意（“朽叶的栀子花”该是怎样的风采？）的文题，玄想着作者会带给我们一个怎样的故事，于是就“风行水上”般地沉浸到了作者营造的天地里，颇有些“结庐在人境”的况味，又有些“深巷明朝卖杏花”的意境。这就是“题好一半文”的妙处，也是文脉顺畅的妙处。

读着满纸沉静的文字，心忽然被第五节“优雅地活着”激荡了：是的，作者笔下的曾经是“十里洋场的大户之女”而今在卖锅贴的“女人”之所以如此不俗，让人“沉溺”，正在于此。记叙类文章的主题就是全篇的内核、焦点，作者有了“聚焦意识”，文章就会浑然一体。

作者善于造境，寥寥几笔，韵味氤氲。开篇的文字就有这样的效果。

行文多用短句，很有味道。叙议参互，议论性文字不多，然而有着画龙点睛之功。

典题34 “门与路”（2014年高考浙江卷）

阅读下面文字，根据要求作文。

门与路，永远相连。门是路的终点，也是路的起点。它可以挡住你的脚步，也可以让你走向世界。

大学的门，一边连接已知，一边通往未知，学习、探索、创造，是它的通行证；大学的路，从过去到未来，无数脚印在此交集，有的很深，有的很浅。

综合上述材料，结合你的所感所思，写一篇不少于800字的文章。

【注意】① 自拟题目，选好角度，确定立意。② 不得脱离材料内容及含意的范围作文。③ 明确文体，但不得写成诗歌。④不得抄袭、套作。

【典题解析】

这是一道关系型作文题，“门”与“路”是关键词，两者是对立统一的关系，门是路的终点，也是路的起点，没有了门，路便失去其意义，没有了路，门也无从谈起。因此，考生必须紧紧围绕“门”与“路”两个方面做文章，只写“门”或“路”将与高分无缘。

还应该明确的是，材料中的“大学的门”“大学的路”仅仅是个例，是分别侧重从空间角度与时间角度阐释的。因此，考生应该学会发散思维，跳出“大学”范畴，进入更深邃广阔的时空，如“人生的门”与“人生的路”，“社会的门”与“社会的路”，去探讨人生哲理，观照社会本质，从而写出别出机杼、富有个性的好文章。

佳作45

我的路，我的门

（凸现主题词，紧扣原材料。）

看到这个题，我有一种莫名的近乎落泪的感动。（开篇不俗！很有现场感。）

禁锢已久的已逝的和我憧憬着的闪着光的日子不知从哪里涌了出来，让我既熟悉又陌生，既欣喜又不知所措。（有回顾，有展望：搭起了全篇内容的架子！）

早晨起床，对爸爸妈妈感慨一句：“这么着，我就要高考了。”他们都笑了。（有别于不少考生喜欢落笔于“怀旧”，作者的笔端很“接地气”！）

三年一瞬，曾经认为漫长的高考路已到尽头，我记得怀揣着分班成绩踏入教室时的踌躇满志；我记得第一节化学课，校长坐在讲台上时我们的小心翼翼；我记得发了高烧，数学老师允许我睡一节课时的心满意足；我记得无数个夜晚的挑灯夜读；我记得无数个清晨的闻鸡起舞……（排比而出的点点滴滴，勾勒出高中生活的过往，好办法！只是句子过长之后难免表意含混，比如“校长”句。）现在回想，这一切或成功或失败的努力，或欣喜或忧伤的经历，于不经意间早已一寸一寸地为我铺平前方道路，承载着我最初的梦想，让我坚强地前行。

而今，（从“看到这个题”，到“早晨起床”，再到“三年一瞬”，最后回到“而今”，作者带着读者在时间隧道中穿越，脉络清晰。这，很值得写记叙类文章的考生借鉴。）我在路上奔跑着，我看到了不远处的那扇门，虽然我仍只是望着它遐想，但我知道，那是与未来，与更广阔天地的连接点。门口，有自由的风气，有大师的思想，有无所畏惧的新的征程。我渴望着在一片更广阔的领空翱翔，然后在我最钟爱的一片绿荫中停歇；我渴望着在更辽阔的海洋遨游，然后在某处深潜下去，去和其他鱼儿嬉游争食，去和海底的珊瑚问好。门后，是又一块如此适合我梦想的起飞之地。（分解为“门口”“门后”两个维度展开，不失为机智的表达。）而现在，我正在不远处眺望着它，过不了多久，我只要一踮脚就能够到它了。

门与路，真是一对天生玄妙的组合。路上挥洒汗水，门后收获惊喜；路上风雨兼程，门后自有既定的目的之地，作为对执着的人最好的回报。路给了我明确的方向，门给了我拼搏的动力。（对“玄妙”具体的阐释。）而即将走完一程路、推开一扇门的我，无疑是那个最满足的人了。

我的路上有温暖同行，我接到了奶奶关切的电话，我也看到了从不参加什么祭拜活动的父亲，在普陀双手合十给我许愿时弯下的宽阔脊背。一想到那些时刻，我便会握紧拳头，奋然前行。（生活气息浓郁。父亲的反常举动这一细节传递出让“我”前行的力量。）

我的门需要我自己推开。那一刻我终将试练我的锋芒，在另一个圣洁的地方，仰望头顶灿烂的星空，我将依然微笑着面对一切，亦会如伟人一般在真理的大海边玩耍。（举重如轻的笔墨，好文字！）

但我知道，我依然不能停止奔跑，因为大学之门后，自有另一条充满挑战的路，那里有我未来的阴晴雨雪。路的尽头，我一定会在梦的渡口闪光。（诗情画意存焉。）

【综评】

这是一篇满分作文。

高考生是站在大学门口的人群，面对如此“接地气”的材料一挥而就出如此富有生活气息的文章是自然而然的。作者落笔于高考现场，借助于高中学习生活的一些片段，回顾了自己走过的路；而今望着大学的门，心中满溢着遐想与希冀。因为有亲人的呵护、自身的努力，作者对走好“另一条充满挑战的路”有着充分的心理准备。

文章紧扣“门”与“路”展开，细节生动，文脉清晰，情感真挚，主题积极，叙事之中点缀的议论性文字有画龙点睛的效果。

典题 35 “由空谷而想起的”（2014 年高考福建卷）

阅读下面的材料，根据要求作文。

有些人一提到空谷就想起悬崖峭壁，而另一些人想到的却是栈道桥梁。

上面的材料，引发你怎样的感悟和联想？请就此写一篇不少于 800 字的议论文或记叙文。

要求：① 必须符合文体要求；② 角度自选，立意自定，标题自拟；③ 不要脱离材料内容及含意的范围；④ 不得抄袭，不得套作。

【典题解析】

材料仅仅一句话，内蕴却很丰厚。考生要懂得挖掘“空谷”“悬崖峭壁”“栈道桥梁”的象征意义，要懂得抓住并区分“悬崖峭壁”和“栈道桥梁”的不同特征，要懂得“栈道桥梁”对于“过空谷”的作用，只有这样才能全面而准确地把握住材料。

“空谷”，指空旷幽深的山谷，也常用来指贤者隐居的地方。与之相关的词语有“空谷足音”（指在寂静的山谷里听到脚步声。比喻极难得的音信、言论或事物）、“空谷幽兰”（指山谷中优美的兰花。形容十分难得，常用来比喻人品高雅）。

面对“空谷”，考生可以有消极的心态，想到孤独、压抑、寂寞等感受，写身处“空谷”的困难、艰难、痛苦和寻求突破的愿望；也可以持有积极的心态，想到贤者隐居、寂静的山谷里听到脚步声、人品高雅等，写身处“空谷”的独到妙处；还可以默认“空谷”的负面特性，思考改变“空谷”现状的方法、策略、手段，即寻找“栈道桥梁”，通过“栈道桥梁”找到走出“空谷”的途径，实现人生的飞跃和困境的突破；甚至，也可以从对“空谷”困境的不同态度谈起，谈从不同角度看问题等，但是要注意论证分析的针对性问题——即针对“空谷”而谈，而非针对其他问题而谈，谈“从不同角度看空谷”，才不至于空泛。

佳作 46

“空谷”遐想

（这个标题不怎么样！属于懒惰型的。）

“空谷”，空旷幽深的山谷，这不免让我想起“空谷足音”“空谷幽兰”这些成语，也让我想起王安石的“世之奇伟、瑰怪、非常之观，常在于险远”之类的名句。面对“空谷”，真的让人遐想联翩啊！（从成语，到名句，确实是“遐想联翩”。扣题，也是点题。）

《庄子·徐无鬼》言："夫逃虚空者……闻人足音跫然而喜矣。"我仿佛看到庄子静静地走来，静静地坐在我的面前，脸上挂着微笑。"水击三千里，抟扶摇而上者九万里"的吟诵在耳边轻轻回荡。非淡泊无以明志，非宁静无以致远。于万千功利之中，心不为所动，身不为所役，庄子便在这静静的山谷中，享受着宁静淡泊的人生。（引用，刻画，想象，剖析：庄子呼之欲出矣！）

苏辙有诗："谷深不见兰生处，追逐微风偶得之。"（文化底蕴。）翩翩思绪飞出，我又仿佛看到这样一个镜头：柔和的月光下，王密趁着夜晚无人，"怀十金以遗震"。杨震面对黄金的诱惑，却断然拒绝。王密说，晚上没有人知道。杨震却不因"没人知道"而放松对自我的要求，他回答得很妙："天知，神知，我知，子知，何谓无知?"王密只好"愧而出"。（"四知太守"的掌故被作者叙写得活灵活现的，赞！）好一个"天知，神知，我知，子知"，八个字掷地有声！这是杨震时时处处谨慎保持人格、匡正节操的有力宣言。杨震的人品、形象，犹如这山谷中优美的兰花，散发着幽幽的清香！（分析文字扣住"空谷幽兰"，妙！）

"世之奇伟、瑰怪、非常之观，常在于险远。"思绪继续飞扬，我的眼前出现了站在最顶峰，成为万众瞩目的作家的莫言，他以自己潜心几十年孜孜不倦的追求和大胆细腻的创作征服了世界，最终登上了诺贝尔文学奖的最高峰，成为诺贝尔文学奖中国籍作家第一人，填补了中国文学界的空白；我的眼前还出现了获得第78届奥斯卡金像奖最佳导演奖的首位亚洲人李安；我的眼前还出现了……（莫言、李安们，风云人物系。或详或略，笔法多变。）他们不畏艰险，不怕坎坷，披荆斩棘，勇攀高峰，最终领略到了无限的风光！（从思想家，到封建时代的官员，到当今文艺界的大腕，正是"遐想"的意味。）

思绪回归，面对"空谷"，眼观蓝天，天地更加广阔。（在一放再放后，又收回来了。收放自如！）我由此悟出了许多道理：不管外在的世界如何变化，作为生活中人、社会中人，一定要有自己的信念，不为世俗所染，做一个有品行的人，并敢于挑战现实，勇于攀登高峰，让自己的人生无怨无悔。（画龙点睛之笔。）

【综评】

这篇文章是福建省阅卷点作为"一类文上"推出的标杆作文，确实是篇立意新颖、构思严谨、富含文化底蕴的佳作。

文章一线串珠，以思绪为线索展开"空谷"遐想，先从古代庄子、杨震说起，思绪翩翩；然后讲到现在的莫言、李安，思绪飞扬；最后以"思绪回归"自然收束全文。层现错出的典故呈现与诗文引用，既有历史的厚重感，又有时代气息，满溢着传统文化的底蕴，读来令人心旷神怡，淡淡的文字给人以静静的思索，深深的回味。

作者灵活地运用比喻、反复、引用等多种修辞手法，并运用多种句式，灵活地安排段落，充分而独特地表情达意。这样个性化的表达带给读者的是独特的审美享受。

典题 36 “站起来才能拥有世界”（2014年高考四川卷）

阅读下面的文字，根据要求作文。

人，只有在自己站起来之后，这个世界才能属于他。

这句话引发了你哪些思考？请自选角度写一篇不少于800字的文章。

要求：① 题目自拟，立意自定，文体自选；② 不得抄袭，不得套作；③ 用规范汉字书写。

【典题解析】

所供材料只有一句话，虽无新意可言，却也有张力，富有思辨性。它强调了人只有自强自立，才能闯荡天下，才能成功的励志主题。它引导考生思考：在物质面前，如何保持高贵的精神、独立的思想、高尚的人格，从而撑起属于自己的那片天？题目传递的是“正能量”。

“站起来”是材料中的关键词，含义丰富。可以指一个人形体上站起来，也可以指一个人精神上站起来，精神上的站姿更加傲人，更加打动人，更加激发人，因此也更加值得揄扬，不然，你就不能解读从孙膑到史铁生、张海迪，从普鲁斯特到罗斯福、霍金等一众中外名家的人生作为。

材料中的“人”“世界”等字眼，具有极强的现实意义，需要考生关注人生、关注社会，对人生价值、社会价值有自己的理性思考。人只有自立自强，才能够征服世界、拥有世界。“世界”“属于他”可理解为“拥有属于自己的世界”。甚至，还可以把“人”泛化，扩展到低等动物、植物，也许更能做出新意灼灼的佳作来。

在对材料有了清晰的认识、准确的把握后，考生应在立意的深刻上下功夫。写“小我”是可以的，写“大我”（从国家的强大、民族的复兴、文化的崛起等角度立意）更占胜机，也可以把二者结合起来写。

若想得高分，就必须写出个性，写出功力，写出神采！而要写出神采，就得有相当的想象能力、逻辑能力和表达能力。

佳作 47

一条老狗

（材料说的是“人”，作者偏偏写“狗”，别致！）

从此，你永久沉睡，世界不再属于你！（开篇即营造出沉重的氛围。）

你老了。（领起句。）从我刚到乡下老家看到你蜷缩在狗窝里，不再像从前那样飞奔过来跳起来吻我时，我就知道你老了。但我仍然能读懂你眼中的欢喜，还有一丝无力的阴霾，你眼中曾经的神光被融在烈日中，再不见分毫。（“老”得还不轻！）

你老了。（领起句。）我能从你掉落的一窝狗毛和不住颤抖的四肢中读出这个信息。我记得小时候最喜欢追着你跑，但我从没追上过你，反倒是你纵容我骑在你背上抓着你耳朵，驮着我在草地上散步。（曾经的风光！）那时你一身的黄毛特别舒服，纯粹得像一片麦子，那时我最爱吃麦子。奶奶给你取名叫黄板儿，就是土地的意思。奶奶没有文化，却用质朴的方式表达了她对你的情感。

你老了。（领起句。连续多个“你老了”，让文章的内容变得厚实，让行文的层次显得清晰。这是值得同学们仿效的写法！）我在靠近你之后才认识到这个问题有多严重。跳蚤在你身上肆意跳舞，有的偶尔还爬到你没毛的裸露的皮肤上晒太阳；苍蝇贪婪地吸食你胸口上的腐肉以及脓水，并且在伤口周围产卵。（而今的落魄！）阳光毒辣，跳蚤和苍蝇却不怕，所以你没空用舌头喘气。我给你上药，除蚤的、消炎的，一下子眼睛就进了沙，有什么东西不住往外流。

你真的老了！（领起句。着一“真的”，有强调意味。）你胸口上的伤是野狗咬的吗？刚才它们又准备抢你的剩饭了，我狠狠地扔了一块石头过去，没打着，一条也没有。我不知道你是否老得已然忘记曾经你打败了两条挑衅你的野狗。它们落荒而逃，而你为这次胜利所付出的代价，只是左脚踝往上一寸的小伤口。你是跛着脚回来的，但你昂起的头颅证明了你的尊严，你仿若一个王者，不，你本来就是王者！（很有特色的表达！）夕阳拉长了你的身影，天下再无你不可战胜之物！可如今你的骄傲与尊严呢？我发了疯似的在你周围呐喊。它们不在这里，是的，你的骄傲与尊严败给了时光，我找不到你的，也找不到我的！

你要走了，但我不知道会是在哪个明媚的午后，或许你会和今夜的月一起消失！我不敢想，这对你太残忍。（现实很残酷！有了前面文字的铺垫、渲染，让人都要落泪了。）我要走了，带着这世界属于你的记忆。你再也不能站起来和我在山顶俯瞰风起月落了。这世界不再属于你！（眼泪夺眶而出！）

你和家乡老土墙一起斑驳了时光，守住了回忆！

【综评】

这是一篇难得的高考满分作文，也是一篇让阅卷老师流泪、得到专家组高度赞赏的高考佳作。

构思独特，独辟蹊径，是本文第一道亮丽的风景线。在材料明确地说“人，只有在自己站起来之后，这个世界才能属于他”的前提下，作者偏偏选取了一条老狗作为写作对象，借狗写人。高明！机智！！新意灼灼！！！其实，这老狗的形象不正是许多曾经站起来赢得精彩世界，而今步入老境、英雄迟暮的人的写照吗？

细节生动，笔触细腻，是文章的第二个突出亮点。作者善于捕捉生活中的细节，极力刻画老狗今天衰老的窘态，比如跳蚤、苍蝇在它的身上肆虐的情形，形象逼真，情景宛现。

对比映衬，突出主旨，是文章的第三个亮点。作者一方面写老狗的衰老，一方面回忆老狗曾经站起来的精彩与辉煌，对比鲜明，极好地写出了作者的感悟，能引起读者的强烈共鸣。

典题 37 “课内外学习中的探究”（2014 年高考江西卷）

阅读下面的文字，按要求作文。

探究作为我国现行课程标准倡导的学习方式之一，常常出现在课堂、实验室或课外学习过程中。有的同学觉得，探究给自己留下了一段难忘的学习经历；有的同学认为，探究是一种重要的学习方式；有的同学则抱怨，探究在教学活动中往往流于形式……

对课内外学习中的探究，你有何体验、见闻或思考？请自选角度，自拟题目，写一篇文章。

要求：① 写记叙文或议论文；② 不得透露个人信息；③ 不得抄袭，不得套作；④ 字数不少于 700 字。

【典题解析】

年年谈审题，年年出问题。所以，首先还得谈审题。

这是关于“课内外学习中的探究”的材料，抛开“课内外学习”去孤立地谈“探究”，是将写作范围扩大了，那样问题就大了。要求是“你有何体验、见闻或思考”，必须在文章中见到“你”。

必须明确的是，这是评论类作文命题，重点是对特定的事物——这里就是“课内外学习中的探究”——进行分析、评价，分析前因后果，指明优劣得失，总结经验教训，表明自身立场。有别于命题中常见的引申类作文（即由此及彼，说开去）。

考生可以根据自己对材料的理解，结合自身的积累，围绕材料中心或某个侧面进行写作，只要不脱离材料内容及其所表达的含意范围即可。题目中提示了三个角度，假如考生对“探究”体会较深，可以选前两个角度，写经历或谈这个方式的重要性。假如考生对“探究”体会不够，也可以写自己的抱怨。题目中还有省略号，这意味学生围绕“探究”还可以有其他的内容可以写，只要是“你”的“体验、见闻或思考”，都可以包含在省略号的内涵里。

可以就自身课内外学习中的探究活动谈体验，写记叙文；也可以就自身课内外学习中的探究活动谈思考，写议论文；如果既没有体验也没有思考，还可以另辟蹊径写见闻，谈他人在课内外学习中的探究行为。

甚至，这个作文题本身也有值得“你”探究的地方。比如可以谈考试的答案标准化的今天，现行课程标准倡导探究是否会让学生考试总拿不到分数等。

佳作 48

老师，那道题是错的

（能够吸引读者的好标题！）

铃声刚响，他不紧不慢地弯下了身子，偷偷从后门跑了进去，随便找了个空位坐了下来。（与众不同的出场。）

学校在开全校大会，这是他第一次参加，但是却迟到了。

他随后将包放下，一个不小心，包里那本《全国数学奥林匹克竞赛》便滑落了下来。（伏笔。）旁边好心的同学帮他拾起，他急匆匆地将书塞进包里。

他微笑着问旁边的同学："台上作为学生代表发言的人是谁？"

那人道："你是新来的吧！他都不知道？他叫林刚，是我们年级的学霸，每次考试稳拿第一，尤其是他的数学，拿满分是经常的。"（铺垫。）

他只是漫不经心地"噢"了一声，便望着那个身穿洁净校服、戴着金色边框眼镜的翩翩少年，眼睛里放出异样的光彩。

"这是我们班新来的同学，叫张云翔。"伴随着老师的介绍，他走入了林刚的班级，而且还奇迹般地与林刚成了同桌。（无巧不成书。）

他微笑着伸过手去跟林刚打招呼，而林刚却爱理不理的，只留他那只热情的手尴尬地停留在空中。（细节，传神！）

这天上数学课，数学老师在黑板上写下了一道题目。之后大家便绞尽脑汁地解题，五分钟后，大家的脸上都露出了难色。唯有两个人脸上自信满满，那就是林刚和他。老师问是否有人解出来时，林刚自信地举起了手。老师示意林刚到黑板上写答案。（继续铺垫。）

于是，林刚自信满满地将自己的完美解答写在了黑板上，答案占了满满一黑板。班里响起了雷鸣般的掌声。

老师示意掌声停下，询问是否还有其他人将这道题解出来了，而这时他举起了手。

他站起来说："老师，我没有把这道题解出来。"（出乎意料的情节，为文章增添了曲折。）

老师欣喜的眼神瞬间变得暗淡无光。同学们嘘声一片，投去了不少鄙夷的目光。（烘托。侧写法。）

老师继续问道："你没有做出来，举手做什么？"他自信地回答道："老师，你的这道题是错的。"此时，老师脸上浮现出了满意的微笑。（柳暗花明了。）

于是，他把这道题目重新改了，改完之后，大家发现其实这道题并不是很难，在座的学生都可以做出来，并不需要林刚那么费力地解答。

老师对他们说："其实，我出的这道题目确实有问题，可你们当中没有一个人敢站出来质疑，探究题目的真伪，只有张云翔同学的探究质疑精神让我佩服，让我们送给他热烈的掌声！"（揭示题旨。）

【综评】

这是一篇围绕题旨、构思精巧、立意深刻的记叙文，可谓迂回有致，圆融契合。文中没有道理的说教，有的只是情节的起承转合、细节的生动描绘及浅显清新的语言。伏笔与照应，渲染与跌宕，一切似乎都产生于不经意间，一切似乎都不着痕迹，是大手笔气象。

典题 38 我的时间（2011年高考浙江卷）

阅读下面的文字，根据要求作文。

一代人有一代人的偶像。钱学森、袁隆平、宗庆后、张艺谋、马化腾、刘翔……他们是不同时代不同行业的成功者，有无数崇拜者和模仿者追随其后。他们做过什么，又是怎么做的，被写进了种种励志读本。然而，他们的成功很难复制，因为时间在变，万物在变，一个人成功的路子也在变。

时间不是一个抽象的概念。春夏秋冬，四时更替。物理时间随着时钟的指针分分秒秒匆匆地流逝，而人生的时间，则由大大小小的悲喜堆叠而成过去，由错错对对的选择建构而成未来。所以，人生的真谛不在复制别人的成功，而是认识自己，在合适的时间里做好该做的事！

根据上述材料的含义，以“我的时间”为标题，写一篇不少于800字的文章。

要求：① 选准角度，明确立意。② 除诗歌外，文体不限。③ 不得抄袭，不得套作。

【典题解析】

先要读懂材料的含义。材料有两个部分：一是关于多个领域的成功人士的，因为他们成功的道路各各不同，所以本身就昭示了“成功很难复制”的道理。但是，追寻他们成功的足迹，无疑是大大有助于自己走向成功的。二是把现实生活中的现象抽象为对时间的理性认知，其实就是对生活质量、生命价值的认识与评价。它告诉世人，你的时间范畴内有悲喜，有正误，这些都很正常，关键是善用时间，不让光阴虚度。

如果你写自己怎样科学合理地利用自己的时间，自己在一定时间内、在某个特定事件中如何化解矛盾冲突，如何战胜自我（“小我”），从而表现出某种高贵的品质与情操，这样的文章就是切题的。

如果你依托于一些成功人士，表明“成功是让时间的效益最大化的结果”之类的主题，传达你对成功人生之所以成功的理性解读，这样的文章也是切题的。

佳作49

我的时间

每个清晨，都平静地把自己铺成一张白纸，等着阳光到我的灵魂里泼墨挥毫；每一个夜晚，都把自己倒得空空的，然后往里面添加风、星星、萤火虫……（富有诗意的文字！端的是开篇不俗。）总之，尽量添加一切诗意的东西。我只是想提醒自己，认识自己，在我的时间里做我自己。（“在我的时间里做我自己”，点题文字。）

我知道自己到底在寻找什么，什么样的生活才是我想要的。有人说，眺望摩天大楼的人，其实是在眺望自己的幸福。我不是，我的幸福没有那么高。

我的幸福低到尘埃里。（独句成段，旨在强调。）

世上有不计其数的成功者，他们头顶光环，令人艳羡，无数崇拜者和模仿者追随其后。然而，那是你想要的么？人生不是复制别人的成功，而是做你自己。

有的人的幸福如瀑布或山洪，有的人的幸福如涓涓小溪。

屋檐上鸽子成群，院子里花团锦簇。你喜爱的小狗，即使你在它吠叫时轻轻拍打它的小脸，它也依然喜欢依偎着你安静入睡。还有不被打扰的月亮，可以喝的露水……这一切都是我急着要向你表达的，我安静的幸福，我真实的自己。

在这么高速旋转的时光里，我们丢失了什么，我们又拣起了什么？看看那些令人窒息的钢筋水泥结构中步伐匆匆的人们，看看那尾追在名人背影后的追星者，以及盲目模仿复制成功者道路的人……他们的眼睛里储满了名利却丧失了蓝天，他们的耳朵里塞满了阿谀却失去了鸟鸣。（对比着行文，很有表现力！）他们失去了自己，迷途在别人的道路与时间里。

在我的时间里，我要做自己，追逐我低入尘埃的小小的幸福。（强调自己追求的是“低入尘埃的小小的幸福”。）

我时常背起背包到附近的山上去远足，在自然中，我找到了自己。（“在自然中，我找到了自己”，领起下文。）当繁密的树叶遮住午后的阳光，又“故意”疏漏其中的一两缕，打在潮湿的地面，当深秋的第一树或黄或红的落叶在我面前摇曳而下，带着欲言又止的忧愁，当南风带着沁人的土香袭乱我的头发……（表现力很强的文字，很有画面感！）这一刻，时光在外部世界里一点一滴地逝去，却好像与我无关，因为我找到了自己的时间，找到了自己的幸福。我可以坦然地与自己对话……

在我的时间里，我只想做自己，我只想像个孩子一样，在你面前兴高采烈地阐述我简单的思想。在属于自己的道路上，在忠于自己的幸福里，做我自己，就像那水边的蜻蜓，临风吟唱，翩翩起舞。（文字优美！可谓曲终奏雅。）

【综评】

这是一篇获得满分的佳作。

思想的光芒是其超群拔俗的关键。世人都在热追成功，而“我的幸福低到尘埃里”，做好我自己，“追逐我低入尘埃的小小的幸福”。“时光在外部世界里一点一滴地逝去，却好像与我无关，因为我找到了自己的时间，找到了自己的幸福。我可以坦然地与自己对话……”在忙碌成为常态的今天，作者如此别致地处理“我的时间”，这份从容，这份坚守，透出了优雅。

语言的优美是其获取高分的要素。文字或理性，如“有人说，眺望摩天大楼的人，其实是在眺望自己的幸福。我不是，我的幸福没有那么高”；或感性，如“在属于自己的道路上，在忠于自己的幸福里，做我自己，就像那水边的蜻蜓，临风吟唱，翩翩起舞”。美不胜收。

佳作50

我的时间

如今社会上，“偶像效应”泛滥，偶像背后有趋之若鹜的追捧者，他们模仿偶像以致失去自我仍浑然不觉。（问题的普遍性！）

我也有过偶像，她是我的好朋友，她也是我的“对手”。（这“偶像”，够特别！）在学校里，无论大小测验还是班干部竞选，她都是佼佼者，她从小被鲜花与掌声包围着，我在她旁边犹如天鹅旁边的丑小鸭，总是活在阴影里。我很崇拜她，难免事事与她做比较，甚至忘记自我去模仿她，妄想复制她的成功。

早上她几点起床，我也立马爬起来洗漱；她几点开始晨读，我也紧跟她的脚步。有时我就像她的一面镜子，但我的眼睛常不放在书本上，而是紧盯她的一举一动。因此，结果可想而知，我非但没取得进步，反而与她的距离越拉越远了。（“一面镜子”之说，太传神了！）

那根紧绷的神经仿佛随时可能断裂；那凝滞的空气让我几乎窒息。我在恍惚间想起，我不是她，我是我，我何须去复制她，复制她的时间？（经过反省，情节要发生转折了！）

我的时间掌握在自己的手里。（宣言。其实就是明确文章的主题！）

我逃出那个让我窒息的小教室，跑到学校后面的那片小村庄里，在太阳升起时，小村庄从静谧逐渐变得喧闹。不知谁家大院的那只大黄狗朝我吠叫；那户木匠的家里响起刨木屑的声音，木屑花在窗里飞舞旋转；那个放羊娃赶着一群羊走在羊肠小径上；大树下是乘凉的妇女们，扯着嗓门在聊天，旁边有嬉笑打闹的小孩，纯真的脸上挂满灿烂的笑容。每个人都自得其乐。（画面感很强的文字！）

心中的惆怅被乡村的气息一扫而光。你瞧，每个人都是独立的个体，每个人都有自己的时间，别人的成功无法复制，活出自己，掌握自己的时间难道不是成功吗？（“每个人都有自己的时间”，点题了！）

我看了看腕上的手表，我的时间依旧还在，在等着我学会运用它。放下包袱的我感觉空气是那么清新，阳光是那么明媚。（“我”得到启发，决定改变自己的生活方式。）

我回到那个曾经让我窒息的教室，我回头看了看我的“对手”，由衷一笑，我找回了我自己。我定下自己的时间表，安排好自己的作息。指针分分秒秒在走，我的人生依旧有甜酸苦辣、悲喜忧愁，但我可以掌握好我的时间，而不是盲目地复制别人。因为我懂得了人生的真谛不在于复制别人，而是在自己合适的时间做正确的事情。（卒章显志。）

【综评】

这是一篇记叙文，一篇有曲度的记叙文。记叙文有了曲度，也就意味着文章有了一定的高度。

作者细致地为我们展示了她的心路历程：从“失去自我”，到“几乎窒息”，到“逃出那个让我窒息的小教室”，到“心中的惆怅被乡村的气息一扫而光”，直到最后的“由衷一笑”。之所以有这样的心理转换，就是因为她懂得了“人生的真谛不在于复制别人，而是在自己合适的时间做正确的事情”。主旨鲜明，且切合材料。

文章以议论开篇——模仿偶像以致失去自我，以议论完篇——掌握好我的时间，而不是盲目地复制别人。两相比照，遥相呼应，使得文章结构严谨，浑然一体。

典题 39 熟悉（2009年高考四川卷）

题目：熟悉。

要求：自定立意，自选文体，写一篇文章，不少于800字。

【典题解析】

“熟悉”是“清楚地知道”的意思，这个小学生也会写的题目放到高考卷上，就得警惕，因为很容易就会因为写顺了而写得浅淡平庸了。正所谓“熟题难出新”“题浅反为难”。若写记叙文，可以从熟悉的人或事物中挖掘出“陌生”来。比如，“我”自以为对某个亲人或朋友极为熟悉，于是对他（她）有了成见，可某一件或几件事上，我却感到他（她）是那么陌生。反之，最陌生的也可能是最熟悉的，那种似曾相识，那种一见如故，蕴含着几多人生情怀和生活哲理。这就有了张力。若写议论文，要尽可能阐述对“熟悉”的独到见解，比如“熟悉有时使我们麻木”“熟悉可能使我们懈怠”“熟悉往往是探索新域的陷阱”“熟悉有时是创新的大敌”“别让‘熟悉’蒙蔽了双眼”“熟悉常常是好奇心和探索欲的杀手”“熟悉的地方没有风景”“熟悉是厌倦的温床”，“善于在熟悉的地方发现风景”等等。

佳作51

熟 悉

千资源，万资源，关系才是硬资源；千风光，万风光，熟悉就有好风光。（整句开篇，先声夺人！）三生抵不上一熟，找个熟人好办事。在咱们这片国土上，关系就是神奇。有关系的跟没关系的，活法可差远了。（言说“关系”在这片国土上的重要性。）这就叫人比人，气死人。不服气？那气死活该。（其实，这段议论文字放到后面写更好。也不至于让“熟悉”出现得比较晚。）

咱三姨姐的七表叔的四堂弟的干儿子胡咧咧（这是绰号，大名至今未晓），（瞧，这七拐八绕的关系，很有表达效果！）跟我挺熟悉，胡咧咧的社会关系铁硬，不，不，硬度超过金刚钻。（先给个说法，然后否定之，再给个说法：很值得借鉴的句式，表现力强。）可就他这样的，也会遇上更高的“关系高人”。闲聊中，他给我讲了他学汽车驾驶时发生的一个关于“熟悉”的故事。（终于点题了。）

下面是他的原话，我照录不误。

今年夏天，我去驾校报名学驾驶，遇到了住同一个小区的小张。当天，我们就被分在同一个教练手下。

我这位“张学友”（有效果！）人缘不错，出手很大方，是个标准的“自来熟”，没几天就混得“人人熟”了，这也成了他的临时绰号。他虽然很少到驾校来学习，但是没多久，一样跟教练和学友们混得烂熟。更因为我和他是邻居，一来二去的，我俩关系迅速升温。

“人人熟”学得很慢。不知是他悟性不高，还是在驾校学习的时间太少，总之，每次轮到他上车摸方向盘，我们都要死死抓牢教练车上牢固的东西。否则他一起步，轻则会让众人不稳、前俯后仰，厉害的话，一车人都会喊脖子疼；上了路，也是东摇西摆的。（具象化的文字，很有现场感。）不过向来对我们严厉的教练好像跟他挺熟悉，偏偏对他仁慈有加，这个我们能理解：“人人熟”虽然很少来训练，但每次来了，都要“孝敬”教练一包好烟——攀熟的介绍信。

到了桩考和路考时，“人人熟”居然也通过了，而有几个我们公认学得比小张好的学友，却给刷了下来。

拿到驾照后没几天，“人人熟”请我去喝茶。我才知道当初他到驾校学习时，特意去找了熟人，驾校校长专门跟教练打了招呼，难怪教练待他会那么仁慈。至于理论考试、桩考和路考能顺利通过，也是他去找了好几个熟人的结果。“人人熟”很得意：这年头，啥人都熟悉才好办事！（蓄势，为后面的情节做铺垫。）

不料才过一个月，就听小区的保安说，小张惹麻烦了。见到“人人熟”一问，他却说没事：倒车时撞坏了别人的车而已。见我着急，他笑了：“这有什么不好解决的，啥人都熟悉好办事！保险公司里我有好几个熟人，跟他们一说，一分钱没花！”他想了想，又补充了一句：“对了，前几天我还闯了红灯，找了熟悉的人去通融，一样没事。”（继续扣住“熟悉”说事儿。）

可就在上月，“人人熟”真的出事了。那天他在弯道上超速行驶，谁也没招惹他，车就从路坎冲下去了。算他命大，路坎下面是软土，他只是断了三根肋骨。我赶到医院去探望，刚做完手术的他见到我时有些激动，我正要劝他几句，他却说：“胡大哥，你放心！这家医院我超熟悉，熟人至少有一打，一进来他们就给我安排了手术。”（还是扣住“熟悉”说事儿。讽刺意味非常强烈！）

听了胡咧咧的故事，我对“人人熟”肃然起“惊（讶）”：如此处处都“熟悉”，个个是“熟人”，为什么总出事呢？

【综评】

此文特色鲜明，故事讲得很夸张，走的是幽默讽刺的路子。作为小小说，重点讲的就是“人人熟”小张的故事。此人最会搞关系，走“熟悉”路线。他“人缘不错，出手很大方”，很少到驾校来学习，却“一样跟教练和学友们混得烂熟”。于是就有了下面的奇迹：疏于学习实践，驾驶技术特臭，却顺利通过了理论考试、桩考和路考。不仅如此，倒车时撞坏了别人的车，开车闯红灯，都能靠熟人摆平。出了严重车祸断了三根肋骨，还不引以为戒，反而以医院有熟人而炫耀。“这有什么不好解决的，啥人都熟悉好办事！”是小张的口头禅。这样利用“熟悉”是否很可悲呢？最后一段，以问作结，观点隐于问中，发人深思。

典题40 站在 ________ 的门口（2009年高考湖北卷）

请以“站在 ________ 的门口”为题写一篇文章。

要求：① 将题目补充完整，并写在答题卡上，然后作文。② 立意自定。③ 文体不限。可以记叙经历，抒发感情，发表议论，展开想象，等等。④ 不少于800字。

【典题解析】

这是个半命题作文题，猛一看颇为棘手，但稍作思考，还是大有东西可写的。“站在 ________ 的门口”应该说是一个可实可虚、亦实亦虚而又偏重于虚的题目。如果填成“站在成功的门口”“站在朋友的门口”，那就偏于“实”；如果填成“站在未来的门口”“站在地狱的门口”，那就偏于“虚”；如果填成“站在成熟的门口”“站在堕落的门口”，那就“亦实亦虚”。上面的举例实际已经涉及“门口”的具体外延，但难度可能还在对“站在 ×× 的门口”之内涵的理解上，一般说来，“站在 ×× 的门口”往往意味着尚未入“门”，对门内的世界或向往，或羡慕，或恐惧，或感到神秘……站在门口时的心理也有多种，或迫不及待，或观望徘徊，或疑虑重重，或想象翩飞……站在门口之人，或是暂居门外又极想入门，或是暂居门外又极想远离此门。当内涵和外延理解得基本准确时，选择何种体裁来“载道”就不是难题了。

佳作52

站在大学的门口

现在的父母，哪个不望子成龙，望女成凤？还在我刚考上高一时，父亲就领着我来到北京的一所大学门口，目的是吊起我向往大学生活的胃口。（让高一新生站到大学门口，别出心裁的开头。）

我站在大学的门口，瞪大好奇的眼睛，向里面张望着。

多少青春，多少梦想，都藏在这扇神圣的门的后面。（引发下文的畅想。）

我想，在进去后，我会努力学习。我要拿遍奖学金，我要看遍图书馆的书。我要结交最好的朋友，我要设计最新的自我形象。

我期待着博学的教授跟我讲解我心中的十万个为什么，解读我稀奇古怪的想法。（专业学习。）

我期待着能加入学生会，和志同道合的同学激烈争辩，然后还是努力去做有益于社会的事情。（服务他人。）

我要在课余时间去做家教，在寒暑假去旅行。一个人走走停停，行万里路，然后拿着几本日记，写下心得。弄不好就出了一个当代司马迁。（走入社会。）

我已经等待太久，高中已经让我太厌倦。我极其强烈地想赶快走进门去而不是老站在门口。那个站在大学门口的我，当时想到了蔡元培，想到了五四运动，想到矮矮的朱光潜教授身上迸发的魅力，想到了钱锺书的孤傲和渊博，想到了辜鸿铭的落伍、怪诞与可爱。（这里想起的人物堪称“高大上”，但是有一点疏漏：蔡元培、朱光潜、辜鸿铭都是北大的，钱锺书是清华的。那么，你到底站在哪所大学的门口呢？）如果现在仍有这类大师，让我在读大学的几年中一睹其风采，那该多美啊！

多少年后，当我再次站在这所大学的门口——不过是背对着——时，也许青春的印迹会写满挫败，也许我已经小有成就，也许我会天天站到这所大学的门里，去为人类文化的传承负起责任。（三个“也许……”，整饬的句式。）总之，当我再次站在大学门口时，我会忆起当年的意气风发，当年的自卑徘徊，当年的忐忑不安么？

然而，我能够有一天背对着门而站在大学门口吗？（“然而”一转，转出了又一个天地。这是善于驾驭笔墨的招数，妙招！）

从目前的情况看，似乎有点悬。为什么呢？

一是我的学习基础较差。语文差强人意，每次都能排班级前十名。可数学太糟，如果150分的总分，我一般只能拿到90来分，勉强及格，可我的同桌哪次也没低过120分。英语就更别提了，从来都是倒数十名内。两个选修学科，也是“一瘸一拐”的。二是我没有加分的可能。我不是省级三好生，与优秀学生干部八竿子打不着，也没得过什么发明奖，更不可能参加航海模型竞赛（像我这个农民家庭出身的，哪里玩得起哟）。三是省市招生办什么的，完全没关系。虽说现如今高考招生越来越规范合理，但如果分数差不多，有关系的还是要沾点光的。（好实诚的孩子！咋啥都写呢？不幸的是，这似乎是事实。）

然而，奇迹总是由人创造的，我为什么就不能创造奇迹呢？最后阶段我不是恶补了瘸科吗？最后一次模拟考试我不是上升了15个名次吗？爸爸妈妈不是多次说我呆人有呆人福吗（因为我每逢大考考运总还不错）？（连续问，凸显了作者的信心。很有表现力！）

就算今年考砸了，下次再来嘛。一年不行，两年，两年不行，三年……（好心态！）苦心人，苍天不负；有恒者，志必能成！我相信，总有一天，我会自豪满满地站在大学门口，高喊一声“我来了”！

【综评】

不故作高深，选切己之材，应该是本文构思的出发点。“还在我刚考上高一时，父亲就领着我来到北京的一所大学门口，目的是吊起我向往大学生活的胃口。”入题就这么实在。接着就写自己“站在大学的门口……向里面张望”时的想象，“多少青春，多少梦想，都藏在这扇神圣的门的后面”，概括精当。作者的想象很有质量，比如“想到了蔡元培，想到了五四运动”，想到了朱光潜、钱锺书、辜鸿铭，一句“如果现在仍有这类大师，让我在读大学的几年中一睹其风采，那该多美啊”，让人看到了作者平时阅读的深度。“然而，我能够有一天背对着门而站在大学门口吗？”一句话转出另一层次。作者先写“似乎有点悬”，并揭示“悬”的原因（都是实话实说），暗寓社会批判（如现在已经基本取消了的高考加分政策、现在得到有效控制的人际关系对录取的影响）。“悬”之后又是一转，转出坚定的自信。总之，此文虚实结合得很好，行文有波澜，很是耐读。

典题41 踮起脚尖（2009年高考湖南卷）

请以“踮起脚尖”为题目，写一篇不少于800字的议论文或记叙文。

【典题解析】

“踮起脚尖”就是提起脚跟，脚尖着地，是一个引体向上的动作。我们知道，大凡“踮起脚尖”都是有目的性的动作，比如露天看演出，树下摘果子，矮个儿量身高，雨后过烂泥路，留守儿童盼望父母归来……“踮起脚尖”可以和梦想、选择、判断、智慧、风景、好奇等话题联系起来，进行巧妙转化；也可以由此联想到观景、跳舞、思念远方亲友……下笔之前，要思考清楚为什么要“踮起脚尖”(原因)、怎样“踮起脚尖”(方法)、“踮起脚尖”有何功用（结果）等问题。

佳作53

踮起脚尖

想起母亲，便想起她很多个画面。每一个画面里，母亲的姿势都是踮起脚尖。(落笔点题。)

她卖力地踩着打禾机；她踮起脚尖把一筐筐的稻谷放进高高的谷仓里；她踮起脚尖摘下树上的桃子、橘子，挑到几里外的集市上卖；在集市的人堆里，她高声叫卖，那姿势仍是踮起脚尖……（一组整句，几幅画面，概括性的文字。）

但给我印象最深刻的还是——

一

五岁那年秋天。(主体部分以时序结构，撷取了几个人生片段，好构思！）四里外的赵村放电影，母亲说好要带我去看的，可等她把碗洗好，把猪草剁好，装到大荷叶锅里，我们匆匆赶到赵村的时候，电影已经开始了。更重要的是：晒谷坪上早就聚集了很多人，连两旁堆起的草垛上也是人。我们挤不到前面去，站在后面根本看不见，我急得直嚷嚷。(踮起脚尖的必要性。) 母亲迅速地把我架在脖子上，“哎，好！还差一点！看不完整！”母亲又调整了一下身体，这下我能完全看见了。当时，也没有去多想，只知去看并不太看得懂的电影。许多年后，我回忆起童年来，便明白了那晚我能看到电影的原因，是我一直骑在母亲的脖子上，是母亲一直踮起脚尖，踮了一个晚上。而她看到的却只是别人的后背。(母爱的伟大！)

二

十五岁那年夏天，我中考。

记得6月18号那天，考完语文，我走出考场，一眼就看到了人群里的母亲。她正踮起脚尖，探出半个身子，向这边张望呢！（还是踮起脚尖。）我跑过去，轻声责备说："妈，你怎么来了，咱家正在割麦子呢，忙都忙不过来！"母亲笑笑，从塑料袋里拿出两张鸡蛋饼，还有几个鸡蛋，塞给我说："我送这个来给你吃，你最喜欢吃的！天太热，没弄太多，怕坏。饿了吧？快吃！"

我接过，低头看见母亲头上还粘着几根小小的麦穗，一时不知说什么好，只是在心里暗下决心，一定要考好！（"几根小小的麦穗"，很传神的细节描写！）

三

二十五岁那年冬天，我失恋了，我觉得我的整个世界都冻了，都塌了。一个人漫无目的地走在冷冷的风里，万念俱灰！（"冻了""塌了""万念俱灰"：极言失恋打击之大！）不知什么时候，下起了米渣子（冰雹），我不管；又不知过了多久，飘起了鹅毛般的雪花，我还是没管。后来，不知怎么的，我走着走着，就回到了家。母亲见到我从单位回来，又惊又喜，连忙帮我拍去身上的雪花。"头发上也有，别动，妈妈帮你弄下来！"母亲边说着，边踮起脚尖，张开双臂，去弄我头上的雪。（仍然是踮起脚尖，扣题意识强！）刹那间，我感到一种巨大的温暖弥漫全身，那一刻，我明白了：就算我失去了整个世界，我还拥有母亲，还有母亲暖暖的爱。我有什么理由不积极地生活呢？

四

我正准备午睡的时候，听到客厅里窸窸窣窣的声音，过来一看，是母亲，她正踮起脚尖，蹑手蹑脚的。"妈，什么事呀？""呀，把你吵醒啦！"母亲像做错事的孩子，"没事，我送点青菜过来！顺便看看你们有没有要洗的衣服！……噢，快去睡！快去！"我没能拗过母亲，她硬是把我儿子换下的脏衣服拿走了。

这一年，我三十四岁，母亲五十七岁。（还是标示叙事时序的，但是笔法有所变化。高！）她在我所在的学校食堂做临时工，一份几百块钱的工作，她却比谁都看重、都珍惜。空余时间，她还在食堂后面的空地上种了菜，时不时地来帮我做做家务……

母亲拿着脏衣服的身影已经走远，灶台上，放着她刚刚从地里摘下的青菜，翠绿翠绿的，还闪着光。往事一幕一幕，那踮起脚尖的身影在我的泪眼前交错浮现，告诉我许多，也教会我许多，还提醒我许多……（再度点题。）

【综评】

文贵出新。读罢这篇满分作文，我们只觉得一股清新之气扑面而来：

一是立意别出心裁。作者以截取横断面的形式来写，确有不同凡响之处。更可称道的是，文章能通过“踮起脚尖”的这一个个细节凸现深刻的主旨——母爱。其立意之深刻，寓意之深广，是显而易见的。

二是写法独到新颖。文章围绕“踮起脚尖”，运用总—分—总结构，以时序为经，以细节为纬，展现了一幅幅“别开生面”的慈母爱子的图画，以状写人物行动为开端，中间则借助各个人物的行动来突出人物性格，结尾重扣人物行动，而画龙点睛式的人物神态、人物语言，为描写人物及表现主题增色不少。

三是组材技法新巧。全文谋篇布局，独出机杼。不说序词的运用，单说横断面的截取，就匠心独具。作者截取“五岁”“十五岁”“二十五岁”“三十四岁”四个人生阶段，表现从小到大，从读书到成家，“母亲踮起脚尖为我撑一方爱的晴空”的主旨。能达到如此新巧的构思，实为难得。不难看出，文中有余光中先生诗歌名作《乡愁》的影子。

典题42 好奇心（2008年高考江苏卷）

有些人只是在童年有过好奇心，有些人一生都能保持好奇心。质疑、发现、智慧、高尚、惊喜、快乐、烦恼、平庸……这中间的每个词都有可能像影子一样跟在好奇心的后面。

请以“好奇心”为题写一篇不少于800字的文章。

要求：① 角度自选；② 立意自定；③ 除诗歌外，文体自选。

【典题解析】

这似乎是一道门槛很低的命题，因此，考生必须特别警惕：你不是小学生，也不是初中生，而是高中毕业生，你就应该有与你的年龄、身份相应的体验、认知。不能流水账一样地记叙自己生命中某些时段的不同的好奇心，而应当侧重于从好奇心对你的成长的影响等角度来展开。

如果我们善于追问，还是可以写出与高中毕业生的身份相符合的有深度的佳作的。

如果写记叙类文章，可以思考：“只是在童年有过好奇心”的一般是哪些人？他们的生活状态怎么样？“一生都能保持好奇心”的又是哪些人？他们的生活状态怎么样？我接触过的人当中，哪些是前者，哪些是后者？他们分别有怎样的神态举止？我怎样写出他们的个性？等等。

如果写议论类文章，可以思考：童年的好奇心与成年的好奇心哪个更难得？为什么？有些人只是在童年有过好奇心，那么他们的好奇心为什么丢了？哪些是客观原因？哪些是主观原因？怎样才能一生都保持好奇心？好奇心会给人生带来怎样的影响？等等。

佳作54

好奇心

我是当年武则天立下的那块无字碑。（开篇不俗！以一块碑——还是天下闻名的“无字碑”——作为叙事视角，好有新意！）数千年来，多少人质疑我的存在，其实，说实在的，我对自己的身份也感到很好奇。（人们的质疑是“好奇”，不足为怪！“我对自己的身份也感到很好奇”，很有意味！）主人留给我的只是一具空空的躯体和一颗好奇心。（“质疑”“好奇”“好奇心”：都是紧扣文题展开的笔墨。）

我好奇我的主人。（领起句。先说“主人”武则天。）一朵深宫玫瑰却偏偏如此铿锵，一双娇弱肩膀却担起天下人的希望。三从四德禁锢不住你的步伐，你默默地演绎着属于自己的繁华。溺女，谁能体会你的不舍与无奈？杀子，谁能感受你的心痛与欲哭无泪？摄夫，谁能理解你心中恨铁不成钢的痛楚？宠张，谁能分担你独处深宫的寂寥？（溺女—杀子—摄夫—宠张：一系列乖张的行为，确实让人好奇。）垂帘，昭示着你他人无法企及的高度；称帝，昭示着你不可一世的霸气；改元，一个“曌”字，将你推上了生命的最高点。（垂帘—称帝—改元：把自己的人生活到了巅峰状态！）我好奇我的主人，为什么你的背后，有这么多不为人知的无奈，痛楚，辛酸……（如此人生，确实让人好奇！）

我好奇我的身世。（领起句。说“我”，其实，还是在说“主人”武则天。）主人深知自己正遭受着千万人的唾骂，左一句“狐媚偏能惑主”，右一句“一将功成万骨枯”。但是，好一个武则天，身前要一鸣惊人，身后也要再鸣惊人。（“再鸣惊人”，仿拟的修辞格，妙！）自古碑者，或歌功颂德，或说罪道过；或洋洋千言，或寥寥数语；或意境平浅，或深刻隽永。唯有我，一个字也没有。（“我”是与众不同的，我的“主人”是特立独行的！）主人立下我，是怕承受更多人的唾骂，所以给自己留下一个书写罪状的平台，还是你觉得中华上下几千年的历史都承载不了你的辉煌？

我好奇历史上著名的女子。（领起句。把“主人”武则天与历史上一些著名的女子进行比较。相形之下，可以看出，唯有武则天是自己命运的主宰！）褒姒，有冷艳，有周幽王为博她一笑而烽火戏诸侯的壮举；妲己，有妖娆，有商纣王为她建造的“酒池肉林”；玉环，有华贵，有唐玄宗为红颜而置大唐江山于不顾的真心；昭君，有美貌，有万古垂青的芳名……而我的主人，为什么我的主人只有万世的骂名？只有我？（两个问号，还是在写“好奇心”。）

主人，感谢你在缔造我的同时，赐予了我一颗常人没有的好奇心，因为是它，让我了解了你的过去，你的背后，你的鲜为人知的一面。你海棠般娇羞的容颜，你菊花般孤高的傲世风骨，你桃花般红消香断的泪痕，你柳絮般飘飞的沉思，只有婉儿姐姐和我能理解吧……（整饬的句式，优美的表达！）我不在乎你站得有多高，亦不会在乎世人对你世俗的评价，如果有来生，我只愿带着这颗好奇心，做你喘息的平台。（再点“好奇心”。考场作文的招数！）

【综评】

高考阅卷组专家骆冬青教授如斯评价本文：

探索女人武则天，以“无字碑”的视角来打量，来考察，既有对武则天一生大事件的勾勒、体会和透视，又有历史的大视野，以“碑”说话之后，又将目光投向时光的坐标。文章以“好奇”为由，命意所在，端正“理解”，故能深入幽微，叩动心弦，捕捉到历史的心跳与喘息。

时师以为：

本文最出彩的地方在于自述体，而且是“非人视角”，新意灼灼。“非人视角”有动物视角、植物视角、器物视角。“无字碑”正是器物视角。另一方面，文章的内容很厚重，体现出作者日常的积淀之丰。

佳作 55

好奇心

在那个不寻常的中午，在她坚定地迈出每一步时，阳光碎了。（一写阳光。引人入胜的开篇。）

很喜欢这样一句话：每个女孩都是天使。但当我第一次看到她时，我觉得她不是。（说女主人公不是“天使”，欲扬先抑的写法。）

她是那个坐在教室角落里的女生，不美，而且她只有一条腿。也许正是因为这，我的好奇心才会像雨后的小草一样“嗖嗖”地长了出来。（有“好奇心”了，是点题的文字！）

那天的阳光好像格外刺眼，（再写阳光。）中午放学后我走得迟了点，刚好看见她拄着拐杖缓缓地走向楼梯。这时，我的好奇心提醒我：为什么不跟过去看看她怎么下楼梯呢？于是，我悄悄地跟了上去。（“好奇心”引发了故事。）

只见她拄着拐杖艰难地走下楼。楼梯并不高，但对于她来说每一步都是一次挑战吧！她先将拐杖拄在下一级台阶上，再用腋下顶住拐杖，用力地将那条独腿挪到下一级台阶。我看到她的双手紧紧抓住拐杖，手上的青筋清楚可见。（细节描写，记叙文的必需！）

这时，我的好奇心不但没有减退，反而更加强烈了。不知是谁将一块香蕉皮随手扔在了楼梯上，大概是想恶作剧吧！不知道她会不会注意到？我屏住呼吸看着她艰难地一步一步地走下去。近了，近了……

她要做什么？只见她一手抱住栏杆，一手将拐杖放下来，接着，她蹲下身……她，竟将香蕉皮捡了起来。我的好奇心仿佛一下子被击碎了。（正常的事，不寻常的人：相当出彩的细节！）我觉得自己好像是一个恶魔，站在这个角落，阴险地看着这样一个天使走进危险。（比照之下，女主人公的形象越发显得高大！）

阳光透过窗射进来，我仿佛一下子被照亮了。（三写阳光。）我不再好奇她会怎样走下楼梯，而是赶紧思考怎样去弥补我犯下的错误。

于是，我飞快地朝她走去。她正努力着站起来。也许是因为太累了，她怎样努力都没有用。这时，我伸出手想把她拉起来。她抬起头，用疑惑的眼神望着我。我轻轻地对她微笑，她便也微笑着将手递给我。于是，我就这样扶着她走下了楼梯。（多么和谐的画面！）虽然我们没有说一句话，但我却从她手心的温度中感受到了来自她内心深处的温暖。这温暖慢慢地将我融化，将我的好奇心融成了一颗有爱、有温暖的心。（“融”，极具表现力的字眼！）

走出教学楼，她微笑着对我说：“谢谢！再见。”接着便向路边的垃圾桶走去。她小心翼翼地将香蕉皮扔进垃圾桶，然后又坚定地走出校门。耀眼的阳光洒在她瘦小的身上，我仿佛看到她变成了一个天使。（四写阳光。这里强调一下：记叙文中可以不写景，一旦写景，就不要孤立地写，而要有多处描写，最好能提供活动背景，推动情节发展，表现人物性格，突出作品主题，等等。）只不过她是一个单翼的天使。她头顶上的隐形的光环温暖了我的心。

我站在金急雨的花树下，将我的那颗好奇心小心翼翼地放进心中的角落，用她给我的充满爱的心温暖自己。

【综评】

高考阅卷组专家高朝俊教授如斯评价本文：

我已经好久没有看到写得这么精彩的记叙文了！见多了粗糙的叙述，俗套的描写，读到这样的开头——“在那个不寻常的中午，在她坚定地迈出每一步时，阳光碎了”，我禁不住精神一振，我预感到好文章要来了！

果然，每一处描写都是那样的细腻、真切，每一处心理的变化都是那样的自然、动人，每一句话都是那样的经得起咀嚼、品味。请特别注意文中关于“阳光”的描写，在阳光的映衬下，文中的许多描写，都成了诗，成了画，成了美的精灵！

写人，固然要写人物“做什么”，但动人处往往在“怎样做”。

请仔细体会以下的细节描写：

只见她一手抱住栏杆，一手将拐杖放下来，接着，她蹲下身……她，竟将香蕉皮捡了起来。我的好奇心仿佛一下子被击碎了。我觉得自己好像是一个恶魔，站在这个角落，阴险地看着这样一个天使走进危险。

想一想，作者为什么要着力描写这个细节？“她蹲下身……她，竟将香蕉皮捡了起来”这一句中的标点“……”和“，”暗示了“我”怎样的心理过程？

时师以为：

本文最吸睛之处是小中见大的写法，是欲扬先抑的技巧，是一再写景的艺术。这些，都是文章“发展等级”的元素，是为文章加分的维度。如果有心，而且有力，考生们要在这些方面有所追求。

典题 43 他们（2008年高考上海卷）

平常大家关注更多的也许是“我们”，如果把视线转向“他们”，你会看到什么，又会想到什么？

请以“他们”为题，写一篇文章。要求：① 不少于800字。② 不要写成诗歌。③ 不得透露个人相关信息。

【典题解析】

“他们”与“他”不同，应该定位于复数，定位于群体，“他们”或者有某种共同的遭遇，或者有某种共同的鲜明特征。一定要把“他们”明确化、具体化，这是写好本文的前提。接下来的问题是，写什么样的群体？写自己熟悉的，当然是题中之义。但仅仅是熟悉恐怕未必能够得到高分。这里涉及一个能否与阅卷者的兴奋点碰撞的问题。一般说来，有这样几种群体可供选择：一是这个群体是近期社会关注的热点或焦点，如“5·12”汶川大地震中的四川灾民；二是平时的社会弱势群体，如贫困农民、城镇下岗工人、进入城市的农民工（简称民工）、流浪者、私人小煤窑矿工、童工、无助的妇女、遭歧视的残疾人、艾滋病患者、贫困学生等；三是某种带有一定社会敏感性的特殊群体。总之，所写之“他们”应对于自己是熟悉的、容易驾驭的，对于阅卷者却有陌生化之效。所选群体越特殊越好，越有个性越好。当然，如果选择非特殊群体，只要情真意切理透，照样能够写出佳作。

佳作 56

他　们

在城市的尽头，没有繁华的街市，闪亮的霓虹；在城市的尽头，只有破旧的棚户区，有饱经生活风霜的生命；在城市的尽头，有他们这样一群人。（“没有……只有……”为“城市的尽头”定型。）

让我怎样称呼他们？（设问，引人入胜。）外来务工人员子女？农民子弟？抑或是农民工二代？不，我不想用这些冰冷的名字称呼他们，我多想叫着他们带着泥土气的乳名，拉着他们的小手，走近他们的生活……（拒绝“冰冷的名字”，表明“亲热”的情感，显示人间的温情。）

他们从小生长在故乡的青山绿水中，纯洁的灵魂在田野里抽穗拔节。在山野的风中，他们奔跑着，憧憬着。风从田野中吹过，吹进了城市。为了生计，为了未来，他们跟从父母来到了城市，在城市的尽头扎下了根。

于是习惯了青山绿水的双眸第一次触碰到了高楼大厦、车水马龙。他们不知道怎样穿过六车道的马路，小小的手指怎么也数不清写字楼的层数。繁华的现代文明不曾给他们带来任何快乐，这一次，却在心上烙下了深深的痕迹。

他们背起书包，小心翼翼地融入城市的生活，可是却在“城市人”异样的眼光中，第一次明白了户口与暂住证的区别。他们都是父母心头的宝啊！却过早地承担了不属于这个年龄的负担。

放学回家，他们做好简单的晚饭，父母还在工地或菜场上劳作；午夜醒来，泪眼中城里的星空没有家乡的明亮；悄悄许愿，希望明天他们的打工子弟小学不会因交不出电费而被查封……（处境的困窘，生活的艰难。）

然而，在他们日益长高的身体上，我看到了他们的成长。记得一位记者问一个打工子弟学校的孩子学成后是否会回到家乡时，小姑娘毫不犹豫地说：“当然，一定回去！”那一刻，我差点落下泪来，为他们的成长。

记得那年春晚他们稚气的宣言：“我们的学校很小，但我们的成绩不差！”“我们不和城里的孩子比爸爸。北京的2008，也是我们的2008！”他们逐渐成熟，告别昨天的羞怯，开始迎接新的一天。（心里亮堂！心理健康！）

虽然，他们还在为不多的学费而苦恼；虽然，学校还是交不上水电费；虽然，还有好多体制不够完善……虽然，有好多个“虽然”，但是，只有一个“但是”就足够了，已经有好多视线转向他们，他们正在茁壮地成长。（一个“但是”PK好多个“虽然”，“但是”胜出。社会在关注着他们，这是人间的亮色。）

太阳从地平线上升起，照亮了城市的尽头，照亮了他们的生活。（再写“城市的尽头”，呼应开头。）

他们，终将会成为我们。（“他们”—“我们”，一字之转，曲终奏雅，妙笔生花！）

【综评】

这是一篇满分作文，亮点多多：

一是选材别致。作者把视角对准了同龄的弱势者——民工子女。这是一个值得关注的群体，却往往为人们所忽略，甚至轻视。

二是笔墨含情。如不想用“冰冷的名字”称呼他们，“想叫着他们带着泥土气的乳名，拉着他们的小手，走近他们的生活”。

三是勇于批判。如“他们……却在‘城市人’异样的眼光中，第一次明白了户口与暂住证的区别……过早地承担了不属于这个年龄的负担”。

四是态度乐观。如“已经有好多视线转向他们，他们正在茁壮地成长”，结尾段“他们，终将会成为我们”之表达，简练平实，又暗中呼应题目的相关表述，尤为精彩。

典题 44 "酸甜苦辣说高考"（2007 年高考重庆卷）

今年是我国恢复高考制度30周年。尽管社会上对高考众说纷纭，但不能否认的是，有许多人通过高考改变了自己的命运。亲爱的同学，也许你高中三年的学习、生活都围绕着高考，有许多经历和见闻要记录，有许多感悟和认识要诉说……

请以"酸甜苦辣说高考"为话题，写一篇文章。

【要求】① 所写内容必须在话题范围之内；② 题目自拟；③ 立意自定；④ 除诗歌外，文体不限；⑤ 不少于800字；⑥ 不得抄袭。

【典题解析】

这是与考生生活贴得最紧也最近的一道高考作文题，所谓"说"，就是表达、抒情、评说之类；所谓"酸甜苦辣"，就是写自己的体验和感悟。高考之重，不仅在于它将长远地影响考生的人生之路，而且在于它也是全社会关注的大事。在高考过程中，考生体验到的可能是成功的喜悦，可能是挫折的沮丧，可能是奋斗的艰辛，可能是责任的沉重。在稚嫩的肩膀上，不仅负担着个人的命运，还承担着家庭的期望和社会的托付。考生要善于在平凡而琐碎的备考生活中发现意义，并赋予它们以色彩与诗意。

有人说写"酸甜苦辣"不必面面俱到，只要写一两个方面即可。其实这是一种误导。如果题目是"说高考"，可以这样写，现在在"高考"前加了"酸甜苦辣"四个字，文章就必须写出在复习迎考中的种种滋味，你可以不必一一对应"酸甜苦辣"四个字，但你起码应该写出两种对立的滋味：或苦或甜，或悲或喜，或成或败。文章要选择典型细节来表现自己的情感体验，当然，精当的议论也可使这看起来很平凡的作文具有某些理性的色彩。如果你能挖掘出高考这一人生经历对一个人心灵的触动、生活的启迪、人生的警策，那你的文章就能更胜人一筹了。

佳作 57

酸甜苦辣说高考

酸

（紧扣话题落墨。用小标题的方式，体现段落层次。好！）

在即将结束的毕业晚会上，大家的情绪达到了高潮，情感丰富的女生落泪了，泪不轻弹的男子汉们也落泪了，转眼间，三年的聚聚散散就要成为回忆，谁不伤感。（设定了毕业晚会的特殊情境，一切的发生便显得自然了。）老师拿出自己的数码摄像机说，我给大家录段像吧，好作为永久的纪念，每个人都要笑起来。行不行？行！当时，我们有很多同学鼻子一酸，落下了泪。（说了要笑，偏偏“鼻子一酸，落下了泪”，合情合理。也是点“酸”。）老师亲自用手绢为我们擦干眼泪，并嘱咐我们，要记住一起生活过的日子，回忆也是甜蜜的幸福。现在看来，五味瓶中的酸，在回忆里也变成了甜蜜的幸福。

甜

努力就有收获，收获才能享受到甜甜的滋味。当我们高兴地把成绩单交给父母时，再苦再累的他们也会露出欣慰的微笑，然后擦干脸上的汗珠，接过成绩单，小心翼翼地保存起来，可怜天下父母心！（运用白描手法，为天下父母亲画像。）我们没有任何理由不去努力，为了父母的笑脸，为了我们的将来，为了那种幸福的感觉。一切甜美的事情，都会在勤奋的汗水中，熠熠发光。（点“甜”。）

苦

休息的时候脑海里仍然不断地涌现出各种公式……

睡觉的时候嘴里呢喃着新学的英语单词……

看不完的书，做不完的题，考不完的试……我们似乎总在埋怨这些永无止境的事；

寝室—教室—食堂……我们也总在抱怨这种“三点一线”的枯燥乏味的路程。（“苦”的具象化，我们熟悉的真实！）

苦吗？很苦。但为了高考后的象牙塔，拼了。

不苦吗？希望和失望总是在灵魂中交错出现。

我们，竭尽全力。

辣

高三的生活，有点像吃辣椒的味道。大家都火气冲天地去学习，忙得彼此顾不上说一句闲话，小张的娱乐新闻，小李的体育快报，都被十足的辣味冲淡，取而代之的是漫天飞舞的试卷和老师辣人的话语：高考过后，你们就幸福了……（学生的“辣”，老师的“辣”，紧扣中心去行文。）

可是，高考过后真的就会幸福吗？迎接我们的是象牙塔，还是失利后辣椒一样的人生？

咸

咸是种什么味道？淡时若有若无，浓时涩涩带苦。但是生活中必不可少，亦如高考。（还是围绕高考做文章。）

咸是汗水，咸是眼泪。而高考中的这段日子，少不了这些。关注和希望都聚焦在我们的身上，我们只有在漆黑的夜里掩被流泪。高考，我们不得不紧张，因为我们理解它在人生中的分量。想起老师对我们说的那句话：你，能行！

咸味的量，我们自己来掌握！

扶起五味瓶，我们继续上路……（“五味瓶”一说，巧妙地收束全文内容。“继续上路”，让人看到我们坚强不屈、奋斗不息的精神状态。）

【综评】

本文充满了浓郁的生活气息，文中所有内容都来自考生的学习生活，所以无论是叙述还是议论、抒情，都让人觉得真实可信。

小标题的运用使本文具有了鲜明的层次感。考生从“酸甜苦辣咸”五个方面诠释了自己对高考的认识，五个段落紧扣话题进行演绎，每一段落都是一个独立的个体，但又有着紧密的联系。

另外，本文语言平实无华、感情真挚，也给读者留下了深刻的印象。无论是写老师为同学们摄像，父母为儿女成绩提高而高兴，还是自己为理想而拼搏，等等，无不体现了自然朴实的特点。

典题45 怀想天空（2007年高考江苏卷）

人人头顶一方天，每个人的生活都与天空相连。每个人的心中都有一片天空。明净的天空，辽阔的天空，深邃的天空，引人遐思，令人神往。

请以“怀想天空”为题目写一篇不少于800字的文章。立意自定；诗歌除外，文体不限。

【典题解析】

“怀想”是“怀念”，实际上是对往事的回忆，是拂之不去的感情牵挂，是难以忘怀的人事情理。因为提示语中有“遐思”“神往”，“怀想”也可以从往昔始发，联想到现实或未来。

“天空”既可以实指真实的天空，如对蓝天、白云，辽阔、深邃的天空的赞美与神往，对生态变化的思考与忧虑，对探索天空的想象与联想；也可以引申为虚指的天空，如比拟由时代、社会、人文等构成的和谐、公平、自由、诗意、宽松的环境，让人有用武之地的平台；还可以泛指比喻的天空，如在亲情、师生情、友情的推动激励下，在人生的道路上对“撑起一方蓝天”的追求，在文学、艺术、科学等感召下，矢志不渝，在人生路途上“撑起一方蓝天”的拼搏，等等。

佳作58

怀想天空

麦收时节，天空显得非常的明净。在黄金麦田上空，偶尔悠然地游过几朵白云。（写景简洁，凸显神采！）

麦收时节，中午常是烈日当空。我们勤劳的父母，不得不在烈日下劳动。（起笔先点出“烈日”两次，重复得好！）因为作为农民，这是他们的义务。（说得多么本分！）

我是一个农家子弟。我明白我们乡下的家长们要靠田地来生活，供我们上学。他们为了子女辛勤地劳动，但没有半句怨言。在家，我常听到他们说：“只要孩子搞好了，再苦再累，我们都愿意……”（可怜农家父母心！“搞好”，此词用得妙，传神。）

农家子弟努力学习吧！全力以赴吧！我们敬爱的父母为了我们能过上好日子，埋头在烈日当空的麦田里收割麦子，那种滋味，你们体会过吗？（此处喊“口号”了，但听来很顺耳，很入耳。前两节，均说“我们”“他们”，请品味。）

在即将奔赴高考考场的前两天，我体会到了。又热又累。当时，我唯一的希望就是快点把麦子割完，到家洗个澡，然后在床上睡五六个小时。

6月5日早晨，我爸起得很早，四点多钟就起了。他临下地时告诉我说："你再睡会儿吧！六点钟起来做饭，然后洗洗衣服，八点钟到地里给我送饭。"（全是农家父亲的质朴话语，多情而又实在！有几个家长让孩子在高考前两天劳动的？）

我睡醒后，拿起表一看：5:50。大概在学校里起早起惯了吧。我快速穿上衣服，把脏衣服泡在铁盆里，然后，我进入厨房做饭。

我做好饭，洗好衣服，又把汤盛到饭盆里，拿了5个馍，一起放到篮子里。我赶紧吃过饭，碗都没刷，便骑车下地了。

当我到地里时，父亲已割了七八垄了。他脸上很多汗珠，衣服湿透了。他说："你来，吃过了吗？我割光这一垄再吃……"（白描。父亲的言语，平淡中见"浓"！）

大概四五分钟吧，他割光了。他从篮子里拿出饭盆中的馍，边吃边说："孩子，你爸没本事。明天到县城后好好休息！后天好好考，别紧张……"（这就是当农民的父亲，在田野上，在烈日下，对"后天"高考的孩子进行的"临考告诫"！苍天和大地都在倾听……）

我在烈日下割了五个多小时麦子。（不愧是农民的孩子！没有考前烦躁，没有"营养品"，没有父母高招"安慰"，只有本本色色的"劳动"！）回到家，我没有吃饭，洗了个澡，就睡了。（与前文呼应，真是累得瘫了！）

现在，我在考场上做题。室内很凉快。（"凉快"二字，极为重要，很沉重！）当考试结束后，我要在烈日下站两小时，来感受那种烈日当空的滋味。（此为一个大大的"亮点"，全文生辉，一切皆活。"怀想"出来了，"天"出来了，比天还"大"的农民出来了，比天还"亲"的父亲出来了。一切皆在不言中……）

【综评】

这是一篇起死回生的佳作。当年作文是60分，第一个阅卷老师判了36分，第二个阅卷老师判了42分，第三个阅卷老师判了38分，电脑根据两个接近的分数判定为37分。后来，负责盯34—38分的由6位老师组成的评审组"打捞"了这篇文章，当年负责江苏高考语文阅卷的时任南京师范大学文学院院长何永康教授反复读了三遍，认定是好文章，给了54分，一个错别字又扣了1分，最终得分为53分。

随后，何教授写了题为"一篇质朴之作与一种作文导向"的按语，还为文章写了"夹批"——这是何老师30年高考作文阅卷的第一次！然后，他将文章连同按语一起抄到阅卷点的黑板报上，又破例给600多位作文阅卷老师复印了，让他们带回去学，让他们告诉自己的学生写自己的生活。

《中国青年报》记者蒋昕捷（2001年高考以《赤兔之死》获得作文满分的考生）撰

文《一篇高考作文从及格变优秀：为质朴文风开一扇窗》，《新华日报》记者翟慎良、孙巡撰文《一篇高考作文“神奇一跳”背后》。

何教授特地为这篇文章写了总评语：

此文很典型，不事张扬，不搞“满天星”的铺陈铺排，不搞华彩炫目的“集锦”，不玩深沉，只是极为朴实地记叙了父亲割麦、自己割麦的情景，中间一节还喊了“口号”！然而，它真实、本色、真情、纯净，一板一眼地道来，汹涌的内心波涛潜伏其间。父亲的言语，极少，但厚实、博大；儿子的情感表述很普通，但均发自肺腑。最大的亮点在最后：“考场很凉快”，与麦地很热对比；“当考试结束后，我要在烈日下站两小时，来感受那种烈日当空的滋味”——天下还没有儿子这样来感激当农民的父亲，文章中还没有人用过这种笔墨，这种机智！太感人了，而且是长效的！中学第一线的语文老师，可以此作为教学范例，进一步把握好作文导向。

典题46 “水的灵动，山的沉稳”（2004年高考江苏卷）

水有水的性格——灵动，山有山的性情——沉稳。

水的灵动给人以聪慧，山的沉稳给人以敦厚。

然而，灵动的海水却常年保持着一色的蔚蓝，沉稳的大山却在四季中变化出不同的色彩。

请以“水的灵动，山的沉稳”为话题，写一篇不少于800字的文章。

注意：① 话题包括两个方面，可以只写一个方面，也可以兼写两个方面。② 立意自定。③ 文体自选。④ 题目自拟。⑤ 不得抄袭。

【典题解析】

这是江苏省获得高考自主命题资格后的第一次命题。这道作文题内蕴丰厚，文采斐然，传承中有创新，人文气息浓郁。如此“高大上”的作文题很有文化大省、教育大省的气象。

话题说山道水，山是山，水是水；山又不只是山，水又不只是水——其间还寓含着做人的道理：人应该有山一样的深沉凝重，有山一样的不可动摇的原则性，还必须有水的灵动和智慧，学会和各种人打交道，能够适应各种环境；但是，在讲究灵活性的时候，又要坚持原则性，不改“一色的蔚蓝”，在坚持原则性的时候，也要有适度的灵活性，“变化出不同的色彩”。

具体行文思路可以是这样的：

一是写自然的山水，选一处或者几处世人公认的山水名胜，比如黄山、五岳、“甲天下”的桂林山水、长江、黄河等，写山，或者写水，或者兼写山与水；当然也可以选写你心目中的“山水名胜”，比如你家乡的山水，你发生过故事的山水。

二是由景及人，从自然的山水写到人，既写景，也写人，写出人与自然环境的关系，写“金山银山”和“绿水青山”的关系，就是托物言志的路数。

三是以景喻人，取山水的比喻义，如：男人如山，但又不缺乏灵动的情怀；女人似水，却有着对情感的执着，对事业的进取；等等。

佳作59

伟　人

一场谈判在艰难地进行着。（精彩的开头，能够一下子激发读者阅读的欲望！）

悬置了近百年的香港问题又被再次提上了议程。

一方是身材矮小的中国代表邓小平，一方是高大壮实的英国首相，人称“铁娘子”。（“身材矮小”PK“高大壮实”，为了国家利益，好男也跟女斗！）

风在外紧紧地吹着，硝烟弥漫的谈判桌两侧的人们面无表情，又是浪费争论了，毫无结果。

傍晚，邓小平在河边沉思，拒绝了警卫的跟从。他苦思着：怎样能既不偏离社会主义的方向又能顺利地收复香港？他没有良策。（伏笔。）

“哗哗哗”，水流着，时不时地溅起朵朵浪花，突然一滴水珠猛地向他溅去。邓小平打了一个冷战，一股强烈的思绪向他涌来：我何不学学这奔腾的水？（生活给人以智慧。“良策”有了。照应。）

老人满脸微笑归来，留下一曲灵动的河和漫山的翠绿。太阳，扯开了一圈光霞。（寓意深远的写景文字。）

次日。

当“铁娘子”再次提出保留香港的资本主义制度时，对面的邓小平出人意料地答应了。（扣“水的灵动”。）英方顿时手足无措。

“那么，那么你得保证永远不改制！”“铁娘子”恢复过来后马上发难。

“这不行，”邓小平不紧不慢地说，“你们说为了保证香港繁荣与稳定才要求保留资本主义制度的，我想50年的时间足够了。”

“这，这——其实，你们拥有香港，我们帮你们治理不是很好？”英国首相转移话题。

“这是主权问题，不容讨论。”（扣“山的沉稳”。）邓小平眼前出现了一片大海，他看到无论海水如何流动，还是一色的蔚蓝。他对自己说：“灵动是必要的，本色是必须的。”（点话题“水的灵动，山的沉稳”。）

谈判激烈地进行着。最终，“铁娘子”握住老人那瘦小的双手，说：“我，认输了。”

于是，在1997年的7月，大英帝国的国旗缓缓落下，五星红旗在风中冉冉升起……

也就是这个老人，在香港收复两年后，又让五星红旗在澳门升起……

也就是这个老人，让“铁娘子”多年后仍在对好友感叹他如水的外交政策……

也是这个老人，在他过世多年后，仍让我们看到他眼眸中灵动如水的智慧与坚守不渝的沉稳……（画面一个个从我们面前闪过。笔墨简练，概括力强。）

【综评】

这篇文章有三大特点：

一是构思大胆新颖。考生居然以中英关于香港问题的谈判作为写作材料，描述一代伟人邓小平在香港问题上既“灵动”又坚守原则的外交决策，这是需要一点胆量的。因为这是真实的重大的历史事件，不能有违背基本史实的歪曲或错误。考生采用了纪实文学的写法，一方面尊重并忠于历史事实，另一方面在某些细节上做了必要的合乎情理的文学想象和虚构，从而把一场具有历史意义的谈判情景写得跌宕起伏、有声有色。

二是描写生动传神。“铁娘子”的强硬、机警、坦率，邓小平的睿智、灵动、坚定，通过一系列的语言描写、神态描写和心理描写，栩栩如生，如在目前。文章的主人公是邓小平，短短800字，能展示其非凡的伟人风采，实属不易。

三是叙述简练，富有感染力。尤其结尾情感洋溢，表达了对一代伟人的热爱、敬仰之情。

佳作60

最后的四十五分钟

“还有四十五分钟就要交卷了。”我心里默念着，手心里冒出了细微的汗。很快，我的手上都可以滴出水来了，我的心不由自主地加快了跳动的频率……（从“手心里冒出了细微的汗”到“手上都可以滴出水来”，紧张在加剧！）

马上就要交卷了，我的作文仍一个字没动。（好恐怖的事！就发生在作者的身上！）都怪我失算了，前面的基础知识题就花了我九十分钟，当我看到手表指针指向10∶30时，我心中大叫不好，差点喊出来让监考老师听到了。

再看看作文题，这位为作文命题的智者，我真该谢谢他，这个时候我就是再怎么灵动也想不出怎么写“水的灵动”啊。换一个！！乖乖！“山的沉稳”。我都紧张成这样了，他还想让我沉稳！我的心又是一阵狂跳……（智慧地扣题。）

五分钟后，我的心突然静下来了。紧张，是没有用的，那玩意儿不能让我写出一篇作文来。我得仔细地构思一下，以山的沉稳的心态。（还是在扣题。）嗯！一个绝妙的念头（至少我认为是绝妙的）在我脑海中一纵即逝，我突然明白了什么叫“水的灵动”。（继续扣题。）嘻嘻！我狡黠地一笑，继续构思起本人的“大作”来。无意中扭头一看，天哪！就剩三十八分钟了，我眼泪都要流出来了，我可是苦读了十一年啊！可不能让一篇作文把我即将修成的正果给毁了！（真实的心理状态，把读者带入了火热的考场。）

我继续静下心构思起来……

嗯……差不多了，还有半个小时，估计够写。美中不足的是，得为我的“大作”起个名字。一个平凡无比但又非常实际的题目呈现脑中，我一激动就写了上去。

我的心终于完全静了下来。哈哈，看来我也是具有“山的沉稳”这一个性的哦！即使偶尔会山崩或滑坡，也掩盖不了我沉稳的本色。对了，我肯定还有“水的灵动”的优点，很明显嘛，只有“双剑合壁”才能写出如此“大作”来。（反复扣题，而且还很自如。这是一种写作功力！）

至于最后评卷时，评卷老师喜欢不喜欢，我倒不甚介意，因为毕竟我把作文写出来了。这是我的成功，高分谁不想得，但是要凭实力的。

其实，做许多事情都需要山一般沉稳，这是起主要作用的；当然，水一般的灵动也必不可少，因为它将决定你的成果重大与否。（结尾再次扣题。）

【综评】

这篇佳作的第一个特点是构思的机智——就地取材。面对“话题”，该考生没有搜肠刮肚地去联想、去想象，而是马上意识到自己此时此地所做的事就需要“沉稳”和“灵动”，写自己现在的作文心理活动过程是切合题意的。这“一个绝妙的念头”就是构思的独特之处。

第二个特点是情感的真实。“还有四十五分钟”“就剩三十八分钟了”的紧张感、紧迫感，面对作文题的惶惑感，静下心来后的沉稳，计上心来后的喜悦，无不写得神情毕现、惟妙惟肖。

第三个特点是语言的幽默、老练。说的是心里无比紧张，用的却是口语化的、似乎是嘻嘻哈哈的语言，幽默、得体、生动、流畅。

当然，我们还可以从文章的构思、语言表达以及篇末的点题，看出该考生作文时的镇定和从容。没有“沉稳”的考场心态和“灵动”的作文能力，是写不出这样一篇高考作文来的。

时师以为：

举重若轻的写法、强烈的“扣题意识”都是这篇文章非常突出的特点，也是很值得考生借鉴的地方。

典题 47 “心灵的选择”（2002 年全国统考）

阅读下面的材料，根据要求作文。

有一位登山者，在途中遇上暴风雪。他深知不尽快找到避风处，非冻死不可。他走啊走啊，腿已经迈不开了。就在这时，脚碰到一个硬邦邦的东西，扒开雪一看，竟然是个快冻僵的人。登山者犯难了：是继续向前，还是停下来援救这个陌生人？心灵深处翻江倒海之后，他毅然做出决定，脱下手套，给那个人做按摩。经过一番按摩，陌生人可以活动了，而登山者也因此暖和了自己的身心。最后，两个人互相搀扶着走出了困境。

也许不是人人都会碰上这种生死的抉择，但是每个人却常常遇到、见到、听到一些触动心灵需要做出选择的事情。那时，我们大家是怎样选择的呢？又应该如何选择呢？请以“心灵的选择”为话题写一篇作文，所写内容必须在这个话题范围之内。

注意：① 立意自定；② 文体自选；③ 题目自拟；④ 不少于 800 字；⑤ 不得抄袭。

【典题解析】

这是 21 世纪初比较流行的话题作文题。它是开放的，“每个人却常常遇到、见到、听到一些触动心灵需要做出选择的事情”“立意自定”“文体自选”“题目自拟”等提示及注意点有利于考生根据自己对人生的理解打开思路，用自己擅长的文体去演绎自己想表达的中心；它又是有限制的，“我们大家是怎样选择的呢？又应该如何选择呢？”“所写内容必须在这个话题范围之内”“不少于 800 字”都是，还第一次筑起了一道“防火墙”——“不得抄袭”。

“文章合为时而著。”在立意方面，考生要审视内心，选择能引起自己思想共鸣的、触动心灵的材料构思行文，写出自己的真情实感，体现自己的人生观和价值观。考生还需要事事关心，对社会热点问题有自己的思考。

佳作 61

握住我的手

灯灭了，宿舍里一片寂静，静得可以听到室友们的呼吸声。（对“静”的形象化表达，为后文的“闹”蓄势。）

今夜是一个不寻常的夜晚，因为明天我们将展开一场“不流血的战争”。寒窗苦读了十二年，也许只为了高考这一仗能一炮打响。（一个“也许”，提升了认知的境界。）今晚，我没有任何压力，我让自己的思绪驰骋在广阔的草原上，一只美丽的蝴蝶停在我胸前，好漂亮……渐渐地我进入了甜蜜的梦乡。（说“我没有任何压力”，跟下文室友的“我怕……”形成对照。）

突然，床猛地震动了两下，随即传来室友的呕吐声。我一下子从睡梦中惊醒。只见她蜷缩在床头，呼吸急促，不停地颤抖，嘴里还不停地说：“怕！我怕……”（传神的细节描写！）

我飞快地从上铺下来，给她倒了杯水，递过去一条湿毛巾。（“飞快”，表现了“我”的热心肠。）就在我递过去的瞬间，她一把抓住我的手，话没来得及说，又拼命地吐了起来。茫然不知所措的我，只能轻轻地拍拍她的背，安慰她：“不要紧张！每个人都要过这一关的，勇敢一点！”

“你，你不要走，陪我睡！我怕……”

我愣住了。（波澜横生！考验就在眼前。）因为我很了解自己的癖性——一旦跟别人挤一张床肯定是睡不着的。明天是高考的日子，休息不好一定会影响发挥。怎么办……我的心怦怦直跳。夜真的很深了，我也真的很困了。于是，我轻轻地拍了一下她的肩膀：“早点睡吧，一定能考好的。”（也是合情合理的选择。）就在我刚触到床铺时，她又吐了，这一次比以前更厉害了。借着走廊里微弱的灯光，我看到她煞白的脸上写满了恐惧与不安，她的呼吸更加急促了，眼里满是无助、失望，却没有泪水。（转变的契机。）

我的心像被割了一道口子，很疼。（深切地表现出“我”的善良之处。）我知道我不能再那么自私了。同窗三年，今天也许才算是患难见真情。我紧紧地握住了她的手，我要让她感受到有一股强大的动力在支撑她，有一颗炽热的心在温暖她。有生以来第一次，第一次感到自己是在给予别人生的希望与勇气。她蜷缩在我的怀里，双手紧紧地握住我的。（握住了手，也就升华了文章主题。）真的，那一刻，我真的感受到一股不可遏制的力量正从我的体内注入她的心房。她的呼吸渐渐趋于平缓，不再抽搐了，也许她已经进入了梦乡……

这一夜我真的彻夜未眠。（伟大的牺牲精神！）此刻坐在考场里也还有种昏昏欲睡的感觉。但我一定会振作精神，争取发挥最佳水平。（说自己。）同时，我也真诚地祝福室友勇敢地面对一切挑战，做一个真正的强者。（更难能可贵的是还惦记着室友。）

我无悔我的选择！（点睛之笔。）

【综评】

这篇佳作最引人注目之处是题材的鲜活：写的是高考前一天夜里的事情。相较于很多文本的“遥远叙事”，这样的选材无疑是很吸引眼球的。

所写内容深合“心灵的选择”的题旨，而且叙事笔触细腻、生动，主题积极。特别是结尾处，考场里的“我”虽然昏昏欲睡但是决心“振作精神，争取发挥最佳水平”的时候，还不忘“真诚地祝福室友勇敢地面对一切挑战，做一个真正的强者”，这样的思想境界实在难能，因为“难能”，尤其“可贵”。

典题48 “假如记忆可以移植”（1999年全国统考）

随着人体器官移植获得越来越多的成功，科学家又对记忆移植进行了研究。据报载，国外有些科学家在小动物身上移植记忆已获得成功。他们的研究表明：进入大脑的信息经过编码贮存在一种化学物质里，转移这种化学物质，记忆便也随之转移。当然，人的记忆移植要比动物复杂得多，也许永远不会成功，但也有科学家相信，将来是能够做到的。假如人的记忆可以移植的话，它将引发你想些什么呢？

请以“假如记忆可以移植”为作文内容的范围，写一篇文章。

注意：① 写作时可以大胆想象，内容只要与“假如记忆可以移植”有关就符合要求，具体的角度和写法也可以多种多样，比如编述故事，发表见解，展望前景，等等。② 题目自拟。③ 除诗歌外，其他文体不限。④ 不少于800字。

【典题解析】

这是一个划时代的作文命题。不是因为它是1999年的命题，而是因为它改变了此前高考作文命题的“命题作文”与“材料作文”轮流坐庄的局面，让“话题作文”出现在高考作文命题中，与“命题作文”和“材料作文”鼎足而三，并且跨世纪持续了很多年。

这一年的作文命题还带红了四川的一本杂志——《科幻世界》，还让后来的“茅盾文学奖”得主阿来——《科幻世界》的主编——进入了人们的视野。

说了这么多，是想说，这个作文命题价值非凡。

需要强调的是，这个命题门槛不高，考生很容易入手，但是不容易出彩。如果随意地想移植谁的记忆就移植谁的记忆，不管时代，不管国度，不管领域，“移植”到800字以上就完事，那你就完了！

你要想清楚的是：你到底希望移植哪个人或哪些人的记忆？希望通过移植记忆达成怎样的目的？你想象中的记忆移植可能有怎样的故事？那些故事会给你带来什么？等等。

佳作62

假如记忆可以移植

“女士们、先生们，欢迎参加记忆移植公司开业典礼！（开了“记忆移植公司”，好创意。）我们的宗旨是：生活多样化，感悟人间万种风情！”（开宗明义。）

第一位顾客：某资产过亿的企业家。（成功人士登场，往下走的移植设计。）编码—转移—进入……

“我要上学，我要读书，我要老师！”

苦娃伏在母亲的肩上，不断啜泣着。他闻到母亲身上那熟悉的玉米糊糊味道，也闻到了那夹着汗酸的柴火味道，苦娃知道母亲的心里也在流泪。可是……

回头看看家中，确实没有什么可以卖了，从小与苦娃一起长大的大黄牛上午也被人牵走了。苦娃无可奈何地背起箩筐，晶莹的泪珠掉在沾满泥巴的双手上，掉在手中那微微发黄的书页里。（失学儿童的无奈。）

站在山冈上，苦娃一边拾着值不了几个钱的柴枝，一边看着那贫瘠的土地，想着。

突然，苦娃立起身。他看到了什么？哦，那是自己昨天还上的那所小学校，还有那面迎风招展的鲜艳的国旗。他听到了什么？“离离原上草，一岁一枯荣……”（一“看”一“听”，有形有声！）

哦，苦娃情不自禁读了起来。

……梦醒来，企业家眼里不知噙着什么，只是一个劲地在支票上写下：“希望，学校！”（移植的失学儿童的记忆打动了企业家，于是有了资助“希望工程”的善举。这是记忆移植的妙处！）

第二位顾客：某下岗已两年多的职工。（落魄之人登场，往上走的移植设计。）编码—转移—进入……

“我要扼住命运的咽喉，我要挑战人生！”

一位建筑工人坐在工地上，想着自己每天机械地爬上爬下，机械地垒着砖瓦——他不甘心永久“机械”。

白天，他不再双手麻木地握着工具，而是拿着工具，眼盯图纸，渐渐地，大厦的结构也熟透于胸。午间，他不再手不离杯、酒不离口，而是一手抓着馒头，一手握着一本《建筑理论学》。

夜晚，大都市总是繁华，外面的世界无法不精彩。但无论刮风下雨，夜校的第一排坐着的总是他。（一位建筑大师在成长。）

几年后，人们说不清他是建筑大师，还是企业家，还是……因为他都是！（一位建筑工人经过日以继夜、夜以继日的努力，蜕变为建筑大师、企业家……）

……睁开眼，待业已两年多的这位职工，抓起他的木匠工具，若有所思地走出门外。没有人知道他会干什么，但他自己却知道未来是什么！（移植的记忆让这个“下岗已两年多的职工”明确了人生的无限可能。）

第三位顾客是……（言已尽而意无穷。留下悬念，高明的写法！）

【综评】

这个话题的发挥空间很大，作者大题小作，从某资产过亿的企业家、某下岗已两年多的职工两个身份迥异的人入手，让他们分别移植了艰难求学的苦娃、从建筑工人蜕变而成的建筑大师（企业家）的记忆，从中得到启迪：捐助“希望工程”，做“知道未来是什么”的行动派。更出彩的是，作者还引出了“第三位顾客”，但是运用了“留白”艺术，给读者留下了想象的空间，拓展了文章的容量。

“编码—转移—进入……”“……梦醒来……”“……睁开眼……”等文字清晰地标示了行文的层次，值得借鉴。

典题49 习惯（1988 年全国统考）

题目：习惯。

要求：除诗歌以外，文体不限，不少于600字。

【典题解析】

这道题的命制与20世纪80年代改革开放的环境有关。当时，虽然国门打开已经十年，但是习惯势力、保守势力依然存在，而且还算强大。所以，对“习惯”进行考量是很有现实意义的。

其实，“习惯”有正负两面，好的“习惯”应该保持、应该传承；坏的“习惯”应该修正、应该摒弃。

基于这样的认识，我们可以写记叙类文章，表达关于“习惯”的主旨；可以写议论类文章，思考“习惯”从何而来，如何保持、传承或者修正、摒弃，好“习惯”会带来什么，坏“习惯”会导致什么……

佳作63

习 惯

我外婆几个月前刚去世，该快是“亲戚或余悲，他人亦已歌”的时候了。（入题快捷，引用增色。）然而每当我坐在书房里，想起身旁杏黄色的小木箱里的整整齐齐的从小到大的十二双布鞋时，心里仍不免一阵苦楚，眼前也禁不住浮现外婆戴着老花镜坐在灯下一针一针地纳鞋底的习惯的剪影。（“浮现……纳鞋底的习惯的剪影”，点题。）

我外婆曾经逢人便夸：“我外孙真乖，他最喜爱穿我亲手做的鞋子，每次都穿。”而我则是常在心中窃笑：“谁稀罕那玩意儿，土不拉叽的，一只倒有一斤重。”（人心隔肚皮！）然而，我却总是循着外婆的目光满意地点头。于是外婆越发高兴，原来两年一双便成了一年两双。（“点头”引出了高产，其间是大量的付出，其间是浓浓的亲情。）她住在乡下，人老乘车不便，每次都把鞋从邮局寄来，而且每次都托人在包袱里捎几句话：“外婆老了，没有钱给买皮鞋，这鞋你就凑合着穿吧。”每次当我拿起那又沉又厚的布鞋，望着窗外飘忽而过的少男少女们，心里有说不出的滋味——这叫我怎么穿得出去哎！（我的世界，你永远不懂！）

时间一年一年地过去了，外婆明显地衰老了，然而一年两双布鞋是不会少的，虽然针线越来越歪斜、越来越稀疏，而那鞋我也只有在每年去看她时才穿，她每次到村头迎我时总打量我的脚下，每次总笑着问我道：“舒适吗？好穿吗？”（“到村头迎我时总打量我的脚下”，传神的细节。）

外婆在我的哄骗之中心安理得地过着，依旧习惯于给我做鞋、送鞋。衰老使她感到将不久于人世了，今年的鞋底更加地厚了，或许是她感到不能再做多少双鞋了，想让这一双穿得时间更长些的缘故吧！（再提“习惯”，还是扣题意识使然。“鞋底更加地厚了”，细节催人泪下！）而且与往常不同，这次她蹒跚着缠足的小脚亲自把鞋送到我家里，亲自帮我套上，然后一个人坐在藤椅上独自悠乐。（两个“亲自”，满贮着爱！）我感到可笑，回到房间里便对妈妈抱怨开了：“这老太太，我又不是土八路，这鞋最好她自己穿吧。”我欺她有些耳聋，声音禁不住大了些。然而当我来到外间，我发现外婆脸色变了，闷闷地坐在那儿一言不发。（文似看山不喜平，曲尽其妙！）我感到内疚，想解释却又总说不出口。

第二天，外婆独自一人走了，拦也拦不住。不多久，舅舅给妈妈发来电报：“母病危！”当我和妈妈赶到时，外婆已经垂危了。她望了望我，叫人拿出一双未纳好的鞋子，说：“孩子，这些年一直给你做鞋，习惯了，前些天忍不住又给你做了一双，留个纪念吧！”（“习惯了”，说的是做鞋，说的也是爱。）说完，不一会儿便去世了。

我放声大哭起来，此时我才感到这线线真情，然而太晚了，外婆再也不能看我真的穿她做的鞋，再也不能了！我开始痛恨我的虚伪和虚荣心，我要将这些鞋子珍藏起来，以此纪念我亲爱的外婆，永久地鞭策自己。（“我”的改变，有福斯特所云的“圆形人物”的况味。）

【综评】

“谁言寸草心，报得三春晖”，十二双布鞋把这古老而年轻的人生命题如诗如画地展现在大家面前，让我们看到了凝聚中华民族的一种文化心理习惯，让我们看到了神圣、庄严和伟大。

从细部看，作者的思路一直围绕着那些凝聚了饱满感情的生动细节。外婆逢人便夸“我外孙真乖，他最喜爱穿我亲手做的鞋子，每次都穿”，喜悦得有如天真的孩童。“每次都托人在包袱里捎几句话”，下笔老练，包裹的分量因而增加。“虽然针线（应为针脚）越来越歪斜、越来越稀疏”“今年的鞋底更加地厚了”“叫人拿出一双未纳好的鞋子”等句子满是情丝，牵得人意荡神驰。更妙的是，外婆是“蹒跚着缠足的小脚亲自”上门送鞋的，还“亲自帮我套上”，又“一个人坐在藤椅上独自悠乐”，其中有沉厚的深流，有活泼的浪花，人物形象因之而流光溢彩。

日常佳作

典题50 “文化”

根据以下材料，选好角度，自拟标题，写一篇不少于800字的文章；文体不限（诗歌除外）。

文化，蕴藏在经典著作里，渗透在日常生活中，常常体现为你所熟悉的一种情感，一种习俗，一种生活方式……文化既是根基，也是底气。

【典题解析】

“文化”是时代热词。大家熟悉的习近平总书记在庆祝中国共产党成立95周年大会上提出的中国特色社会主义的“四个自信”就有文化自信（另三个是道路自信、理论自信、制度自信），这是对党的十八大提出的中国特色社会主义“三个自信”的创造性拓展和完善，因为文化自信是更基本、更广泛、更深厚的自信。它包含5000多年文明发展中孕育的中华优秀传统文化，在党和人民伟大斗争中孕育的革命文化和社会主义先进文化，积淀着中华民族最深层的精神追求，是中华民族独特的精神标识。而今，举国上下在推动“优秀传统文化进校园”工程。因此，这个命题既有时代意义，也有生活基础。考生必须明了，而且有话可说。

很显然，这个命题很大。搦管为文时，最好采用“大题小做”策略，或者构思一个故事，让故事承载文化主题；或者叙写一段生活，让生活体现文化；或者围绕某个立意（论点）展开论证，呈现你对文化的思考……可以写你的现实生活，也可以写你的理想生活；可以写你的世界，也可以写别人的世界；可以写实有的东西，也可以写虚构的东西——比如文学作品里的创造……总而言之，必须围绕“文化”展开。还要体现出何以就是“根基”（指“基础”，也比喻“家底”），何以成为“底气”（泛指“气力和劲头”）。

佳作 64

琴里琴外

一树梅花，让小院内外暗香浮动。（营造意境。点出地点。）

梅花树下，一长几，一古琴，一方凳，一佳人。（文字古朴，画面感强。点出人物。）

佳人者谁？刚届而立之年的古琴演奏艺术家晓菲，白衣，红裙，雅致而喜庆，正合大年初二的格调。（点出时间。）

小院内，二十来个听众散坐着，多是古琴艺术爱好者，也有慕名而来的圈外人士。不见寻常的嬉笑谈说，唯有肃静，这是对艺术的敬意，也是对艺术家的敬重。（解读不同寻常的“肃静”。）

风被院墙挡在外面，阳光懒洋洋地照着，虽是大年初二，也不觉得清冷。

这是历史文化名城东皋的“文化一条街”东大街的一场雅集，雅集因晓菲和她的父亲从姑苏过来而起。（点出事件。）

晓菲率先出场。她时而双手轻拂，似与琴弦私语；时而手指立起，猛地切向琴弦；时而右手按住不动，左手频频地在琴弦上滑动……（细写表演者指法的多变。）一曲《小梅花》让人如痴如醉。（概写听众的感觉。）

从昨夜的交流中，我明了：这种手指立起的“切弦法”是吴门琴艺的独家手法，系晓菲的父亲、著名古琴大师苏老多年探索而得。他们甚至把指尖分为九宫格，用哪一格切，以多大的力度切，随切随起还是切而慢起，都有很多的讲究。（补叙，必要的交代。引出苏老。）这就是她的根基所在。

身材并不高大威猛的苏老一脸祥和之色，他浸润于古琴世界50余年，对3000多首琴曲均有涉猎，不仅琴艺了得，而且于斫琴、古琴修复等方面多有研究，也很有实绩，底气十足，是圈内绕不过去的一个人物。然而，他奉行“静坐常思己过，闲谈莫论人非”的信条，对圈内的是是非非不予置评，淡然处世，总是劝人“不着急”，坚信水到渠成的道理。（补充介绍苏老。实际上是交代了晓菲的师承。）他在现场演绎的《酒狂》娓娓而叙，余音袅袅，让人耳界大开。

在东皋琴人的几首曲子的交流演奏后，晓菲再度登场。此番，她既弹又歌，且弹且歌，很有底气的样子。她对有些字的处理很特别，因而特别有味道。（让主要人物返场，再度亮相，再度献技。）虽然有味道，但是不少人不知其味。因而有人脸上有迷惘之色。

随后，苏老对琴歌的唱法解说让人豁然开朗。他从“古四声”说起，讲到“今四声”，他以“蓝蓝的天上白云飘，白云下面马儿跑”的“跑”为例讲到变调，讲到普通话与方言的处理。他说，古琴虽然也常常要登台表演，但是多是三五知己小聚时所奏；所以必然有别于西洋歌剧的演唱，也很少“铁骑突出”的激越。这也正是苏老致力于研造低音古琴的缘由。即使在深夜演奏，也不至于对紧邻造成打扰。（让苏老再度登场，展示他戛戛独造的艺术修为。）

晓菲是苏老的女儿，也是苏老的学生，更是苏老的传人，绝对是有根基的。30年的熏陶浸染、亲承謦欬，让她在琴艺上已经有了不俗的造诣，举手投足间颇见底气。她和善轻笑，少言寡语，饱尝习琴过程的艰辛而不辍不止。在与她的接触中，我强烈地感受到，苏老待人接物的信条，对琴艺的永无止境的探索精神对她的影响至深。（再次凸显文化传承的主旨。）

一场雅集，一次文化艺术的盛宴，让人回味久长。

满耳是萦绕的琴声，鼻端是漫溢的花香。（听觉，美妙！嗅觉，芬芳！）

琴里，是博大精深的文化；琴外，自然也有文化，而且是多维的，满满的！（卒章显志。回应文章的标题，强化文章的主旨。）

【综评】

这是一个非常别致的故事，因为它叙写的是罕见的古琴艺术。

这是一个很有厚度的故事，因为它承载着的是中国传统文化。

这是一个颇见技巧的故事，因为它展开的过程颇多可言说之处。

开篇的写景，文字不多，却营造了很好的氛围，为故事的展开恰到好处地定了调。

主人公晓菲的一再出场，是不是有《红楼梦》中贾宝玉亮相时的梅开二度的况味？

全篇叙事舒缓，对事情的时间、地点、人物、来龙去脉都交代得清清楚楚，而且还很艺术。

内容的充实、主题的鲜明也是可圈可点的。

典题51 “书的世界”

根据材料与要求作文。

书，有“教科书”与“课外书”之分。书，充斥着我们的生活，陪伴着我们的成长。

关于书，你有哪些故事？又有哪些感悟？

请自拟标题，写作一篇不少于800字的记叙文。

【典题解析】

这是一道非常贴近我们生活的作文题。从咿呀学语的学前启蒙，到幼儿园开始的学校教育，到走入社会后的立身处世，书都和我们结下了不解之缘。

不管你读得多与少，读得深与浅，读得杂与专，读得恒与断，总之你有过“读”的体验，还有与“读”如影随形的买书、藏书、借书甚至著书等经历。你一定有话可说。

至于说什么，而且要在800多字的篇幅里说得相对完整、相当精彩，就要在选材上动动脑筋，在结构上想想办法，在文字上亮亮功夫。

佳作65

书里乾坤

（“乾坤”？天地啊！好吸睛的标题！）

大学读的是中文专业，工作教的是语文学科，隐隐然以“读书人”自居，似乎也买过不少书，读过不少书，写过不少书，（三个整饬的句子，有统摄下文的功用。）于是明白了一个真理：书里乾坤大无边，徜徉其间乐无穷。（点题。）

“书非‘买’不能读也”

（化用名言，讲买书、藏书的故事。用小标题，让文章层次清晰。）

身为市首届“教师十大藏书家”之一，买书是经常发生的事情：实体书店买，网购；零散买，整套买；单册买，批量买；有的书还会反复买……（各种买，不奇怪！“反复买”，有故事！）

记得为拟制实用类文本阅读题选文时，知道了《有理想就有疼痛》这本好书，于是网购，两天后到手，一口气看完，从中领略到很多名人的风采，了解到很多领域的奥妙。今年世界读书日，市里搞好书推介活动，我应邀出席，对这本书做了现场推介。（特别的经历。个性化题材！）

因为深爱“人间不可无一难能有二的”苏东坡，我三次买了《苏东坡传》。这在我的藏书史上是绝无仅有的。第一次是20世纪90年代，一见倾心，不假思索地买回家。后来，被一个学生借了去，至今没有归还，想来也是爱不释手了。第二次是2006年暑假，到北京大学培训。课余，习惯性地逛书店，看到了张振玉译本，毫不犹豫地又买了一本。第三次是2016年9月，我接手了高一年级一个班的教学，向学生推荐了这本书，又一下子买了数本，供学生借阅。（同一本书，一买再买还三买，而且“一下子买了数本”，足见热爱！“一下子买了数本，供学生借阅”，足见情怀！）

“腹有诗书气自华”

（还是引用名句，讲读书、讲书的故事。）

读书，让我的视野开阔了，境界提升了。教学中，旁征博引，得心应手；交谈间，天文地理，都能说道。学校曾经开办了“名师讲坛”，我被安排第二个登坛开讲，讲的课题是“活色生香苏东坡”，为苏东坡赢得一众粉丝。后来，市局要求学科带头人承担公益性讲座，我申报的就是“活色生香苏东坡”，于是有了更大范围内的分享。这是《苏东坡传》给我的底气。（呼应前文，看得出《苏东坡传》在作者生命中的分量。）

深受读书之惠的我，不仅自己读，还带领着老师们、督促着学生们一起读。（推己及人，带着老师们、同学们一起读书。）学校成立“致远”读书会，我应邀担任了名誉会长，经常和老师们聊读书，经常在学校网站推荐好书，分享读书心得。我还把自己的很多藏书放到班上，让学生们自己选读；还安排课初五分钟讲述，交流读书收获。

“著书不为稻粱谋”

（还是引用名句，讲著书的故事。）

著书是读书人心底的梦，不“为稻粱谋”，也未必“立说”，也许就是对“立言”的情有独钟吧。

2013年7月，我的30多万字的专著《语文教师的五般武艺》出版了。捧着她，两年多的伏案之劳如烟飘去。这本书入选“贵州图书捐助目录”，入藏南通市图书馆，成为很多学校的教师培训用书……这些，给我带来无穷的快乐。（著书之乐！）

眼下，作为我文学与教学两翼注脚的《书香氤氲》和《课韵馥郁》两部新著即将问世，我翘首以待。（快乐在延续。）

买书，读书，著书：书里乾坤大无边，徜徉其间乐无穷。（回应标题，点明主题。）

【综评】

本文主旨鲜明，而且表达得比较充分。主体部分采用了“扇形结构法”，由三个各自独立又相互关联的断片组成，以富有诗意与文化气息的几个小标题呈现，分别讲述了买书、藏书，读书、讲书、著书的故事，选材典型，富于个性，内容可谓丰厚。特别是三次购买《苏东坡传》并且讲述苏东坡的材料，给人以深刻的印象。作者以自身的经历，形象地演绎了“书里乾坤大无边，徜徉其间乐无穷”的主题，给读者以深刻的启迪。

典题 52 “芒种”

“芒种”，是二十四节气之一，也称“忙种”，在每年的6月6日前后。“五月节，谓有芒之种谷可稼种矣。”就字面而言，就是“有芒的麦子快收，有芒的稻子可种”。谚云：“收麦如救火，龙口把粮夺。”“麦收无大小，一人一镰刀。”“好手不压快刀。”“麦在地里不要笑，收到囤里才牢靠。”“九成熟，十成收；十成熟，一成丢。”如此等等，是农事经验的总结，其实对人生也有很多的启迪。

请写一篇文章，讲述自己的体验，或者阐释自己的认知。

要求：立意自定；文体自选（诗歌除外）；不少于800字。

【典题解析】

这是关于二十四节气的作文命题，是文化传承的主题。

芒种在6月6日前后，此时，冬春作物可以收割，夏秋作物可以栽种。大麦、小麦等有芒作物已经成熟，抢收任务十分急迫。晚谷、黍、稷等夏播作物则正是播种最忙的时候。所以有“芒（忙）种”之说。

基于这些，如果你写记叙类文章，当在此类作物的收种中讲故事，故事中必须有专业性的细节。如果你写议论类文章，当从相关谚语——不限于题目所提供的，但是必须是和“芒（忙）种”有关的——中拈出人生启迪，进而说开去。诸如抓住时机，团队合作，善借外物，稳妥行事，把握分寸，调控节奏，等等。切题立意：劳动是美丽的，农事中有人生智慧，办事要抓住时机，团队合作很重要，成事当善借外物，行事需稳妥，做事要把握分寸，做事要调控好节奏……

佳作 66

前行的“宸舆”

（好有文化含量的文题！而且表明了积极的人生态度。）

我是一只轮胎，曾经属于一部农用大车，而今孤零零地蜷缩在屋子的一角。（别致的器物视角。“曾经……而今……”历史感顿生。）

其实，也不是孤零零，虽然我与车身早就分离了，但是我的身边还有扬场的木锨、镰刀、手摇风箱、生了锈的铁锅……（一个“其实”，否定前说，引出新的内容。一种高妙的写作技法。）我们这些果昃（物件）不派用场都很多年了，只是我的主人比较恋旧，一直留着我们。

我的主人是个读书人，已经当了30多年的教师，鬓发都花白了。你一定很奇怪：一个读书人为什么对农具之类的老家什不离不弃的？（设疑。激发读者阅读的兴趣。）

这，源于30多年前的农忙经历。

那还是20世纪80年代初期，我的主人还是一个大学生，满头黑发，但是精瘦精瘦的身子，手无缚鸡之力的样子，典型的文弱书生。（欲扬先抑法。）

又是一年的农忙时节，田里的麦子已经九成熟了。农谚云："九成熟，十成收；十成熟，一成丢。"只是，主人那能干的父亲张罗着村里的工作，压根儿顾不上自己家里的田；母亲又犯了腰椎间盘突出，连走路都艰难。我的主人只能硬着头皮上了。

清晨，天边还挂着鱼肚白，主人就拉着"宸舆"——主人为我所在的农用大车命的名，据说来自王维的诗"谋猷为相国，翊戴奉宸舆"，那可是帝王之车哦——出发了。（诠释文章标题里的"宸舆"。）

二十多分钟后，我陪着主人在一块田边停了下来，这块田是主人家的责任田。满眼的小麦，金黄金黄的，随风西东，让人仿佛嗅到了面包的香味。

主人弓身进田，右手握着锋利的镰刀，左手拨拉着麦子，一把一把又一把……抬头、直身：瞻前，还是成片成片成熟的麦子；顾后，一堆堆的，都是主人亲手放倒的收获。（农事的艰辛！细节描写。）

太阳升起来了。

太阳越来越烈。（造势！）

随着成片的麦子由竖着到躺下，主人体力消耗也越来越大。他坐在田埂上，就着藿香凉茶，以带来的脆饼补充能量。

正午的阳光非常刺眼，汗水流进眼睛，让眼睛有刺痛感。（很有生活感受的文字！）但是，那么多的麦子还需要继续割。

忽然，凉风起，天空昏暗下来，这是下雨的前兆。"麦在地里不要笑，收到囤里才牢靠。"（巧妙的引用。）

主人决定暂时停止收割，开始捆缚已经割下的麦子。

然后开始装车。随着一捆捆麦子加到"宸舆"上，我感到压力越来越大。

开始有零星的雨点洒下了。主人用绳子把车上的麦子捆紧了，就拉着"宸舆"上路了。

雨渐渐大了。

我感觉到身子越来越重。主人弓身，用力，双臂青筋暴突着，头上汗水和着雨水，只为"宸舆"向家的方向前行。但是，前行谈何容易！泥泞的路面因为雨水而泡开了，鞋子深陷泥土中，一发力，脚下就打滑……（又是很有生活感受的文字！）近四十分钟后，“宸舆”终于进了主人的院子。

从此，主人懂得了稼穑艰难的内蕴，明白了“粒粒皆辛苦”的味道。

随后，主人发奋读书，高校毕业后，以出色的成绩被县中相中。

至今，主人以“永远在路上”的姿态，成为同行中的佼佼者。（“从此”“随后”“至今”，急管繁弦，紧锣密鼓！）

伴着“宸舆”，陪着主人，一路走来，一切都在我眼里，一切都在我心里。（“一路走来”，收束全篇。）

【综评】

这是时师的一篇下水作文。

这是一篇带有浓烈自传色彩的文章，因为都是亲力亲为，所以叙写真实、细腻，真情在字里行间流溢。

文题来自王维的诗句，氤氲着文化气息。

叙事视角是著者一直倡导的“非人视角”：从大车轮胎“看”过去。

具体行文时运用了悬念法、抑扬法，叙写很有镜头感，也很有节奏感——时而舒缓，时而快捷。

仔细品味，可以获得记叙文写作的多方面的启迪。

典题53 生如夏花之灿烂

印度诗人泰戈尔在其《飞鸟集》第八十二章中写道："生如夏花之灿烂，死如秋叶之静美。"前一句描绘了如下景致：夏日草木茂盛，繁花似锦，蓬蓬勃勃地释放着光华。

请以"生如夏花之灿烂"为题写一篇不少于800字的文章，自定立意，自选文体。

【典题解析】

"生如夏花之灿烂"可以理解为一种人生的境界：生则繁盛灿烂，极尽其能量，放出生命的光华。作为比喻，诗句讲的是应然之理：生命应该如同夏日盛开的鲜花那般灿烂辉煌。这是一种乐观、昂扬的生命观。

自强者才能生如夏花，自强者的花骨朵必然是坚劲有力的，绝不会苍白无力。我们都应该拥有一个活色生香、酣畅淋漓的人生。花总是美丽的，因此"生如夏花之灿烂"是一种颇为唯美、富有诗意的生命观。材料中既然出现了"死如秋叶之静美"，行文中也可以适当联系此句，一般以之为烘托。"灿烂"有时是一种外显的特征，有时是一种内敛的修为，人生的意义和价值更多地体现于含蕴的内在美。伟人和豪杰固然做到了"生如夏花之灿烂"，普通人虽非富贵的牡丹，却同样可以拥有自己的灿烂。人的生命之夏花，有的是因为知识渊博而灿烂，有的是因为品德高尚而灿烂，有的是因为仁慈善良而灿烂，有的是因为无私奉献而灿烂，有的是因为坚强不屈而灿烂……行走在世界的万花园中，我们应该且行且珍惜。躯体的残缺并不必然影响到生命的完美和灿烂，栖身轮椅的史铁生、高位截瘫的张海迪等就是典型例子。

怎样才能使我们的生命如夏花之灿烂？概括地说，既奋其外力，又修其内美即可。勤奋、正直、博爱、宽容等品质都不可少。不过，我们要特别地提及读书。多读书，读好书，做一个有底蕴的人，做一个既秀外又慧中的人，你的生命又怎能不是如夏花般灿烂呢？

佳作67

生如夏花之灿烂

每天早晨上学的路上，都会经过一片有很多花的地方，那是一种我叫不上名字的花儿。（有设置悬念的意味。）吸引我的是它们那大大的、很是鲜艳的花朵。它们个个昂首挺胸，争先恐后地想要展示自己；那大大的花朵仿佛在冲着每个路人微笑和祝福。

它们那个样子总是让我想到它们仿佛是在拥抱这美好的世界，像是要用力地享受这美好的生活，又像是要努力地抓住什么。（将主观情思贯注到不知名字的花上。情景交融的写法！）每当那个时候我总会会心一笑，然后告诉自己：生，一定要如夏花般灿烂！（点题。）

继续前行，我总是恋恋不舍地回望着那些灿烂的夏花，因为它们给我一种力量，它们时时刻刻提醒我：生活是无限美好的，要懂得珍惜每一个有夏花绽放的日子。（记叙文里可以有议论，有时候有些议论文字可以起到画龙点睛的效果。只是，在还没有充分展开叙写的时候，专门用一个段落来议论，似乎不很合适。）

人是这样的动物：复杂而单纯，悲伤而快乐。也许是家庭环境的关系，我曾一度变得很灰色。年龄在一岁岁增添，人也就一天天向衰老走去。（心态影响认知。）看了很多书，学了很多东西，其中包括励志类的，但我却拒收一切乐观的养分。为了读好一点的高中，我离开了家，那个曾经带给我快乐的家。爸爸是一个非常好的人，我爱他，崇拜他，因为他总是能够隐忍生活的不幸，默默承受生活的重压，他是个从不掉泪的男子汉！然而，妈妈——那个我现在还很在意的母亲，我认为她给了我一生的伤害！（欲说还休，“藏”也是一种艺术！）我实在不想说我的家庭了，更不愿意动不动就揭开心灵的疮疤。

小时候我很乖，很听话，成绩是村里最好的。我也很勤快，老师和同学都很喜欢我。这让我很骄傲，因为被人喜欢是一件很幸福的事！那是我的第一个夏花季节。（扣题意识强的表现。）初一、初二时，我的成绩也很好。但读到初三，因为家里发生了许多事，我的成绩下滑了。中考我发挥得还可以，跌跌撞撞上了而今的这所地处县城的高中。县城很美，可有一段时期，我情绪低落，觉得它不属于我。实在是上天眷顾，我结识了五个很要好的朋友，我们的关系几乎如兄妹一般。这些县城娃没有看不起我，没有嘲笑土得掉渣的我，还说特欣赏我的质朴。（生活中的苦乐酸甜。）其中异性同学王娟，出生于知识分子家庭，很有文学修养。她是第一个将泰戈尔介绍给我的人，也正是她让我知道了“生如夏花之灿烂，死如秋叶之静美”。我佩服她把《飞鸟集》都翻烂了，更受她的影响爱上了文学，当然包括外国文学，包括泰戈尔。（由面而点，集中笔墨写王娟。）

王娟的宽厚仁慈，影响了我。我从内心原谅了妈妈，也许她也有她的苦衷和无奈，她并不像我原来认为的那样坏。两个好人，感情上合不来，也属正常。（王娟深深地影响了我！）我真诚地祝愿不在身边的妈妈也生活得如夏花般灿烂美好。

我承认，我跟王娟差距太大，虽然我对她有了超越一般异性朋友的好感。但我并不因此而焦虑苦恼。我只是把一种冰清玉洁的情愫深藏心底，永远不会说出口。跟王娟在一起的生活很是开心快乐，真的让我觉得生如夏花般的灿烂。（再次扣题。）要知道，一种隐秘的不敢告人的感情，一种理论上和实践上都不可能有结果的感情，也能给人以幸福的。我的夏花开在心田，我用发奋学习来填补自己修养上的不足，我用心有所仪来浇灌感情的夏花。（反复扣题。）

为这种不算另类的感情，我写了很多自以为属于诗或随笔的东西来表达我的微妙情思，我想我已经彻底地，永无反悔地爱上了这个世界！我确信自己是夏花盛放的花园中不可或缺的灿烂的一朵！（走出灰暗，走向亮色！）

【综评】

这是一篇典型的“有我之文”。开篇由路边赏花引发感想，点明文题。接着笔锋一转，回顾自己生命的灰暗期，以之为后文的垫衬。再写接触到五个要好的朋友，尤其是王娟对“我”的关键性影响。其中交织着“我”那份复杂而细腻的感情——对这份值得珍视的感情的理智处理，使“我”的心园中夏花灿烂。“我”对曾经伤害过自己的妈妈表示了理解和原宥，也就摆脱了生命的暗色。理智、宽容和爱使“我”确信自己是一朵盛放的夏花，不可或缺。感情基调变得十分明朗。

如果叙述的文字更加精练一些，议论的文字稍微控制一下，文章会更加出彩。

典题54 突围

钱钟书认为，人生如围城，城外的人想冲进去，城里的人想冲出来。现今社会，小到个人，大到国家，“围城”无处不在。有围城，就会有突围。

你对“突围”有什么经历体验或思考看法？请以“突围”为题，写一篇不少于800字的文章。

要求：① 立意自定；② 角度自选；③ 不必面面俱到；④ 除诗歌外，文体自选。

【典题解析】

“突围”是个热门词语：曾任国务院副总理的李岚清有著述名为《突围》(述改革开放之初状况的)，知名学者邱冠瑛有专著名为《突围》(为党的十六大献礼的)，著名作家余秋雨有散文名篇《苏东坡突围》……在你的视野范围内，在你的人生经历中，在你的认识高度下，你有什么“围”需要“突”？你为什么要“突围”呢？你认为怎么样才能成功“突围”呢？如果成功“突围”了会怎么样呢？如果“突围”未遂又如何看呢？想清楚了这些问题，你再去完成一篇像模像样的文章应当不是难事。

很显然，这里的“围”不是一个实指，而是一个喻指，喻指的内容非常广泛。客观上指阻碍世人前行的事物、不良的习惯、陈旧的传统、僵化的思想、世俗的束缚等，主观上指本身很好但却可能阻碍人前行的事物，如舒适的生活、过于优越的环境等。每个人都会有自己的“围”，你的情感可能是你的“围”，你的事业可能是你的“围”，你的环境可能是你的“围”……处于人生困境的人固然有“围”，处于人生顺境的人也会有“围”，要不怎么会有“欲壑难填”一说，更何况，不满足是向上的车轮！

“突围”即突破包围。“突围”的反面是保守、封闭、故步自封、不思进取。“突”是“突破”，有主动含义，应为意识到被“围”后主动的“突破”。

从个人发展、社会进步的角度来考察，我们都需要“突围”。只有不断“突围”，个人才会别拓新宇，丰富人生；社会才会永远进步，日见昌明。

要想成功“突围”，需要胆识、智慧、行动、恒心、合作……

成功“突围”后，应达到心灵、自然、社会的宁静、和谐、美好。如果“突围”未遂，至少我们有过追求，也享受了过程，可以告慰心灵的是：尽力，无悔！

写作时要注意在选材方面突破陈旧老套的框框，不要只是纠缠于写突破父母之爱、爷爷奶奶之爱，不要只是纠缠于写突破高考，也不要只是揪住古人不放，强扯硬拉，说古人的成功就是因为“突围”了，古人的失败都是因为不敢“突围”。要致力于写出鲜活的生活，个性化的体验、认识，要有人文的大视野，要有思想的高境界。

如果选择了写作记叙文，要把命题演绎成故事，用故事表达出思想，将思想寄寓于描写。要围绕主题进行描写（包括写细节），处理好叙和议的关系。

如果选择了写作议论文，要在准确表述论点、精当概括议例、选用鲜活素材诸方面用心。

佳作 68

突 围

“啪——”一个巴掌再一次打在了我的脸上，一个读高三的女孩子的脸上！（非常精彩的开头！都说“打人不打脸”，怎么偏偏打脸？高三的学生怎么可以打？“读高三的女孩子”居然还敢打?！到底发生了什么？这一系列的疑问唤起了读者的好奇心。而且，作者把一句话剖成两句说，有着别样的效果。这也是造句的一种技巧！）我与父亲之间的那堵隔墙再一次被加固，固得不可动摇。（还是把一句话剖成两句说的技巧。既然有了“隔墙”，自然需要“突围”，这是为下文的展开做铺垫。）

窗外，还是恼人的蝉鸣蛙叫。（写景，实际上有衬托人物心境的妙处。）

仅仅因为我没有达成预设的考试目标，还为自己辩解了几句，我就受到了这样的“礼遇”。（补充交代为什么会有开头的那一幕。）这样的父亲！一路沉默着，我与父亲到了学校，终于。（倒装句式，特别的表达效果！）寂静一点一点地逼近我的喉咙，让我感到呼吸的困难。大门口，我与他之间少了往日的嘱咐与告别，但是我能够感觉到他的视线在我身上定格，我坚持着没有回头，因为那堵墙的存在。（为“突围”蓄势。）可是，还是忍不住让泪水模糊了视线，咸咸地挂到了嘴边。心在痛，似乎又多出了一道伤口。也许父女连心，隔墙上有了一道裂缝。（“突围”在路上……）

日升日落，又到了例行放假的日子。趴到阳台上，仍旧是蝉鸣蛙叫。（还是“蝉鸣蛙叫”，宛如串起全篇的主旋律。）

背着书包，踱步，心中暗暗发慌！不经意间回头，一个人站在花坛旁，踮着脚，伸着头。他还是来了。他跑过来，伸出手，可是我身子一侧，闪开了。用余光，我看到了他脸上还未绽放又迅速凝固的笑容。（一连串的细节，写父亲，也写“我”。）心中又是一阵疼痛，似乎隔墙又多了几道裂缝。（“突围”仍在路上……）

他跟在我身后，小心翼翼的，什么话也没有说，又是寂静！静得我不知所措，静得我可以清楚地听到他的脚步声，静得我可以清楚地听到他的呼吸声，静得我可以清楚地听到我心中的隔墙开裂的声音。（以整饬的句子渲染“静”。）

我坐在他的车后座上，他没有说话，我也缄默不言。忽然间，我想找点话题和他说说，虽然那堵隔墙仍在。

“孩子，还在生气啊？”他首先打破了沉静。我没有答话，不是我不想说，而是我不知道说什么好。

伸手抱住了父亲，这是一个久违的举动。（是动作描写，其实，也是心理描写。）我可以很明显地感觉到父亲颤抖了一下！父亲用他的大手裹住了我的小手。那温暖可以融化世界上所有的冰川，那关爱可以化解世界上所有的隔阂，那行为可以推倒世界上所有的“围墙”。（还是整句，表现力很强的整句！）

贴在父亲的背脊上，我才发现父亲的背脊不复挺直，似乎，生活的重压在他的背脊上留下了痕迹。

心与心相通，相融，那隔墙早已被摧毁。我与父亲间难以言传的父女之爱成功地突围而出，沐浴在阳光之下。（一而再地蓄势，终于“突围”！）

外面，还是蝉鸣蛙叫，可是我觉得非常悦耳，因为我的心不再烦躁。（主旋律又起！回旋在字里行间。如此写景——多处，而且是塑造人物形象的力助——方为有效！）

【综评】

理想的记叙文会有很多的特征，这篇考场佳作体现了许多特征，而且还体现得比较充分。

一是主题积极。虽然选材——父女之爱——似乎缺少点新意，但是文章的关键不在于“写什么”，而在于“怎么写”。“亲情作文”在各级各类的考试中占有很大的比重，就看你能不能从众多的“亲情作文”中成功“突围”。本文借助于父女之间感情的转变表达了两代人之间的体谅、理解，心与心的相通、相融：阳光，温暖。

二是情节曲折。开篇就是“一巴掌”，让情节在尖锐激烈的矛盾冲突中展开，一个高中生，而且还是个女生，竟然会被如此对待，自然会给读者以强烈的阅读期待。随着故事的演绎，我们得知了原委；随着故事的演绎，矛盾渐渐地化解。最后，云开日出，父女之爱成功“突围”，“沐浴在阳光之下”。因为叙写到位，这样的曲折显得自然，不做作。

三是细节动人。有道是，“细节的真实是艺术的生命”。精彩的细节会有繁复的文字难以替代的表现力。文中“他脸上还未绽放又迅速凝固的笑容”“我可以很明显地感觉到父亲颤抖了一下”之类的文字相当出彩，相当动人。

四是语言表达高明。好的文章，往往就是比其他文章多写了一句话、几句话。试想一下，当你写了三句整饬的文字形成了排比句后便以为大功告成的时候，人家铺排而出的十数个排比句是不是有着震撼的效果？本文开头的“一个读高三的女孩子的脸上”“固得不可动摇”就是这样的文字，中间的“静得我不知所措，静得我可以清楚地听到他的脚步声，静得我可以清楚地听到他的呼吸声，静得我可以清楚地听到我心中的隔墙开裂的声音”“那温暖可以融化世界上所有的冰川，那关爱可以化解世界上所有的隔阂，那行为可以推倒世界上所有的‘围墙’”也是这样的文字。从中可以看出作者的刻意。

五是环境描写巧妙。如果说有些文章里面的环境描写是可有可无，或者聊胜于无的，那么本文的环境描写在渲染气氛、塑造人物等方面，则确实起到了很好的作用。文字不可谓多，第二节的“恼人的蝉鸣蛙叫”是，中间的“仍旧是蝉鸣蛙叫”是，末节的“还是蝉鸣蛙叫”是。三者之间构成了呼应，很好地烘托了人物的心境。

典题55 “凝视世界”

根据以下材料，自选角度，自拟题目，写一篇不少于800字的记叙文。

世界的模样，取决于你凝视它的目光。

【典题解析】

材料极富禅意，它阐述了一种观念：我们眼中所见到的世界，包括社会风情、人物风貌等都是我们内心的投射。同样的世界，不一样的体会；同样的风景，不一样的感受。用美好的眼光看世界，世界就是美好的；用热情的眼光看世界，世界就是热情的；用冷漠的眼光看世界，世界就是冷漠的。善良的人看到的是别人的善良和优点，宽容的人看到的是广博的世界……积极与消极完全取决于人自己。

材料中的“凝视它的目光”是抽象的概念，写作时一定要化抽象为具体，要将“目光”这个抽象的概念明确化。通过叙事、描写来刻画人物看待世界的态度，外化地阐述人物什么样的“目光”，即什么样的态度，如美好、热情、善良、乐观、豁达等。恰当选材，巧妙构思，具体刻画，生动描述，表现某种特定的价值追求，展现正能量。作文时应多多联系自己的生活体验、情感体验、智慧认知，力求在新颖、独特、深刻上下功夫，在细腻中挖掘真情，展现认知，在思辨中突显真知，表达新见。

佳作69

草药世界中的热爱

一路，一路，一路，从泥泞到风景，曾经过荆棘，何处是黎明？

从翩翩少年到鬓发如雪，世界将姥爷的命运装订得极为拙劣；一册医书，泛黄扉页，姥爷却用热爱紧握世界。

推开门，一股草药味将我包围。炉膛里小火慢调，一个佝偻的身影正弯着腰，轻摇着扇子。（很有画面感的文字，好！）“姥爷，要吃饭了。”我拍拍他。他不曾抬头，声音苍凉：“好，等药好了就去。”我熟悉这样的回答，也便站在一侧不语。（“熟悉这样的回答”，意味着姥爷对草药的痴迷。）

桌上一如既往地铺满了草药，一副老花镜、一支笔，还有那本正着手修订的医书。

一阵水汽慢慢弥漫上了镜片，朦胧之中，仿佛又看见姥爷采药，核实医书上或复杂或简单的图；又看见姥爷为了一句不知出处的引言，翻阅典籍至深夜……（寥寥几笔，为姥爷画像。）而此刻，他又要先熬药、试药了，总忘了自己曾在多少次试药后引发身体不适。覆上水汽的镜片挡住了湿润的眼，我没有擦，怕再看到花白的头发，又潸然泪下。（真情流泻。）

在那一瞬间，我仿佛听见了会令全世界崩溃的声音：“这药不对，要重找。”姥爷盖上盖子，提笔划去了单子上的几味药草。

周边安静得令人心烦，灯光昏暗，老旧的桌椅诉说着年代久远的故事，嶙峋的背脊泄露了世界的无情。我歇斯底里地喊道：“你要这破书干什么？难道你的书比得上科学？”

残余的水汽渐渐消退，泪水溢满了眼睛。姥爷手中的笔停了下来。“医书古训，科学上可能没有，但是我希望可以尽我一生努力去验证它，重新修订它。”语气中充满热忱与坚定。他幽远而深邃的目光让我噤了声。（从“歇斯底里”到“噤了声”，这是对姥爷的认可。）

“走，吃饭去！”姥爷起身。岁月无情，侵蚀了姥爷的容颜，嶙峋了姥爷的背脊，却未曾苍老他那颗火热的心。（“嶙峋”，再次强化姥爷的形象。）数十载从未间断地修订医书，姥爷早已黑发褪去，白发丛生，在一页页的医书中用他执着、坚定的眼光，去看待药草世界，哪怕路遇泥泞荆棘也不曾放弃。

我走上去握住姥爷的手，枯瘦如柴，这双手是如何将自己的世界托起的？暮色渐深，我回头望，灯光依旧昏黄，静于其中的医书，记录着姥爷的热望。

那本医书修订的不仅仅是药方吧？姥爷用他执着的努力书写着药草样蓬勃的人生，用他坚定的目光凝视着自己的一方世界。手掌中传递给我的温度不仅仅是药汤的余热吧？还有姥爷那颗火热的心。（点题，揭示文章主旨。）

一路，一路，一路，不怕再有荆棘，将迎来黎明。（回应开篇文字，有结构上的用心。）姥爷修订着医书，心中有热爱，哪怕再多坎坷、失败，这个世界依然美好。

【综评】

本文叙写了姥爷修订医书的过程，其间有困难及失败，但姥爷依然保持着心中的热爱来对待自己的医药世界。迟暮之年的老者这样积极地热爱自己的一方世界，传递给我们的是一股正能量。构思精巧，取材不凡。文中“我”的心理描写入微。不多的环境描写文字，渲染了意境，有情景交融之效。

典题 56 第一步

阅读下面的文字，根据要求作文。

千里之行始于足下：道德修炼始于点滴，走好第一步才能奠定人生的基石；智能发展重在探索，迈出第一步才能呈现愉悦的精彩；梦想成真贵在创新，尝试第一步才能做到出发就会到达……前行之路沟沟坎坎，走稳自己的第一步，才能走好今后的每一步。

请以“第一步”为题，写一篇不少于800字的文章。

要求：① 立意自定；② 角度自选；③ 文体自选（除诗歌外）。

【典题解析】

人生会有太多的“第一步”，似乎可以入文的素材很多很多，真正意义上的“第一步”固然是可以写的，达成阶段性目标的“第一步”也是可以写的，但是如果文章把“第一步”当作一个无所不包的“筐”，把一些没有联系的内容、无价值的事件生拉硬扯到文章中去，或者仅仅写了“一步”，但没有突出这里的“一步”是“第一步”，都是不合适的。

如果写议论文的话，最理想的是能扣住“第一步”的内涵，做个性化的解读，认识独到、深刻，观点与材料统一且分析透彻。论证要有层次感，语言表达要富有逻辑性；或者能从一个独到的角度切入，进行层层深入的分析论证，语言智慧、幽默、犀利。

如果选择记叙文，最好能从一个小且巧的角度切入，叙写自己的经历或过程，进而引发自己的体会或感悟，且构思精巧，语言富有意蕴。

佳作 70

第一步

手心沁出的汗快浸透那张纸了，心扑通扑通的，（蓄势，渲染。）那三个字在脑海中走马灯似的一遍又一遍地过着。（“那三个字”，哪三个字？悬念！）

别看虽一纸之言，它可凝聚了我两宿的精华，寻章摘句，搜索枯肠，虽不能信手拈来，但也东挪西借地用上了各种优雅高级的词汇，以前没写过嘛，这第一步迈得有点艰难。（点题了。）

近了，近了，到底上不上去呢？为缓解一下心情，防止心不小心从嘴里蹦出来透气，（夸张手法，继续蓄势。）我扭头看向窗外，只见松柏上立着两只鸟，一只低头理着乌黑发亮的翅羽，一只则在一旁歌唱。悠然的它们在一只大鸟的刺激下也扑扇着翅膀飞了起来，此时才发觉它们的羽衣在阳光下是多么的夺目，油亮亮的。（宕开一笔，既是调整叙事的节奏，也是为自己找到精神的助力。）

回过神来想想自己吧，羽翼丰满的我还尚未搏击过长空呢。此刻的心理，与其说是纠结，倒不如说是胆怯。（剖析自己的内心。）

要不是几天前英语老师通知我们要举行演讲比赛，我会有现在这么纠结吗？不过，话说回来，迟早得迈出这第一步吧。（再扣题。）都说“行者常至”，要是不尝试迈出第一步，何以到达梦想的国度？（问得好！）

眼看讲台上同学的演讲就要结束了，同桌嚼着口香糖，（以他人的悠闲衬托自己的紧张。）无语地看着满脸写着纠结的我，便怂恿我，去吧去吧，有什么好担心的，不就一次演讲嘛。

我也斜了他一眼，他依旧保持着原有频率嚼着他的口香糖。我望望手中那张纸，望望窗外蔚蓝的天空，“去不去”这个问题的答案，似乎冥冥之中已有了答复。（从犹豫走向坚定，作者完成了自己心理的转换。）

见我还在犹豫徘徊，他从抽屉中摸出一条未启封的口香糖（他可是除了吃饭睡觉都在“研磨”口香糖的啊）塞进我的口袋：“去去去，别给咱兄弟们丢脸！”然后，他便顺手推了我一把，竟然还带头鼓掌，我低声和他说了一句“回来找你算账”。

就这样，演讲的第一步迈了开去，同桌的那一推，把我推出了心里的那个围墙，（一“推”，写实，常规组合；再“推”，写虚，超常组合：拈连修辞格。）越过了那个心理障碍，离成功也就近了一步。

现在看来，当初那第一步迈得是大是小，是缓是急，都已不重要，而从中获得的友情、经验、勇气才是真正的财富。（总结，升华。）那张稿纸不知随风飘向了何处，但它早已在心中留下了深深的烙印。

【综评】

本文具有好作文的很多特征：

一是立意新颖。从一次英语演讲的经历中拈出了“友情、经验、勇气才是真正的财富”，启人睿智。

二是结构严谨。开篇采用了“悬念式”技法：何以出汗？哪三个字？让读者产生了阅读期待。随后极尽曲折，先是宕开一笔，让窗外的鸟儿启迪自己；接着让身边的同桌助推自己，使文章内容厚重。详写心理纠结，略写演讲实况，详略有致。曲终奏雅，“那张稿纸不知随风飘向了何处，但它早已在心中留下了深深的烙印”，比照之间，让人回味。全篇抓住了中心事件展开，文脉清晰，有一气呵成之感。

三是语言出彩。鸟儿的“悠然”，与我的紧张形成反差；“乜斜了他一眼”“带头鼓掌”等情景宛现；“同桌的那一推，把我推出了心里的那个围墙”句中运用拈连修辞格；等等。

典题 57 “人生旅途的归宿”

阅读下面的材料，根据要求写一篇不少于800字的文章。

人生旅途中，我们有时会觉得无家可归。但人性的可贵之处在于追求永恒的归宿，这种归宿常常隐藏在人的灵魂深处。

要求：选好角度，确定立意，明确文体，自拟标题；不要脱离材料内容及含意的范围作文，不要套作，不得抄袭。

【典题解析】

材料前一句话指出“无家可归”的人生现象，后一句话强调追求人生归宿的可贵。根据材料作文审题的整体性原则，第一句话中的“家”和第二句话中的“人生归宿”的内涵更为明确，即“精神家园”。整则材料的中心非常明确，即寻找精神家园，让心灵获得慰藉之处、安顿之所。

人在困境、彷徨状态中，甚至在安逸状态中，都有可能出现灵魂的空虚、茫然，人的意志会变得消沉，精神会变得萎靡。如何振奋精神、提升斗志？唯有寻找自己的精神家园。古往今来，各个领域的杰出人物之所以杰出，并不仅仅因为他们在各自领域取得了辉煌的成就或地位，更是因为他们足够清醒，能够在困境、彷徨状态中探求自己的精神家园，并为之而奋斗。即便在当今的安逸状态中，在追求物质文明的同时，明智的人也会有着寻求精神家园的深思和举动，力避精神的茫然、颓废。一个人如此，一个民族更是如此。

写作时可化抽象为具体。既可写个体人生追寻“精神家园”，也可从“乡村”“文化”“艺术”“民族”等大的角度入手，联系其领域的某个方面，紧扣追求“精神家园”这一核心概念，深入剖析或生动描述，表现某种特定的价值追求，展现正能量。

需要注意的是，材料为结论句，考生的作文不能仅证明此结论的正确，须结合自己的生活体验、情感体验、理性认知，力求在新颖和独特上下功夫，在细腻中挖掘真情，在思辨中表达灼见。

佳作 71

晚晴小筑

（晚晴是背景，小筑是主体，画面优美，奠定了全篇的基调。）

黛瓦白墙浸润在微醺的霞光中，眼角眉梢都是沉静安宁的韵味。（一座很有味道的建筑，被作者人格化了。）

一座泛着古韵的馆舍，便是木心先生的纪念馆了。（引出本文叙写的主人公——木心先生。）

文学馆内整齐铺开的墙纸上字迹清俊，翩雅优美，像一只只灵蝶，载着先生永不停息的脚步，追寻先生灵魂深处永恒的归宿——艺术之归宿，生命之归宿！（点睛之笔！）

细细数数，先生从“文革”狱中带出的稿纸只有六十六张。（沉入历史……）

现在想来，在狱中的十八个月中，最残忍的不是潮湿冰冷的牢房，不是如喂饲牲畜般的吃食，而是对先生精神的折磨。（先以两个“不是……”否定，再用“而是……”肯定，让“最残忍的”得到了强化。）这是让人在精神上彷徨迷失，觉得无家可归的摧残，比身体的折磨更加恐怖。（分析性文字。）“文革”狱中崩溃的知识分子不在少数。（与木心先生相比照，凸显“归宿”之重要。）

所幸的是，先生回看灵魂深处，对艺术的追求苏醒了过来。在本该写交代材料的白纸上用诗意的语句勾勒一幅幅美好的图景，用白纸画就的黑白琴键弹奏着心中流淌已久的肖邦与莫扎特。原本彷徨迷茫、无家可归的灵魂，在艺术的美感中找到了归宿，寻到了生命价值之所在。（揭示木心先生没有崩溃的原因。）

先生在苦难中明白了灵魂深处隐藏的归宿，即在艺术中获得生命的美感与满足感，即在追求艺术中实现生命的价值。

乔伊斯说，“流亡，是我的美学”，而先生只说，“美学是我的流亡”。出狱后的80年代，先生与陈丹青等又同赴纽约深造。先生在那里开设美学讲堂，五年讲学，并写下《文学回忆录》，后成为散文被美国知名大学收录于教材中的中国第一人。（扛过了苦难，写就了辉煌。）

“我本该放手，可我从未停止痴缠”，先生笔耕不辍，从未停止艺术追求，这是一种艺术家对追求永恒归宿的执念。其本质是渴望在艺术中实现短暂生命的永恒价值，寻找灵魂深处的艺术之归宿，生命之归宿。相比之下，眼下许多灵魂彷徨，那些因现实冰冷而觉得无家可归的人，更应该多思考灵魂的归宿在何处，而非漫无目的地只知汲汲营营。(对比笔法。)

凉意顺着领口深入，晚风袭过木质的窗，吹乱凌乱的思绪，再低头，清俊的字迹也带上了些永恒的意义，肉体不再，其文字却永传后世。(回归现实。)

我仰望馆中先生黑白的肖像，心生敬意之时，亦在思考我灵魂的归宿。

【综评】

这是一篇考场上诞生的满分佳作。

全文以享有盛誉的木心先生的经历为线索，紧扣"精神家园"的主题，用木心先生的人生经历和言说诠释人生归宿，以作者参观木心纪念馆的内心感想作结，给人以启迪。通篇氤氲着有如文题"晚晴小筑"营造的画面一般的美感，静穆，庄严。

文章结构精巧，感情真挚，语言灵动。

典题 58 窗

请以“窗”为题，写一篇不少于800字的文章，文体不限。

【典题解析】

窗，可以是有形的，也可以是无形的；窗，是瞭望的视点；窗，是连接两个世界的通道；窗，可能有自己丰富的经历；窗，也可能是生活无声的见证……大千世界，和窗有关的故事很多很多；芸芸众生，由窗生发的见解也见仁见智。

窗，无论是现实的，还是抽象的，都应该贯穿文章的始终，或是行文的线索，或是故事的焦点，或是立意的关键……

佳作 72

窗

今天老李憋了一肚子火。（设置悬念，引人入胜。）

为啥？

早上他刚出门，走到自家楼下，突然就被从天而降的什么东西狠砸了一下，直砸得老李两眼冒金星，低头一看，原来是个可乐罐。（“祸”从天降。事件发生了。）老李火了，抬头一看，六层楼家家窗户都紧闭着——当然，也包括三楼自己家的那扇窗。（埋下伏笔。）

这已经不是第一次了。

从前有好几次老李从楼下走过，总会有什么垃圾“哐啷”一声掉下来，要不就是一个零食袋晃晃悠悠地飘下来，看得老李直恼火——“什么素质”！但因为不知道是哪家扔的，看窗户嘛，一个个都关得挺严实，想想还是算了吧，免得伤了邻里的和气。

可今天老李偏跟这事较上了真儿，愤然走进楼道，得，今天也别出门了，非得弄清楚不可！抓到那个人，一定要趁机好好教育教育！老李是个教师，别的不在行，那些大道理倒是一套一套的，平时这人呢，原则性也强，自以为自己是个知识分子素质挺高，所以最看不惯这一类行为，当然也特爱管闲事。（交代原委，让下文情节的推进变得合理化。）

一楼是不可能的，那就直接上二楼吧。老李一手撑着腰一手使劲儿按了几下门铃，过了好久才有人开门，开门的是一小伙子，耳朵里还塞着耳机，摇头晃脑，一副玩世不恭的样儿，老李觑着眼睛上上下下打量了一番，心里暗乐：指定就是你了。于是老李板起脸，说：“小伙子，刚才那可乐罐是你扔的吧？”小伙子拔了耳机打了个哈欠，懒洋洋地说：“你说啥？”老李压住火又问了一遍，小伙子白了他一眼，慢悠悠地说：“我正忙呢，哪有时间喝那个可乐，何况我家的窗户可一直都关着的呀，真是莫名其妙！还有没有事呀，没事就走吧！”还不等老李答话，他就“砰”的一声关上了门。（描写与小伙子的交锋，事件在发展。笔法可谓细腻。）

老李气得浑身乱颤，只好摇头又往上爬，三楼是自家，家里只有儿子一个人在做作业，不可能，直接上四楼吧。敲开门，门里站着一个打扮得娇滴滴的女人，一身香气。那女人半倚着门，斜眼看了老李一眼，扁了扁她那涂着口红的薄薄的嘴唇，尖着嗓子问：“干什么的？”老李将事情原委又重新叙述了一遍，刚说完，那女人立刻站直了身子，双手叉腰，蛾眉倒蹙，凤眼圆瞪，尖着嗓子将声音提高了八度：“什么！怎么可能是我嘛！我说你也看看再找上门呀，我家窗户从来都紧闭着，你哪只眼睛看见是我扔的了？”老李吓了一跳，怕女人把事情闹大，引来左邻右舍不好看，更何况听说这女人和那个什么局长还很熟，得罪不起，赶紧撤吧！

老李拔腿刚想走，反被那女人一把拽住，女人高声嚷道：“大家来看看呀，这人平白无故冤枉好人呀！”老李被死拽着，汗直往脖子里钻，脸涨得通红，急得不行。（描写与香女人的交锋，事件在继续发展。）

开始有楼上楼下的人过来看热闹了，大家指指点点议论纷纷，老李更慌了，他哪见过这阵势！正在纠缠不清之际，老李的儿子不知什么时候钻到了老李身后，红着脸拉拉老李的衣角，小声说道：“爸，别吵了，那个可乐罐是我扔的。”老李惊了一下，回头看儿子，脑袋里嗡嗡作响，那女人撑着腰，哼了一声：“真是大水冲了龙王庙呀！”周围笑声不止。（老李的儿子出场，事件达到高潮。）

老李迅速拎起儿子，冲出人群，等进了家门，老李阴着脸对儿子说：“你真是把我的脸都丢尽了！”儿子低着头不说话，老李转头看了一眼窗户，一股怒气冲上来，他把窗户推开，又骂儿子道：“我平时是怎么教你的？黄汤都灌到狗肚子里去了呀！你这窗户开了不要紧，你心里的那扇窗要没了才出事儿呢！”（从建筑上的窗说到“心里的那扇窗”，故事有了境界。）老李恨不过，举手要打儿子，又下不来手，喘口粗气，拿起桌边的一本书，狠狠地向外面扔出去！突然，只听下面“哎哟”一声，有人骂道：“三楼那个开窗户的，找死呀！什么素质！”（结局再掀波澜，堪称神来之笔，精彩！）

【综评】

这是一篇构思非常精巧的小小说，全篇始终围绕“窗”展开：一个可乐罐由窗口扔下，可所有的窗户全都紧闭，而所有的住户又都以窗户关着证明自己的清白。最后主人公自己竟然随手将一本书从窗口扔下，遭到他人的唾骂。情节设置非常巧妙。

另外，呼唤社会公德的立意、鲜明生动的人物形象也是本文的亮点所在。

典题 59 “时间的长短”

阅读下面的材料，根据要求写一篇不少于 800 字的文章。

最短的莫过于时间，因为它转瞬即逝；最长的也莫过于时间，因为它永无穷尽。

要求选好角度，确定立意，明确文体，自拟标题；不要脱离材料内容及含意的范围作文，不要套作，不得抄袭。

【典题解析】

材料富有思辨意味，前一分句强调时间的短暂易逝，后一分句强调时间的恒久漫长。时间由每个不可重复的瞬间构成，永无穷尽。时间的长与短是一种客观存在，也可以是一种主观认识。从一定意义上讲，时间的长与短也可以理解为多与少、快与慢。

面对外延较大的文题，立意时需化大为小，化虚为实，联系现实生活中某一话题来确定立意。可以从“人生”“生命”“自然”“文化”“艺术”等话题入手，紧扣“时间”这一核心概念，深入剖析或生动描述。可就第一句来写——面对时间的短暂，我们无须感伤，而应珍惜；可就第二句来写——面对时间的漫长，我们不应放纵，不能虚度；也可就两方面来写——联系生命历程与生命价值，强调在短暂的历程中创造（追求、向往、思考……）永恒（伟大、有意义、有品位……）的价值；还可结合具体载体如文化、艺术等表达对随着时间的变迁或永恒或消逝的慨叹。

需要注意的是，不能对前后两句话平均用力，造成观点不清、重心不明。同时，不能仅仅证明这两句话的正确性，必须尽可能结合自己的生活体验和情感体验，在新颖和独特上下功夫，在细腻中挖掘真情，在思辨中显现灼见。

佳作 73

永恒之曲

七月，夏雨过后，雨润烟浓。（开篇不俗，写景起笔，短句，整句！）

临水的西塘似乎一直笼罩在如纱的薄雾中，仿佛只有这样才能展现江南水乡的韵致。流水低吟，桨橹浅唱。（整饬的句子，美不胜收！）

穿行在素淡而又含蓄的风景里，在诗意中感受时间的恍惚。（“感受时间的恍惚”，点题的笔墨。）黛青的瓦，雪白的墙，静静独处的西塘斑驳却不落俗套，处红尘却不世故。

薄暮渐渐笼罩整个水乡，不远处架起了戏台，木质的台柱，质朴的色彩，周边雕刻着精致的图案。

在乌篷船不断吱呀摇晃来回接送客人的过程中，只见一位女子在众人的掌声中慢步上台。（在充分的铺垫后，“女子”登台了，大有“千呼万唤始出来”的况味。足见作者深谙作文之法。）

女子身着白衣，略施粉黛。精致的妆容却掩盖不了她沧桑的年华，眼角浮起的是年轮的痕迹，秀发遮掩的面庞似乎有些浮肿，眉宇间也少了几分青春的生气。（“眼角……”“面庞……”“眉宇间……”，明写主人公的肖像，暗写时间的流逝。）

本以为这样在容貌上已输人一截的戏曲没有什么看点了，不承想，那女子一开口，便惊动了整座城。（运用了“抑扬法”。）

“袅晴丝吹来闲庭院，摇漾春如线，停半晌整花钿，没揣菱花偷人半面……”（文化类题材，必须有此类专业性的内容。）女子兰指微翘，似指点江山，眼帘微启，似感叹人生。（还是整饬的文句！）那水墨腔悠悠荡荡，如一株初开的水墨花，淡雅、空灵。悠悠之音如天上来，似一壶上好的酒酿，在晚风的吹拂中将台上、台下的人儿都熏醉。（连用比喻，摹状唱功之高！）

“哎，只可惜啊，都老了！”

“是啊！年轻的时候非要脱离戏班子，一个人研究起了《牡丹亭》，研究各家唱腔，到如今才形成了自个儿的唱法，才有了点名气啊！”

旁边的大爷们的对话，在众人的喝彩声中不轻不重地落入我的耳中。

后来我又从别人的口中得知，这唱戏的女子一生清贫，为研究《牡丹亭》独门唱法，将各家唱腔融会贯通而消磨了整个青春。幸而，如今她的唱法已成一体，且有了接班人。（侧面描写，插叙文字，补充交代了一些前因后果，故事为之而丰厚。）

是谁在为谁的故事高歌，是谁在为谁的柔情断肠？女子最短的莫过于青春，她却将她最美的时光奉献给了戏曲。如今，时光带得走她的容颜，却带不走她悠悠的唱腔。（点睛之笔！）

晚风拂过，台上的女子虽没有翠眉银钩青黛染，朱砂彩笔点绛唇的美貌，但在众人看来，却是此刻最美的风景。

华灯初上的西塘，如泣如诉，在那河岸一盏盏明亮的灯笼里，依旧谱写着优雅的篇章。（回应开头，让文章的结构严谨。优美的文字，让读者有余香满口之感。）

【综评】

本文的作者很机智，从戏曲艺术的角度落墨，表达了“时间可以长到永恒”的主题。作者为我们讲述了一个故事，一个痴情于戏曲艺术的女子从沉寂到绽放而趋于永恒之境的故事。作者艺术地讲述了一个故事，有充分的铺垫，有专业的叙写，有巧妙的插叙，有优美的文字，还有完整而严谨的结构。

典题 60 “敲门，人生大课题”

在日常生活中，敲门是再寻常不过的动作。敲门是一种礼仪，敲门是一种试探，敲门是一种诉求……总之，敲门中有故事，有人情，有学问，是人生必须面临的一大课题。

请根据以上材料，选取角度，自拟题目，写一篇不少于800字的文章，文体不限，诗歌除外。

【典题解析】

这是一个生活气息很浓的材料，又是一个可以写得很高大上的材料。要想写好，先得想透。比如，你可以把“敲门”理解为实实在在地“敲”开某座房子的“门”。你就应该考虑如下问题：你会敲谁的门？你会如何敲门？你会带着怎样的心理敲门？你为什么要敲人家的门？你敲门后会发生什么？你凭什么去敲开人家的门？再如，你还可以把“敲门”的“门”理解为虚化的“门”，像某科技领域、知识门类、内心世界……你就应该考虑如下问题：你为什么要敲开这个“门”？你怎么样才能敲开这个“门”？想清楚了这些问题，你就可以讲故事，或者讲道理了。

佳作 74

无人应答

（好题目！设置了悬念，很能调动读者阅读的欲望。）

他在门前徘徊了一阵，透过猫眼往屋里看去，什么都看不见。意欲敲门的手几次碰到铁门后都触电般地缩回。（精彩的细节，传达了微妙的心理。）他又回到了自己家中。

天花板上渗下来的水滴砸在盆里发出沉闷的低吼，（补充交代了事情的缘由。）他靠在沙发上，一边不耐烦地啃着指甲，一边埋怨自己的懦弱。随着低吼声渐渐清脆，他知道自己得尽快解决问题，只得披上大衣，拖着沉重的步子，再度上楼。

楼道内冷清清的，一阵风吹过，带来一片寒意。他捋着身上的鸡皮疙瘩，掖了掖衣角，走到走廊尽头把窗户关上。身后传来了开门声，他心里一紧，装作若无其事地蹲下来系鞋带，（还是细节，是记叙文的必需。）待脚步声渐远，才抬头走回到楼上的那扇门前。

为什么刚才不抬头看看出门的那人是不是从楼上那家出来的？他恨得想抽自己一

个巴掌。没人会把你当成小偷的，即使有人认为你是小偷，只要你不偷到他身上，他也未必会管你的。

现在好了，又要开始思想斗争了。

他站到门前，两腿与肩同宽，左手叉在口袋里，右手悬在那儿，时刻待命。(小题大做！把简简单单的一个动作写得那么郑重其事，其实是写主人公的心思复杂。)他像王守仁格竹那样“格”着那大铁门，格了一会儿，回过神来，自己也觉得没趣，撇了一下嘴角，似乎是笑了一下。他抬起右手，手心朝内，弓起了两根手指，然后用力向外扩展。(还是精彩的细节。)

终于在离门不到 10 厘米的地方停下。

要是这个点人家在家午休怎么办？要是不是楼上的问题，是我家天花板上的管道坏了怎么办？要是开门的是个彪形大汉，把我打一顿怎么办？(一连串的问句，心理描写，让主人公形象逐渐丰满。)

他吸溜了一下鼻子，感觉国家制定五年计划时都没有他考虑得全面。(还是以郑重写日常的琐屑，有很好的表达效果！)

敲，还是不敲？他搓着冰冷的手，一遍遍地问自己，问得自己冷汗直冒，问得自己心里发慌。

楼道内传来一阵脚步声，一对夫妇说说笑笑朝他走来。他吓得牙关打战，不敢张嘴，怕吐出了那到嗓子眼的心脏，鼻子里喷出来的粗气飞到冰冷的大铁门上，凝结成一片水珠，他透过那水珠里的倒影看到那对夫妇离他越来越近……(鼻子里喷出来的粗气成了“水珠”，还可以看“倒影”，夸张手法，很有表现力。)停在了隔壁。

开门时，那个男的狐疑地打量了一下他。他的身体抖动起来，他知道自己无路可退了。

“砰，砰，砰”，他先是小声地敲。

“砰，砰，砰”，接着大声地敲。

“有人吗，我楼下的！”他索性喊了起来。(小声地敲——大声地敲——喊了起来，心理变化的过程！)

无人应答。(点题。有结构上的妙处！)

他沮丧地下楼，看到一个五大三粗的男子在自家门口徘徊。“干什么呢？”也不知道哪来的勇气，他大喝道。“大哥，不好意思，我楼上的。”大汉用手蹭了蹭脸上的胡茬，“今早上水管坏了，漏水。现在才修好，想看看有没有影响到您。这不，不好意思敲门呢！”(有欧·亨利式结尾的况味。妙！)

【综评】

这是一篇相当精彩的记叙文，只写了一件小事——楼上楼下的邻里之间为水管漏水而打交道，却表达了积极的主题——邻里的关系和谐折射出社会的和谐。

全篇有很多的心理描写文字，更有很多传神的细节描写文字，这些让文章的主人公的形象鲜明、生动。

典题 61 纠结

法国哲学家布里丹养了一头小毛驴，每天向附近的农民买一堆草料来喂。这天，送草的农民出于对哲学家的景仰，额外多送了一堆草料，放在旁边。这下子，毛驴站在两堆数量、质量和与它的距离完全相等的干草之间，可是为难坏了。它虽然享有充分的选择自由，但由于两堆干草价值相等，客观上无法分辨优劣。于是，它左看看，右瞅瞅，始终也无法分清究竟选择哪一堆好。于是，这头可怜的毛驴就这样站在原地，一会儿考虑数量，一会儿考虑质量，一会儿分析颜色，一会儿分析新鲜度，最后在纠结中饿死了。

那头毛驴悲剧的原因就在于它不懂得如何决策。人们把这种决策过程中犹豫不定、迟疑不决现象称为“布里丹毛驴效应”。

我们在生活中也经常面临着“布里丹毛驴效应”，在很多情况下，机会稍纵即逝，并没有留下足够的时间让我们去反复思考，反而要求我们当机立断，迅速决策。如果我们犹豫不决，就会两手空空，一无所获。

请以“纠结”为题，写一篇不少于800字的文章，文体自选。

【典题解析】

生活中，我们总是会面对太多的选择：向左走，还是向右走？文科，还是理科？离开，还是留下？有了选择，就有了权衡，而现实状况常常会让人“雾里看花”，难以真真切切、明明白白，于是，“纠结”就成为人生的常态。你为了什么而“纠结”？你最终为什么不“纠结”了？“纠结”给我们带来了什么——正面的抑或负面的？这些是我们下笔之前要想清楚的。

如果你擅长议论文，可以对“纠结”进行理性的分析，让人们看到“纠结”的利弊，增长人生的智慧。

如果你擅长记叙文，可以缩结故事，反映世相，以此来表现积极的主题。

佳作 75

纠 结

“你们今年会有个儿子。”算命先生肯定地说。（平地里起了波澜。）

坐在老先生对面的爸爸妈妈，眼神里多了一丝意外与欢喜。（细节描写，很有真实感。）那一瞬间，完全打败了我刚出生被证实是女孩儿的那一刻。

站在窗户边倒腾着月季花的我，顿时陷入混乱，纠结的内心让我窒息，不经意间，揉碎了一朵红得滴血的月季。

其实，我是挺喜欢小孩儿的，但是那些小孩儿的共性是他们都不是我的爸妈生的，都不会“横刀夺爱”。但是，让我纠结的是，如果这是我的亲弟弟，我还会这样理所当然地对他好吗？还是对他只有嫉妒甚至讨厌呢？

内心，纠结。（点题。单独成段，有结构上的刻意。）

老妈之前总喜欢这样，因为每次我不听话的时候，她都搬这套来吓唬我。刚开始时还能治治我，可久而久之，我也产生抗体了，完全抵御了老妈的恐吓。

但这话如果从老爸嘴里说出来，就真够让我纠结的了。老爸对于算命这种东西，一向是持着“宁可信其有，不可信其无”的态度。很显然，他信了这话。打小我就知道，老爸喜欢男孩儿多一些，再加上小时候我只和妈妈亲，所以和爸爸之间有些距离。他呢，每次逗邻家弟弟时，那种从心底流露出来的欢喜，让我好生嫉妒。

内心，更纠结。（再点题。还是单独成段，越发见出结构的刻意。）

爸妈是因为我不听话，所以才用这种说法来吓吓我吗？如果爸妈有了第二个孩子，那我现在所拥有的一切，是不是都要和他平分了呢？包括爸妈完整的爱吗？如果以后我好好听话，他们会不会就打消了这个念头呢？

内心混杂，凌乱。（仍然是点题之笔。仍然单独成段，足见结构上的妙处了。）

“别担心，先好好休息，明天我到校向班主任请假……”医院里，病床上，妈妈对刚绑好绷带的我说。（横生枝节。既丰富了文章的内容，又为事情的转折找到了契机。）闭上眼睛，大脑里回放着自己从单杠上摔下来以后的情景：一路颠簸着被送往医院，迷迷糊糊地感觉到爸爸温暖的背和急促的喘息声，感觉到妈妈随风散飞的凌乱的碎发，微弱的意识中捕捉到爸妈焦急无助的眼神……诊断结果是错位性骨折。在接下来的两个月里，只要是和右手有关的事情，我都不能做，是爸妈轮流成为我的右手，帮我挤毛巾，梳辫子，甚至穿衣服，脱鞋子……（原来，父母对“我”的关爱点点滴滴，真真切切。）

躺在病床上，思绪纷飞，我渐渐意识到自己犯了一个多么幼稚的错误。从小到大，爸妈对我掏心掏肺，只要是我需要的，他们都竭尽全力地为我准备。放学了，忍着寒风站在小区楼下耐心等我的是爸妈；生病了，守护着我整宿整宿不睡觉的是爸妈；一日三餐，是爸妈端上一桌子热腾腾香喷喷的饭菜；无论成功失败，是爸妈一脸和煦张开温暖双臂拥我入怀……（父母的爱一直伴随着“我”，包围着“我”。）

原来，原来，爸妈是始终如一深深地爱着我的，正如我也深深地爱着他们一样！

终于，纠结的内心，释然。（最后点题。“我”解开了心结，不再纠结了。）

【综评】

这篇文章选材很有现实感，特别是在现在放开二胎政策的背景下。

作者的行文很有章法：开篇从算命先生的话语落笔，有先声夺人之效。随后的叙写富有节奏感，爸妈的欣喜，“我”的窒息感，“我”对小孩子的态度，纠结复纠结甚至凌乱，最后峰回路转的释然，等等。情节的转换因为有了意外事件的发生、有了众多细节的铺陈，显得真实可信。

舐犊情深的主题相当鲜明，“我”的心路历程也非常清晰。

典题 62 看不见的春天

请以“看不见的春天”为题，写一篇文章。

【要求】① 立意自定；② 文体特征鲜明；③ 不少于800字；④ 不可套作，不得抄袭。

【典题解析】

这是江苏省中学生作文大赛（高中组）第十三届比赛决赛阶段的命题之一。题目本身含味隽永。“春天”可以是自然界的四季之一，但是更应该是比喻意味的，诸如希望、温暖、转机等等。但是，这“春天”为什么会“看不见”呢？是什么阻挡了人们的视线？是什么成了人们美好生活的阻碍？是什么让人们陷入了困境而看不到希望、感受不到温暖、等待不到转机？从文体的选择来看，这个命题似乎更加适合写成记叙文。当然，要有故事，让故事呈现“看不见的春天”的主题。当然，也可以写成议论文，那就要说清楚其间的道理。

佳作 76

看不见的春天

记忆中对春天的印象，长久以来鲜活在那方老村戏台上。（“老村戏台”，为故事设置了一个特定的背景，好创意！）

仿佛是东山、西山经过漫长的跋涉，终于停下了疲倦的步伐，屹立于此。他们深情对望，戏台便在他们天荒地老的爱情中瞬间生长。

青灰色小瓦向前延伸的戏台，飞檐高翘如雀屏般娴雅美丽。门楹侧畔悬下两长串大红灯笼，台上白纸屏风点染着一簇簇描金牡丹。（对戏台进行具体描写，给读者以鲜明的印象。）古朴的松木板来自戏台终日凝视的深山。于是，千年的精魂飞进了戏台，给了它檐角和楼雕，给了它灵气和超脱。（“飞”，一字传神；两个“给了”，一实一虚，虚实相生。好文笔！）

每每吊起一声绝伦的唱腔，迈着碎步徐徐拾级而上的女子青衫乍现。一开脸，一云手，一卧鱼，明媚的春天便在台上骤然鲜活、生动。（“春天”来了。）艺人站在台上登高一唱，从《救风尘》到《墙头马上》，再一折，《战平阳》。或急促或舒缓的鼓点里，或悠长或婉约的花腔里，融融春光复活了戏台。于是戏台开始生出温情，生出感动，生出欢笑，生出泪水。艺人们不再是用唱戏的技巧，而是在用身与心、用灵与魂，将他们对戏曲文化的理解与爱倾情演绎。（戏曲艺术的丰富多彩，魅力无限。）

于是，台下那一双双在庄田里握惯了犁锄、粗如秕谷的手，开始拭泪和击掌；那一颗颗被磨难和困窘麻木和粗糙了的心，开始柔软和激烈震颤。（运用反差法，更具震撼性。）乡亲们沐浴在戏台芬芳的艺术春天里，为节义和忠贞，为正直与贤良，为不屈与抗争，泪湿衫袖。每至高潮迭起，台上台下，长呼短应，顾盼生情，如痴如醉。直至散场，乡亲们仍沉浸在春天的余韵中，流连忘返。（戏曲艺术的表现力与感染力。）

写水牌走笔青苍，按捺一段铿锵；何惧他金戈铁马，自有水袖来挡。可是，从什么时候起，再也看不见戏台上的春天？（“可是”，让文章起了波澜。）

春天在戏台下渐疏的人影中一日日黯淡、稀薄，直至不见。纷扬柔软的水袖挡不住城市灯红酒绿的诱惑，挡不住浮夸低俗的靡靡之音，挡不住村人蠢蠢欲动的心，挡不住台上春天离去的步伐。（“春天”离去了。）越来越多的村人在城市找到了他们的戏台，找到他们心中定义的春天。他们奔波碌碌，上演着一出出生老病死的戏目。村中青壮收拾行装头也不回地决然离去，留下疏于修缮的旧居在风中苍老，以至破败倾塌。被断垣残壁包围着的戏台，在岁月的风雨中佝偻成一张弓，斜倚在村庄脚边。（戏台败落了。）

村人的唱本里再也没有丝竹和唱腔来撑开场面，再也没有源自内心的震颤来打动心灵。有的只是木然的机械的生老病死，粗线条的生活节奏，风尘仆仆的辗转奔波。（没有了“春天”的生活，多么的无趣！）久违了春天的他们的生活，像一方陈年巾帕，皱巴巴地剥开，上面只有被污渍沾染的一朵红莲。那婉然青衫、蓦然动容、戏台春天，只在午夜梦回时分冰凉单调地在梦中出现，倏忽消失。

村中艺人还走着台步，宛若牛背上牧童追随父辈的脚步，一步不多，一步不少，却一步比一步艰难，一步比一步沉重。

斜屏半倚，拉长了光影；朱彩重漆，斑驳了回忆。（整饬的句式，唯美的表达。）戏台冷眼看着一出出纸醉金迷的闹剧，披着一袭染尽红尘的衣。台上演尽了悲欢却无人相和的戏，那灯火半明，摇落满地冷清。看不见的春天，魂归何方？（对“春天”的呼唤。）

台上唱了一辈子戏的艺人说，唱本一代一代地传，尽管唱戏的戏子终会化成一撮尘土，但戏曲文化不会。所以民间又将戏台称作“万年台”。

是啊，万年台。当那一双双寂寥的眼重新凝视台上，当那一双双苦于奔波的足重新伫立台下，当那一颗颗被风尘和人生寒冬煎熬得千疮百孔的心重新皈依文化，当鸣锣开场后步香闺的女娇娘，耍花枪的金翊将，或是缠绵婉转，或是荡气回肠地开腔，万年台将瞬间复苏，看不见的春天又将展露她动人的倩影。坚贞与执着，悲欢与离合，正义与贤良，文化与传承，精神与灵魂，一切都将会鲜活如初。（两个“将……”，为人们描绘了“春天”复归后的情景。）而戏曲文化将延续她绵长而又坚韧的生命，带来阵阵和煦的春风，拂过干涸贫瘠的心田，酝酿场场细腻的春雨，浸润老村风化龟裂的故土。

“过往君子，且住，听吾言——”悠长的唱腔中，我坚信，在不远的明天，疲倦而迷惘的乡亲们将在戏台前抖落满身满心的风尘，在一曲温婉的《汉宫秋》里将看不见的春天重新找回，同时也将失落已久的自己，重新找回。（“坚信”，让人们对“春天”的回归充满了期待。）

【综评】

这篇文章内容厚重，特征鲜明。

一是取材。看得出，关于传统戏曲的曾经辉煌—而今式微—回望呼唤这一题材，是作者擅长的，所以驾轻就熟。

二是构思。开篇铺陈“戏台”，营造氛围；继而是艺人精心演绎，人与文化交融；然后是艺人与村人的互动，暗示民间戏曲的文化价值；接着一转，引出戏台、戏曲跌宕的命运——因城市诱惑、村人迁徙，戏曲凋敝、文化没落；想象村人失去乡戏后贫瘠而迷惘的精神世界和艺人们的坚守，在反差中凸现戏台春天的文化价值和精神价值；最后基于对现状的忧思，发出对失落的“春天”的深情呼唤，同时展望戏曲文化复兴的美好未来。峰回路转的构思正与“看不见的春天”有着巧妙的意蕴契合。

还有语言。作者语言的表现力也有一番古戏曲的情调，几乎是成熟作家的文笔风格，正如艺人之“一开脸，一云手，一卧鱼，明媚的春天便在台上骤然鲜活、生动”那样。

典题 63 尺度

请以“尺度”为题，写作一篇文章。

【要求】① 立意自定；② 文体特征鲜明；③ 不少于800字。④ 不可套作，不得抄袭。

【典题解析】

“尺度”是一个常用概念，包括客体（被考察对象）、主体（考察者，通常指人）及时空。其实，“尺度”可以从原本的准绳、分寸、衡量长度的定制等含义，引申为看待事物的一种标准。

具体行文时，可以用故事诠释你心中的尺度，也可以把你对尺度的认知以理性的方式表达出来。无论选择如何表达，都要注意“文体特征鲜明”，让你的文章像规范的记叙文，规范的议论文，规范的书信，规范的小小说，等等。

佳作 77

尺　度

夜晚的城市总是难以安静。喧闹的人群，灯火通明的夜市，川流不息的马路，霓虹灯编织着夜的美，却让人思绪难安。（故事的大背景。）

饭桌上，儿子宋明与父亲正吃着饭。吊灯下的饭菜冒着热气，简简单单的三个菜一个汤，没有什么山珍海味，却充满了家的味道。宋明心不在焉地捧着饭碗，用筷子有一下没一下地扒拉着米饭，头快要垂到饭碗里了。（心事重重的儿子。）一旁的父亲，兴高采烈地边看电视边吃饭，毕竟儿子好久都没回来陪他吃饭了。（兴高采烈的父亲。）饭桌上一片安静。（“安静”，静水流深。）

但很快，父亲发现儿子的不对劲，以为饭菜不合胃口，开口询问道：“怎么了？这饭菜不合胃口？哎，你急急忙忙地回来，没准备啥好吃的。要不我们出去下馆子？”（体贴入微的父亲。）

“不不不，不用这么麻烦了，没什么事，有点累而已。”说罢，宋明用手指按了按太阳穴，叹了口气。

父亲心生疑惑，问道：“是不是公司出事了？怎么这副模样？”

听到这话，宋明不由地看了一下父亲，看着父亲那关切的面容，他又低下了头，心里像平静的湖水突然被搅乱了那般不知所措。

饭桌上再一次陷入了安静。(“安静”，暗流涌动。)

在父亲再三追问下，宋明说出了实情。原来他开的小公司最近周转不灵，许多资金都无法收回，而且还欠下许多债，但自己又碍于情面，不知如何向父亲开口借钱。

父亲得知实情后，哈哈大笑，摆了摆手说：“哎呀这孩子，没事啊，你需要多少钱？我这还有点积蓄。”

宋明怯弱地说出了一个数字，父亲略微惊讶，思考了一下，说：“这有点多啊……没事，我问亲戚朋友借点，东拼西凑应该足够了，你先拿着我的一点积蓄救急啊。”说罢，急忙忙地跑回房间，从柜子底下拿出用白布包着的一沓纸币，又兴冲冲地跑回客厅递给儿子。(“惊讶”“急忙忙”“兴冲冲”：热心的父亲。)

宋明满脸羞愧地接过父亲的钱，艰难地说出“谢谢爸”这几个字，眼泪在眼眶里打转，心中一片苦涩。他愧对父亲。没让父亲享福反而还要他拿钱救助，他真没用。

父亲只是摸了摸宋明的头，笑了笑。(厚道的父亲。)

接下来的一个月内，宋明陆陆续续地收到父亲打来的钱，有时是一千多，有时是几百块，虽然杯水车薪，但是起码维持了公司的日常开支。(从情节的推进看，这是悬念的设置。)为了让公司回到正轨，宋明愈发忙碌，很久都没回过家，只是偶尔会打电话给父亲。每次跟父亲通话时，父亲都在外面，总会听到有人喊他的名字，(这是伏笔。)但宋明也没深究，把注意力转到工作上。他想早日解决问题，让公司恢复原状。

可是上天总喜欢跟人开玩笑，让你快乐的同时，也让痛苦降临在你身上。

宋明经过很长一段时间的努力后，终于使公司回到了正轨。(峰回路转了。)他感谢父亲的帮助，也很好奇父亲的钱从何而来，但每次吃饭时问父亲钱的来源，父亲都不轻易开口，要么打着太极，不动声色地转移话题，要么支支吾吾半天说不出缘由。(继续蓄势。叙事的技巧。)尽管宋明觉得很奇怪，可他没有纠结于此，反而把心思放在如何经营好公司上。

直至那一天。

那天早上上班的时候，宋明过于匆忙，不小心撞到一位同事，同事的资料散落一地。帮同事收拾东西的时候，他看到一本美术杂志里面的一幅画，一幅模特裸着背、看不清正脸的画。但那背影像极了父亲，瘦小的背部，布满沟壑般的皱纹，微微的驼背。(起疑了。)宋明全身血液像凝固了一样，他颤抖着捡起那本杂志，那模特左侧腰部那块不规则的胎记刺痛了宋明的眼睛。(确认了。行文就应该这样一波三折，忌讳直道其详。)

同事看到宋明这副模样，以为他好奇，开口说道：“今天我刚买的杂志，你说现在的人啊，为了钱，居然去做裸模，一个老人家连这种大尺度的工作都肯做，他是有多缺钱！这工作一般年轻人都接受不了啊！他儿子也太不孝了，让自己的爸做这些！”（这番议论值得商榷。毕竟，裸模也是一种职业，是艺术的需要。似乎无须如此极端地看待这个职业。）

同事的话像一把刀子刺中宋明的心，让他既羞愧又悔恨，他恨啊，恨自己为何不早发现并阻止父亲做裸模，恨自己的没用，要年事已高的父亲做这种大尺度工作，自己愧对父亲！随后他像孩子一样捂着脸哭了起来……（“大尺度工作”，扣题。）

如果说爱能用尺度衡量，那么你能接受的尺度有多大？为了爱，你会放下一切尊严，去做一份工资高却让人不齿的工作吗？

爱有多大，能接受的尺度就有多大。（点题。这是卒章显志的路数，值得效仿。）

【综评】

这是一个故事，一个有看头的故事。它的主旨突出。都说父爱如山，确实！“爱有多大，能接受的尺度就有多大。”它的情节曲折。儿子的公司因为资金周转不灵而陷入困境，父亲不仅拿出自己的积蓄，还竭力挣钱资助儿子的公司运转，最终，父子协力使得公司回到正轨；最后的陡转情节让故事有了一个合理的逻辑。它的人物形象鲜明。父亲的父爱如山，儿子的勤勉上进，在故事的曲折演绎中都得到凸显。

当然，对于裸模的认识，人见人殊。

典题 64 “享”

阅读下面的材料，按要求写作。

2017年12月12日，“汉语盘点2017”年度国内字评选揭晓。“享”字以最高票当选。在当下，我们总与“享”有着千丝万缕的联系，或享受，或分享，或共享……

根据以上材料自选角度，写一篇不少于800字的作文。

【典题解析】

根据这个材料的内容，写作时需要广泛联系生活，调动知识储备，围绕“享”字去发现生活，探索生活。考生可以选择“享受”“分享”“共享”中的一个或者几个，也可以提供组词“× 享”或“享 ×”，进而自己确定与“享”相关的内容，进行写作。以“共享”为例，“共享单车”“共享汽车”“共享充电宝”等各类“共享”事物的出现，带给我们生活的方便，但同时一些问题也随之产生，引发关注与思考。以下观点都是可以一试身手的：过程值得享受；享受挫折；有一种幸福叫分享成功；“共享”的烦恼；“分享”和“共享”；冷眼看待“共享热”；分享，也要保护；分享青春，共筑未来；等等。

佳作78

分 享

分享是一种最快乐的收获。（点题，有提领下文的作用。）

分享阳光

（写“虚”。）

偌大的图书馆里，安静如水，只能隐隐听到书页翻动的响声。我捧着一大沓书寻找靠窗的座位，我喜欢这里靠窗的座位，（说“然”。）不只因为窗外有我喜欢的兰花，还因为我喜欢阳光透过玻璃窗照在身上暖暖的感觉。（说“所以然”。）

可是，这次我来迟了，靠窗的座位已被占满了。（叙事中的曲折技巧。）于是我只好选择最靠近窗的第二排座位。坐下，打开书，刚想看，可发现书页上一片阴暗，没有阳光光顾的痕迹，我不禁皱了一下眉头，侧头看了一眼坐在我身旁的靠窗的男生，发现他也在看我。也许他看到了我眉头一皱吧，他明白了我的意思，微微地挪了一下身子，阳光便擦过他，投射到我的书上，我高兴极了，对他点头表示感谢，他也点头回敬。（一连串的动词，这是写细节的技巧。）

只是微微挪了一下身子，就能与人分享阳光，这是多么简单却又多么快乐啊！

分享童真

（还是写“虚”。）

电梯口，一位奶奶抱着刚足岁的孙子等待，我也在等，孩子长得很可爱，圆圆的脑袋，头上的头发都剃光了，只留下额前一小束。我最喜欢的是孩子那又圆又大的眼睛，他的眼很黑很黑，却又那么清澈。可此时那双水灵灵的眼里正噙着泪水，那两道又粗又浓的眉毛，正纠结在一起。（肖像描写，为下文的情节演绎张本。）我不忍心，看着他，然后我将舌头向后腭卷起，发出“嗒嗒”的声音引起他的注意，他偏过头来看我，我就扮起鬼脸逗他笑，你知道那有多好笑，他一边笑着，一边眼里还掉出“银豆豆”来。电梯来了，我们一起进入，此时他已经用手抹掉了“银豆豆”，开始开心地笑了。电梯到了，门开了。“跟姐姐说再见。”他的奶奶对他这样说道，但他不会说话，于是他将小小的手握起，摊开。这就代表着“再见”。我笑了。（在“电梯口”等，“电梯来了”，“电梯到了”，叙写井然有序，脉络清晰。）

只是几个鬼脸就能与小孩子分享童真，这是多么奇妙而又单纯的快乐呀！

分享美食

（写“实”，文章内容因之而丰富。）

“上菜咯！”除夕夜，一大家子围坐在圆桌旁。“奶奶，这个豆腐煮得很入味，您尝尝！”“爷爷，五花肉，您最爱吃的！”“爸爸，咸水鸭给您！”“妈妈您尝一口年糕吧……”（生活气息很浓烈的文字，情景宛在眼前。）

一大桌的好菜，馋得我口水直流，可我总会等家人与我一起吃，因为那样才吃得热闹，才会吃得开心，家人之间互相夹菜，说着吉祥话，唠叨着家常，一切都是那样温馨。

分享美食，这是多么美好而又温馨的快乐呀！。

后记：

分享阳光、温馨；分享童真、童趣；分享美食、亲情；分享身边的一切。（对全文的归结。）

总有一天，你会发现分享是在对快乐做“乘方”的运算。（“乘方”的运算，艺术的表达。）

分享是一种既简单又快乐的收获。（对主题的升华。）

【综评】

这是一篇审题准确、立意恰当、构思独具匠心的佳作。

开头入题：“分享是一种最快乐的收获。”然后从三个方面抒写感触，虚实相生，层次清晰，逻辑清楚，叙写很有艺术，语言堪称精彩。结尾对全文进行总结并对主题进行升华。平心而论，这种扇形结构易学好用，表达效果也不错。

典题 65 “生命中的遇合”

阅读下面的材料，根据要求写一篇不少于800字的记叙文。

生命是一场大的遇合，每个人生命中都有难忘的相遇，一旦相遇，人生将会有多少不同，多少故事，多少情结。

要求：① 选好角度，确定立意，自拟标题；② 不要脱离材料内容及含意的范围作文；③ 不要套作，不得抄袭。

【典题解析】

材料只有一句话，句子内部的结构明显是总述与阐释的关系。“生命是一场大的遇合”是总述，后文则是对它的阐释。总述部分的“遇合”一词须留意，它不仅有“遇见，碰到”的意思，还包含“相遇而彼此投合”的情感，与材料后半部分的“故事”“情结”相呼应。

作文材料具有相当的开放性，可选择素材的空间自然也广阔。单从人物素材上看，既可根据生活的经验选择寻常生活中的人物，也可根据阅读体验等跨时空地选择人物，还可以从民俗民风、工匠艺人、特殊阶层等方面的人物着手。如果单从某一事物切入，运用合理，也能出彩。

要注意的是，“故事”和“情结”在文中需要得到充分落实。材料的表述，暗示我们不能为表现而表现，为描写而描写。无论写人还是写物，在素材处理中要突出叙述主体的“参与感”，在文章构思上要体现“故事性”。

作文情感落在“情结”二字上。这是一种深藏心底的情感，它往往带有浓重、难以化解的特点。这就要求我们在立意上用心。可落实到对特定生命状态的理解，对固有生活方式的追问，对现实社会的反思，等等。

佳作 79

相遇遗失的往昔

（诗化的语言，昭示了唯美的语言风格。）

当我的目光与之相遇，它正呆呆地矗立，惨败、荒凉、空洞。（开篇不俗，很能抓住读者的眼球，有引人入胜之效。）

我忍不住停下脚步，驻足凝视。

我缓慢地向它移去，脚步很轻，很轻，质朴的乡间小路容纳了一切气息。

黛青的面貌，清秀的装束。（拟人笔法，含情脉脉的文字。）屋角的飞檐与檐下细密的砖瓦显示着它曾经的光鲜与精致。（释悬。原来情系老屋。）然而现在，却独自掩没在此。

我轻轻伸手，触摸墙上细腻的纹路。因为风侵雨蚀，它变得凹凸不平，变得粗糙，它变得脆弱得不堪一击，甚至你轻轻一用力，就可以将它摧毁。怎么会这样？印象中的它不是无坚不摧的吗？（现实状况与“印象”形成反差，发人深省。）我不可置信地后退两步，猛地发现屋顶一个残破的大洞。

黝黑，寂静，将一切吞入虚无，这是岁月的痕迹。

不得不承认，它老了。

这才发现一股颓然的气息自它周身溢出，惶惑着，无助着。（拟人笔法，富有感染力。）

一扇古旧的木门，立于屋子正中，因风吹日晒，褪去了木质本色，显出一种苍凉的灰白。我望着它，与之对视，却始终不敢敲开，我怕看见那遗失已久的曾经。（点题文字。）

不知怎的，突然想起我家的老屋。（宕开一笔，以插叙的文字来丰富文章的内容。）那是一间半折的老屋，终年堆满杂物，尘埃遍地。屋外杂草丛生。可即便如此，它也远不如这般荒凉。（收回回忆，把文字绾结到眼前的老屋。）那是缺失了记忆，抑或是记忆被冲刷的空白，空洞，那是盛不住记忆的悲哀。

那我的老屋呢？

老屋的结局是不是也是悲哀呢？

我突然感到一种恐惧与无力压迫着心脏，钝钝的疼。我不敢再想下去，哪怕这个答案呼之欲出。

也许，这幢房子曾经也是繁华的，也曾有鸟儿环绕，芳草成茵。也许，曾经这里也是孩童的乐园，终日欢声笑语，也许……它活在人们的记忆中。

我再一次伸手轻抚墙面，轻抚老屋饱经沧桑的面庞。

它老了，却依旧年轻着。

我以为，山常青，水常绿……

我以为，物依旧，人如故……

一个又一个的理所当然的“以为”蔽住了我们所有的认识，不会回忆，不会反思，当血淋淋的现实与我们相遇，你是否能够驻足停留，为它匀出那一缕宝贵的时间？（深情款款，感人至深。）

当老屋不再年轻，当老屋活在人们的记忆中，相逢时分，蓦然间发现，遗忘中一丝一缕的，满是乡愁。（再度点题。）

【综评】

本文选材脱俗，以与老屋的相遇为题材，于文字的腾挪之间，揭示出作者浓烈的乡土情结。行文由实入虚，有一定的哲理性。多分段，多短句，语言凝练而有文采。“它正呆呆地矗立，惨败、荒凉、空洞”“黝黑，寂静，将一切吞入虚无，这是岁月的痕迹”，“相逢时分，蓦然间发现，遗忘中一丝一缕的，满是乡愁”之类的文字，很有味道。

典题 66 “爷爷的旧物”

阅读下面的材料，根据要求写作。

爷爷去世三年了。今年暑假，奶奶难得一个人跟团出去旅游了。爸爸为了让奶奶高兴，把爷爷奶奶原本堆满了旧物的小房间收拾一新：当年爷爷不离手的老半导体收音机被爸爸收拾给了捡破烂的老大爷，爷爷过去常穿的几件旧衣服也被清理了。爷爷奶奶的小房间收拾过了，变得简单宽敞了，爸爸又从家具城买了几件新家具充实了旧居，他显得很满意，对小明说：“奶奶一定很高兴。”可奶奶回来后，却气得直跺脚，说爸爸不孝顺，忘本，要求爸爸立刻把丢弃的半导体收音机和旧衣服都找回来，不管花多少钱。奶奶说：“那是老头子留在家里的一点味道，你们都嫌弃了？”爸爸和小明都愣住了。

这个矛盾该如何解决呢？请结合材料写一篇记叙文，对下面的情节进行续写。

要求：结合材料，自选角度，确定立意；切合身份，贴合背景；符合文体特征；不要套作，不得抄袭，不得泄露个人信息；不少于 800 字。

【典题解析】

这是一道代入生活情境式的任务驱动型作文题。材料反映了三代人对旧物、先人的不同态度。爷爷的半导体收音机、几件旧衣服代表老物件，带着故人的生命气息。奶奶的态度是留存为纪念，表达了她和爷爷之间深厚的超越生死的感情。爸爸的态度是为了让奶奶高兴，给她换新家具，让奶奶有新的生活气息。小明的态度在材料里没有明确，而这恰恰是命题人留下的需要考生去填补的空白。

材料给了两个写作任务，让考生自由选择。任务一要求表明对事件的立场态度，主旨要凸显出几代人之间的矛盾以及沟通、理解上的差异，小明是新时代的学生，爸爸是经历了改革开放的中年人，奶奶是旧时代过来的妇女，他们对旧物、先人的态度自然不会相同。考生要有鲜明的立场，也要有交流意识。任务二要求写记叙文，首先要明确记叙的方向，是爸爸坚持自己的做法，和小明一起说服奶奶，还是理解尊重奶奶，去把丢弃的旧物找回来，还是有新的可能……只要符合材料实际情况即可。

佳作 80

我要珍藏今晚的月光

（好标题！能够激发读者的阅读欲望。）

今晚，月色如水，拂笼暗夜，微风习习，轻叩帘栊。（四字短句，很有特色。）但任夜色温柔，却无力涤荡我满腔的委屈。此刻，我独坐窗前，奶奶的断喝声仍然回荡耳际。（倒叙手法，引人入胜。）

原本开朗乐观的奶奶一直闷闷不乐，更多的时间是将爷爷的那台旧收音机擦了又擦，将爷爷的旧衣服叠了又叠——仿佛活在记忆的旋涡中，难以走出爷爷离世的阴霾，无法面对新的生活。（问题摆在面前，如何解决？这让故事的展开显得自然。）

爸爸看在眼里急在心里。我俩经过深思熟虑，才策划了这场“变革”，挥汗如雨地将奶奶的房间装饰一新，扔掉了那些“老古董”。可没想到奶奶却气得直跺脚，说爸爸不孝顺，忘本。（认识的歧义，观念的碰撞！）

我摆弄着书桌上的全家福，满是一家人其乐融融、温馨美满的回忆。可自从爷爷去世，三年来奶奶仿佛已不再是原来的奶奶了。

“哎！”我叹了口气，目光却不经意间停留在桌角的风车上，那是我的“无敌风火轮”。（插叙。丰富了文章的内容，更为理解奶奶的举止巧妙地找到了契机。）思绪似水流淌，一下又回到三年前。

“小明，别伤心了，不就是输了一次竞赛吗？看我给你拿来了什么。”

我勉强打起精神，原来是同桌买了我最想得到的“无敌风火轮”，巨大的诱惑和惊喜一扫半日愁绪。

“谢谢！”我竟不知该说些什么，早将失意抛给了浮云。

同桌大大咧咧地说：“谢什么呀！只希望你像勇敢的游侠骑士，不畏一切困难！”

这件小事令我难忘至今。虽然与同桌早已分别，但每次受到打击时我都会静静地看着风车，同桌的乐观和鼓励，以及我们之间点点滴滴的美好回忆都会第一时间拂去我心头的感伤，成为我的“精神加油站”。我突然想到，我有我的“无敌风火轮”，那奶奶呢？（过渡自然。）

“吱呀——”推门声打断了我的思绪。

“看来我们真的忽略了奶奶的感受。”爸爸抚着我的肩膀说，“爷爷的旧收音机、旧衣服，在奶奶眼里，也许是某句温暖的情话，也许是某个难忘的故事，也许是某个足以感动一生的瞬间。”（父子俩不约而同，都理解了老人的举止。）

我惭愧地说：“其实我也心疼奶奶，你买的新家具，我精心挑选的被子，用电脑特技翻新的爷爷奶奶的旧照片，都是想让奶奶高兴，让她有新的生活气息，生活总是要向前看的呀，不能老陷在痛苦中啊。”

“这道理固然不错，但也要多替奶奶想想。”（一旦换位思考，一切迎刃而解。）爸爸叹口气继续说，“奶奶是为了留存纪念，她和爷爷的深厚感情已经超越生死了。”看到我把风车拿在手里，爸爸又说：“看你不也是这么珍视同学送你的风车吗？其实，在忙碌浮躁的现实中真的需要一两个‘老物件’，来提醒我们还有一段美好的回忆，这一抹暖色能让我们更有勇气面对人生的风雨。将心比心，扔掉奶奶的东西，我做的确实不对呀。”

听到这儿，我提笔在风车上写下一句话：“人总该有一段刻骨铭心的回忆。”

“看来我们还是要多和奶奶商量，以她乐意接受的方式来改变她的生活，而不是想当然地把我们自己的想法强加给她。其实奶奶还是在慢慢转变的，这次能答应出去旅游就是个好的征兆。”（奶奶的转变。）爸爸脸上显露出了欣慰的神色。

“爸，那我们明天先一起帮奶奶找回收音机，找回她的记忆，再从长计议。”

“我还是担心奶奶，咱一起去看看她吧。”

我们轻轻地打开门，如水的月光洒满奶奶的房间。奶奶正甜甜地睡在我们为她准备的崭新舒适的大床上，安详而温馨。（奶奶的悦纳。）新相册上的爷爷，在月光下也显得更加英俊慈祥。我和爸爸相视一笑。

窗外夜色旖旎，我要拥抱这如水的月光，将它好好珍藏。（从“月色如水”起笔，以“如水的月光”收笔，在结构上有首尾呼应的考虑，也是点题。）

【综评】

故事情节在月光下展开，三代人物在故事中登场，作者用倒叙手法结构全篇，主体部分又采用了双线结构，在月光的流泻中，父亲与儿子都理解了老人近乎偏执的举止，老人也慢慢接受了儿孙的美意，一切都是那样的和谐。所以，作者说“我要珍藏今晚的月光”。全篇主题鲜明、积极，结构精巧、严谨。